Hilmar Hoffmann / Eva Matthes (Hg.)

100 Jahre Reichsjugendwohlfahrtsgesetz und Reichsjugendgerichtsgesetz

Meilensteine für die Rechte und Pflichten von Kindern und Jugendlichen?

VANDENHOECK & RUPRECHT

Mit 4 Tabellen

Bibliografische Information der Deutschen Nationalbibliothek:
Die Deutsche Nationalbibliothek verzeichnet diese Publikation in der
Deutschen Nationalbibliografie; detaillierte bibliografische Daten sind
im Internet über https://dnb.de abrufbar.

© 2024 Vandenhoeck & Ruprecht, Robert-Bosch-Breite 10, D-37079 Göttingen,
ein Imprint der Brill-Gruppe
(Koninklijke Brill NV, Leiden, Niederlande; Brill USA Inc., Boston MA, USA;
Brill Asia Pte Ltd, Singapore; Brill Deutschland GmbH, Paderborn, Deutschland;
Brill Österreich GmbH, Wien, Österreich)
Koninklijke Brill NV umfasst die Imprints Brill, Brill Nijhoff, Brill Schöningh, Brill Fink,
Brill mentis, Brill Wageningen Academic, Vandenhoeck & Ruprecht, Böhlau und V&R unipress.

Alle Rechte vorbehalten. Das Werk und seine Teile sind urheberrechtlich
geschützt. Jede Verwertung in anderen als den gesetzlich zugelassenen Fällen
bedarf der vorherigen schriftlichen Einwilligung des Verlages.

Umschlagabbildung: © akg-images/AKG5313152

Satz: SchwabScantechnik, Göttingen
Druck und Bindung: ⊕ Hubert & Co, Göttingen
Printed in the EU

Vandenhoeck & Ruprecht Verlage | www.vandenhoeck-ruprecht-verlage.com

ISBN 978-3-525-70005-1

Inhalt

100 Jahre Reichsjugendwohlfahrtsgesetz und Reichsjugendgerichtsgesetz:
Meilensteine für die Rechte und Pflichten von Kindern und Jugendlichen?   7
Hilmar Hoffmann/Eva Matthes

I Das Reichsjugendwohlfahrtsgesetz

Vom Reichsjugendwohlfahrtsgesetz (RJWG) zum Kinder- und Jugend-
stärkungsgesetz (KJSG): Rechtsgeschichte unter dem Paradigma der
Partizipation 14
Reinhard Wiesner

Zur Entstehung des Jugendamtes und des öffentlichen Jugendhilfeauftrags   41
Uwe Uhlendorff

Kinder- und Jugendhilfe im Spiegel des doppelten Mandates von Hilfe
und Kontrolle 59
Johanna Mierendorff

Kinderrechte, Elternrechte und Wächteramt des Staates –
auf dem Weg zu einem kinderrechtsbasierten Kinderschutz 76
Jörg Maywald

Von der Jugendpflege der schulentlassenen Jugend zur sozialpädagogischen Kinder- und Jugendarbeit: zur rechtlichen Entwicklung
der außerschulischen Pädagogik für Kinder und Jugendliche 92
Werner Thole/Julian Sehmer

Der Kindergarten im Spiegel ideologischer Positionierungen –
zwischen RJWG und heutigen Selbstverständlichkeiten 116
Hilmar Hoffmann

Die rechtlichen Veränderungen des RJWG im Bereich der Fürsorge-
und Heimerziehung 1922–2021 130
Carola Kuhlmann

Hundert Jahre RJWG – Versuch einer sozialpädagogischen Würdigung ... 152
Michael Winkler

II Das (Reichs-)Jugendgerichtsgesetz

Behutsames Verantwortlichmachen – der Erziehungsgedanke
im Jugendstrafrecht 174
Lukas Pieplow

Erziehung im Jugendstrafrecht – Fluch oder Segen? Ein kommentierter
Streifzug durch die Diskussionen rund um Erziehung auf Deutschen
Jugendgerichtstagen 200
Theresia Höynck/Stephanie Ernst/Leon Knaack

Die Autor*innen

100 Jahre Reichsjugendwohlfahrtsgesetz und Reichsjugendgerichtsgesetz: Meilensteine für die Rechte und Pflichten von Kindern und Jugendlichen?

Hilmar Hoffmann/Eva Matthes

1 Reichsjugendwohlfahrtsgesetz

Das Reichsjugendwohlfahrtsgesetz (RJWG) ist 1922 verabschiedet und bereits 1924 in weiten Teilen wieder außer Kraft gesetzt worden. Nahezu gleichzeitig wurde 1923 das Reichsjugendgerichtsgesetz (RJGG) beschlossen. Insofern jähren sich beide Gesetze, je nach gewähltem Blickpunkt, zum hundertsten Mal. Übereinstimmungen bestehen darin, dass sie Normierungen für das Aufwachsen von Kindern und/oder Jugendlichen vornahmen. Und beiden ist ebenso gemein, dass der Aspekt der Erziehung einen breiten Teil einnimmt, wenngleich der Begriff der Erziehung im RJGG erst seit 15 Jahren überhaupt Bestandteil des Gesetzestextes ist. Während wiederum das heutige SGB VIII durchaus relevanter Teil des wissenschaftlichen Diskurses der Erziehungswissenschaft ist, wird das heutige JGG dort eher weniger wahrgenommen und diskutiert. Umso mehr lohnt es sich, den Aspekt der Erziehung in seinen unterschiedlichen Kontexten in beiden Gesetzen differenziert sichtbar zu machen, was Ziel dieses Buches ist.

Dabei wird an dieser Stelle in der Einleitung gar nicht erst versucht, quasi in einer analytischen Perspektive die Frage zu beantworten, ob es sich bei den Gesetzen um »Meilensteine« handelte. Hier könnte man es sich einerseits einfach machen, denn allein, dass sie bei allen Reformierungen letztlich doch die Grundlage heutiger Gesetze bilden, reichte als Argument der Wichtigkeit. Andererseits sind die Reformierungen so umfassend, dass sie dokumentieren, welcher Veränderungsbedarf in den alten Gesetzen in selbstverständlich sich wandelnder Zeit sichtbar wurde.

Genau diesen Aspekt fokussiert dieser Band, nämlich exemplarisch aus der heutigen Perspektive und dem jeweiligen heutigen Status quo systematisch Bewertungen vorzunehmen. Dieses wiederum bleibt den einzelnen Beiträgen vorbehalten, die aus sehr unterschiedlichen Blickwinkeln die Gesetze beleuchten, wobei der thematische Schwerpunkt durch die Herausgeber*innen gesetzt wurde; der jeweilige Umgang damit, also z.B. die Fragen, inwieweit die

Entwicklung des Gesetzes quasi evolutionär in der Retrospektive beleuchtet, oder das RJWG nur als Ausgangspunkt heutiger Chancen- und Problemkonstellationen herangezogen wird, oblag den Autor*innen. Entstanden ist ein Kompendium unterschiedlicher Sichtweisen auf die Bedeutung der Kinder- und Jugendgesetzgebung in der Weimarer Republik in ihrer Relevanz für heute, aber ebenso in einigen Grundsatzartikeln eine sehr genaue Beschreibung und Analyse der Entwicklung bis in die Gegenwart.

Dem Faktor Rechnung tragend, dass das Reichsjugendwohlfahrtsgesetz allein schon durch die in ihm beschriebenen Handlungsfelder von der Fürsorge bis hin zu Erziehung in unterschiedlichen Settings auch institutionell bezogen größer ist, nimmt die Auseinandersetzung damit einen breiteren Raum ein, während die Untersuchung des Reichsjugendgerichtsgesetzes hier noch einen im positiven Sinne Torsocharakter einer Forschungswerkstatt mit neuen Befunden und Impulsen für zukünftige Diskussionen hat. Insgesamt ist dieser Band damit ein Plädoyer dafür, rechtliche Normierungen im erziehungswissenschaftlichen Kontext stärker zu erforschen und zu begleiten.

In einem Überblicksbeitrag zeigt *Reinhard Wiesner* in juristischer Perspektive die Entwicklung vom Reichsjugendwohlfahrtsgesetz (RJWG) zum Kinder- und Jugendstärkungsgesetz (KJSG) auf. Dabei werden sowohl die rechtlichen Fixierungen als auch die politischen Diskurse darum unter dem Paradigma der Partizipation analysiert und die besondere Rolle politisch agierender Frauen herausgehoben. Damit bietet dieser Beitrag trotz seiner Ausgangsbasis eines nationalen Gesetzes neben seiner thematischen Fokussierung auf den Aspekt der Partizipation zugleich einerseits eine umfangreiche Einführung in die Bedeutung föderaler und pluralistischer Strukturen und der damit verbundenen Akteur*innen und andererseits eine Analyse, wie sich Kinder- und Jugendhilfe in ihrer Steuerung – hier besonders auch am Beispiel der Tageseinrichtungen für Kinder dokumentiert – zwischen Eltern – Kind – Staat verändert hat.

Uwe Uhlendorff setzt schon mit seinem Titel »Der Ausgangspunkt und das Ziel jeder Jugendfürsorge muss es sein, in der Familie einen Boden zu schaffen, auf dem die heranwachsende Jugend gedeihen kann« eine normative Präambel, die er am Beispiel der Einrichtung und Entwicklung des Jugendamtes und seiner Funktion analysiert. Dabei wird die Besonderheit des deutschen Jugendhilfesystems deutlich, in dem die »umfassende öffentliche Verantwortung für das Aufwachsen von Kindern« in einer Behörde konzentriert und Jugendfürsorge und Jugendpflege erstmalig zentral organisiert wurden. Dabei konzentriert sich der Beitrag weniger auf die kompensatorischen Effekte, sondern stark auf die Motivation des Gesetzes. Ohne damit einen Widerspruch zum Text von Wiesner zu formulieren, steht hier weniger die Frage im Vordergrund, was noch nicht geschafft worden ist, sondern was zunächst gewollt, noch nicht erreicht, aber letztlich auch aus der Diskussion nicht mehr zu verdrängen war.

Johanna Mierendorff widmet sich in ihrem Beitrag einem Klassiker der Diskussion um die Kinder- und Jugendhilfegesetzgebung und der Sozialen Arbeit schlechthin, nämlich der Frage nach dem doppelten Mandat von Hilfe und Kontrolle, welches bereits im Rahmen staatlicher Ordnungsprinzipien angelegt ist. Hierzu wird insbesondere die Gewichtung dieser beiden Komponenten in historischer Perspektive in Bezug auf Markt, Staat, Familie und intermediäre Organisationen analysiert und aufgezeigt, und der Frage nachgegangen, inwieweit der Staat seine Normierungen eher auf den Bereich der Kontrolle oder stärker auf den Bereich der Hilfe fokussiert hat. Dabei bezieht der Beitrag auch stark aktuelle Bezüge ein, wenn einerseits ein kontinuierlicher Ausbau öffentlicher Erziehung festzustellen ist, aber andererseits, wie zuletzt in der Coronakrise, plötzlich große Teile von Aufgaben wieder an Familien delegiert werden und bereits geregelte Zuständigkeiten sich als potenziell fragil erweisen.

Während die vorangegangenen Beiträge stärker den institutionellen Charakter in den Vordergrund rückten, urteilt *Jörg Maywald* unter der Perspektive des Kindes als eigenem Rechtssubjekt unter dem Titel »Kinderrechte, Elternrechte und Wächteramt des Staates – Auf dem Weg zu einem kinderrechtsbasierten Kinderschutz«, dass das RJWG ein zaghafter und völlig unzureichender Versuch war, Kinder als Träger von Rechten zu verankern. Insofern habe es bis in die 1990er Jahre gebraucht, um eine Basis zu schaffen, Schutz-, Förder- und Beteiligungsrechte gleichermaßen anzugehen, ohne dass dieser Prozess auch nur annähernd abgeschlossen sei. Vor dem Hintergrund eines Paradigmenwechsels hin zu Elternrecht als Elternverantwortung beschreibt der Autor nicht nur die Geschichte des Kinderschutzes in Deutschland, sondern widmet sich auch der Frage, wie unterschiedlich das Verständnis davon ist und wie weit die Positionen hierzu auseinandergehen.

Im Gegensatz zu den letztlich quer zu allen Fragen der Kinder- und Jugendhilfe liegenden vorangegangenen Beiträgen, thematisieren die nächsten drei Beiträge exemplarisch Leistungen der Kinder- und Jugendhilfe. *Werner Thole und Julian Sehmer* spannen einen weiten Bogen von der »Selbst(Entdeckung) der Jugend« Anfang des 20. Jahrhunderts über das Reichsjugendwohlfahrtsgesetz bis in die heutige Zeit und zeigen die Veränderung der Adressat*innen, der Institutionen und Organisationen und ihrer Relevanz innerhalb der Kinder- und Jugendarbeit, auch unter Einbeziehung der Entwicklungen in der DDR. Dabei fällt die Rückschau ambivalent aus. Einerseits zeigt sich hier eine Geschichte der Kinder- und Jugendarbeit, in der bis heute den Kindern und Jugendlichen nicht »zugetraut« oder »zugestanden« wird, ihre Settings in Selbstverantwortung zu gestalten. Andererseits werden Ermöglichungshorizonte eröffnet, wenn im Rahmen einer Stärkung von sozialpädagogischer außerschulischer Jugendarbeit, auch bezogen auf Ganztagsschulen, eine Verbesserung für den Alltag der Jugendlichen erreichbar erscheint.

Ausgehend vom heutigen Status quo und heutigen »Selbstverständlichkeiten« wie Rechtsanspruch auf einen Platz in einer Tageseinrichtung, Bildungsauftrag, Trägerpluralität, Elternmitwirkung statt Mitbestimmung, Abkoppelung vom schulischen Bildungssystem beschreibt *Hilmar Hoffmann* Ordnungen und Normierungen im RJWG, die bis heute wirken, sich jeweils wieder neu konstituieren und im gesetzten Rahmen auch nicht unwesentlich reformieren. Dabei entsteht ein Bild eines gleichermaßen wandelbaren wie auch »statischen« Gesetzes, das in wesentlichen Punkten im Widerstreit zwischen katholischen und sozialistischen Positionierungen entwickelt worden ist und das Verhältnis zwischen Staat, Gesellschaft, Familie, institutioneller Erziehung und Trägerorganisationen zu regeln versucht und die nur normativ zu beantwortenden Fragen virulent hält, wie das Verhältnis von Erziehung in der Familie und in öffentlichen Institutionen demokratisch organisiert werden soll.

Carola Kuhlmann bilanziert die rechtlichen Veränderungen des RJWG im Bereich der Fürsorge- und Heimerziehung und ergänzt diese durch eine historisch aufbereitete Synopse. Ausgehend von einer Darstellung der Zusammenführung von Jugendpflege und Jugendfürsorge wird die Normierung der unterschiedlichen Wege und Aufnahmepraktiken in Kinderheimen einerseits und Jugendfürsorgeerziehungsanstalten andererseits beschrieben. Die Autorin arbeitet dabei sowohl die diversen Positionen zur Frage, »inwieweit der Staat unterstützende Leistungen im Bereich der Familienerziehung anbieten darf oder muss«, als auch zur Legitimität von Zwang in der öffentlichen Erziehung heraus. Bezogen auf Ansprüche und Kosten wird allerdings eine skeptische Bilanz hinsichtlich der Einlösung eines wirklichen Leistungsgesetzes deutlich.

Michael Winkler wagt essayistisch einen Versuch einer sozialpädagogischen Würdigung des Reichsjugendwohlfahrtsgesetzes und schränkt gleich ein, dass das Gesetz nicht zur großen Erzählung tauge. Dabei positioniert er diesen Versuch zwischen dem Ende eines martialischen Krieges und dem Aufbruch in die Moderne einer demokratischen und sozialen Republik. Er zeigt dabei, dass, allen Einschränkungen zum Trotz, die wenngleich nur »symbolisch« zugesprochene Subjektposition des Kindes enorme Folgen und Nebenwirkungen hatte. Und da meldet sich das laute »Aber« hinsichtlich der Tauglichkeit. Winkler arbeitet systematisch die Anschluss- und Reformfähigkeit des Gesetzes heraus, wobei die Würdigung in disziplinärer und professionsorientierter Perspektive lautet: Ohne dieses Gesetz würde es die Sozialpädagogik in ihrer heutigen Form nicht geben. Mithin ist der Beitrag auch ein Stück der Disziplingeschichte der Sozialpädagogik selbst.

2 Reichsjugendgerichtsgesetz

Im Diskurs der Erziehungswissenschaft ist wenig vom Reichsjugendgerichtsgesetz zu sehen. Umso wichtiger ist es, hier letzteres auch im Kontext des Reichsjugendwohlfahrtsgesetzes einmal näher zu betrachten.
Insofern erörtert *Lukas Pieplow* in seinem Beitrag »Behutsames Verantwortlichmachen« den Erziehungsgedanken im Jugendstrafrecht. Dies geschieht in historischer Perspektive. Dabei geht Pieplow bis ins 18. Jahrhundert zurück, um die Entwicklung eines Leitprinzips des Jugendstrafrechts seit 2008, nämlich »Erziehung«, zu skizzieren. Es zeichnet sich damit eine Geschichte um die Diskussion »weniger Strafe« ersetzt durch »behutsames Verantwortlichmachen« ab, in der der Erziehungsgedanke als konsenserzeugender »Kampfbegriff« gegenüber dem als »überkommen« beschriebenen Strafrecht erscheint, was auch durch die Namensänderung Jugendhilfe im Strafverfahren statt Jugendgerichtshilfe dokumentiert wird. Damit ist dieser Beitrag nicht nur eine Geschichte des Erziehungsgedankens im Gesetz, sondern gleichermaßen ein Plädoyer für ein gesondertes Recht neben dem allgemeinen Strafrecht.

Theresia Höynck, Stephanie Ernst und *Leon Knaack* thematisieren ebenso Erziehung im Jugendstrafrecht, aber anhand des Forums der Jugendgerichtstage der »Deutschen Vereinigung für Jugendgerichte und Jugendgerichtshilfen«. Dabei werden die digital öffentlich gemachten Protokolle dieser Veranstaltungen als Fundgrube für einen kommentierten Streifzug genutzt. Es handelt sich also um einen ersten stark mit original zitierten Quellen dieses Forums arbeitenden Beitrag, der sich gleichermaßen an Praktiker*innen der beteiligten Berufsgruppen wie auch an Wissenschaftler*innen richtet. Dabei weisen die Autor*innen auf den Streifzugcharakter hin, der dennoch gleichermaßen ein Verstehen der Vergangenheit ermöglicht und auch Impulse für die Weiterentwicklung – nicht nur – des Jugendstrafrechts gibt, die unterschiedlichen Sichtweisen der Professionen aufzeigt und die ungelösten Fragen deutlich werden lässt.

I Das Reichsjugendwohlfahrtsgesetz

Vom Reichsjugendwohlfahrtsgesetz (RJWG) zum Kinder- und Jugendstärkungsgesetz (KJSG): Rechtsgeschichte unter dem Paradigma der Partizipation

Reinhard Wiesner

1 Einführung

Am 14. Juni 1922, also vor knapp mehr als hundert Jahren, ist das Reichsjugendwohlfahrtsgesetz im Reichstag verabschiedet worden und war damit die erste reichsgesetzliche Regelung dieses Sachgebiets. In dem Beitrag wird die wechselvolle Geschichte der Gesetzgebung von der Weimarer Zeit über das Dritte Reich in die Bundesrepublik Deutschland und das wiedervereinigte Deutschland näher betrachtet. In diesen hundert Jahren haben sich Funktion und Aufgaben der Kinder- und Jugendhilfe im Dreieck Eltern – Kind – Staat sehr verändert, was vor allen Dingen an der Entwicklung der Kindertagesbetreuung, der Ausgestaltung der Hilfen zur Erziehung und der Ambivalenz von Hilfe und Kontrolle im Kontext des Themas Kinderschutz deutlich wird.

Partizipation hatte über lange Zeit nur Bedeutung im Verhältnis zwischen öffentlichen und freien Trägern bei der Wahrnehmung von Aufgaben der Jugendhilfe. Eltern und Kinder waren in dieser Zeit nur Objekte staatlichen Handelns, bis schließlich ein neues Verständnis von (Hilfe zur) Erziehung die zentrale Bedeutung von Beteiligung im Sinn von Koproduktion in den Mittelpunkt rückte. Hinzu kommt das Mitspracherecht von Kindern in allen für sie relevanten Lebenssituationen als grundlegendes Prinzip der UN-Kinderrechtskonvention, die seit 1992 Deutschland geltendes Recht ist.

Zwar hatte das Reichsjugendwohlfahrtsgesetz von Anfang an das Recht des Kindes auf Erziehung vorangestellt, war aber inhaltlich noch als Gesetz zur Abwehr von Gefahren, die von jungen Menschen oder ihren Eltern ausgehen, konzipiert und konzentrierte sich im Übrigen auf die Einrichtung von Jugendämtern – eine Verpflichtung, die alsbald wieder außer Kraft gesetzt worden ist. Nach der Zeit der nationalsozialistischen Herrschaft, die vom Führerprinzip und der Verstaatlichung der Jugendhilfe geprägt war, kam es schon in den 1950er Jahren zu ersten Initiativen für eine Reform des Jugendhilferechts, die aber erst nach mehreren Anläufen zur Verabschiedung des KJHG im Jahr

1990 – fast zeitgleich, mit der Herstellung der deutschen Einheit – führte. In den anschließenden 32 Jahren ist das SGB VIII immer wieder geändert und inhaltlich weiterentwickelt worden, zuletzt in größerem Umfang durch das Kinder- und Jugendstärkungsgesetz.

Das Kinder- und Jugendhilferecht ist insofern wie kaum ein anderes Rechtsgebiet geprägt von gesellschaftlichen Vorstellungen – hier zu Inhalt und Zweck der Erziehung und der Rolle der verschiedenen Akteure, also des Staates, der Gesellschaft, der Eltern und nicht zuletzt der Kinder, die sukzessive aus der Objektrolle in die Subjektrolle wechselten, ohne damit aber zu kleinen Erwachsenen zu werden.

Obwohl das SGB VIII seit seinem Inkrafttreten im Jahr 1990 Teil des inzwischen auf 13 Bücher angewachsenen Sozialgesetzbuches ist, unterscheidet es sich doch perspektivisch von allen anderen Büchern, die (nur) Sozialleistungen regeln und personenbezogen gestaltet sind. Demgegenüber widmet sich das Achte Buch dem Eltern-Kind-System und enthält deshalb unter dem Narrativ Kinderschutz neben einem breiten Spektrum von Leistungen im Sinne von Förderung, Unterstützung, Hilfe auch Aktionsformen der Kontrolle bzw. Intervention in den familialen Erziehungsprozess und geht insoweit über das Spektrum von Sozialleistungen hinaus. Bei allen Aufgaben der Kinder- und Jugendhilfe rückt der systemische Blick, also der Blick auf das Eltern-Kind-System und das diskursive Verständnis von Erziehung und deren Ziel, die Hinführung zum selbstverantwortlichen Handeln, in den Mittelpunkt. Insgesamt ist die Rechtsentwicklung in diesem Gebiet von einer »Vergesellschaftung und Verrechtlichung von Erziehung« geprägt, wie es Christoph Sachße (2018) in seiner Monografie formuliert hat.

2 Das Reichsjugendwohlfahrtsgesetz – ein »Kompromiss widerstreitender Mächte«

2.1 Die Initiative der Frauen

Am 14. Juni 1922 ist das Reichsjugendwohlfahrtsgesetz (RJWG) im Reichstag verabschiedet worden und sollte am 1.1.2024 in Kraft treten. Zwar gingen ihm bereits landesrechtliche Regelungen, wie etwa das preußische Zwangserziehungsgesetz von 1878, das im Jahr 1900 durch das Gesetz für die Fürsorgeerziehung Minderjähriger abgelöst wurde, voraus. Auch das im Jahr 1900 in Kraft getretene Bürgerliche Gesetzbuch (BGB) enthielt und enthält bis heute im Buch Familienrecht zentrale, für die Jugendhilfe relevante Rechtsvorschriften, wie etwa – seit dem Jahr 1980 – das Leitbild der diskursiven Erziehung (§ 1626 BGB) und von Anfang an die Regelungen über Vormundschaft und Pflegschaft und vor allem die familiengerichtliche Abwehr von Gefahren für das Kindeswohl (§ 1666 BGB). Dennoch war das Reichsjugendwohlfahrtsgesetz der erste Versuch, die rechtlich zersplitterte und inhaltlich heterogene Materie Jugendhilfe nach dem damaligen Verständnis (reichs-)gesetzlich zu regeln. Allerdings gelang es am Ende nur, ein »Jugendamtsgesetz« zu verabschieden, das verpflichtend Jugendbehörden einführte und diesen die Zuständigkeit für die Jugendfürsorge und die Armenkinderpflege übertrug (Hasenclever 1978).

Ein bereits im Jahr 1920 vorgelegter Gesetzentwurf des Reichsrats drohte aufgrund des Widerstands seitens der Finanzminister der Einzelstaaten zu scheitern, und die Beratungen wurden vertagt. Am Ende waren es 33 Frauen aus allen Fraktionen, die mit einer Interpellation die Vorlage eines Gesetzentwurfs der Reichsregierung im Reichstag anmahnten, der dann alsbald dort vorgelegt und im Juni 1922 nach heftigen Debatten verabschiedet wurde[1]. Der Zeitpunkt des Inkrafttretens wurde auf den 1. April 1924 festgelegt.

Von Zeitzeugen ist dieses Gesetz damals als ein »Kompromiss aus widerstreitenden Mächten« bezeichnet worden. So formuliert Karl Neundörfer (1923) in seiner ebenso genannten Schrift:

»Von den Mächten aber, die in Bezug auf dieses Gesetz einander gegenüberstanden und stehen, berühren uns vor allem Sozialismus und Katholizismus. Es sind diese Mächte aber auch objektiv die, welche bei der Schaffung des Reichsjugendwohlfahrtsgesetzes am stärksten hervortraten und bei seiner Durchführung am meisten sich geltend machen werden. Liberalismus und Protestantismus haben im Kampf um dieses Gesetz kaum Anschauungen vertreten und Forderungen gestellt, die nicht auch entweder auf sozialistischer oder auf katholischer Seite zu finden wären, und die auf diesen Seiten organischer aus einer Gesamtanschauung herauswachsen und politisch machtvoller vertreten werden als bei den Liberalen und Protestanten« (Neundörfer 1923, S. 509 ff.).

Christa Hasenclever (1978), die die Geschichte der Jugendgesetzgebung von 1900 bis in die 1970er Jahre monografisch aufgearbeitet hat, nennt folgende Themen als *zentrale Gegenstände der politischen Auseinandersetzung*:

---

1 Gesetzentwurf, Gesetzestext und die Debatten sind abgedruckt bei Jordan und Münder (1987, S. 101 ff.).

- das Verhältnis der öffentlichen Jugendhilfe zum Recht der Eltern und zur freien Jugendhilfe,
- die Definition (und damit die Frage nach der Einheit) der Jugendhilfe sowie ihre Abgrenzung von anderen Rechtsmaterien,
- die Organisation der Jugendbehörden, ihre Selbstständigkeit, fachliche Besetzung und Finanzierung.

Alle diese Themen bestimmen auch noch heute – hundert Jahre später – die fachpolitische Diskussion. Als Aufgabe des Staates wurde aber damals im Rahmen der Kinder- und Jugendhilfe die Gefahrenabwehr, also die kompensatorische staatliche Erziehung von Kindern und Jugendlichen anstelle der Erziehung durch die Eltern verstanden, weil diese aus seiner Sicht versagten und/oder Kinder verwahrlost waren bzw. ihnen die Verwahrlosung drohte. Orte dieser Erziehung waren Rettungs- und Waisenhäuser.

2.2 Beschlossen und sogleich suspendiert

Zum Inkrafttreten des Gesetzes am 1. April 1924 kam es jedoch nicht. Im Kontext der Wirtschaftskrise hat der Reichstag am 8. Dezember 1923 durch ein Ermächtigungsgesetz der Regierung die Gesetzgebungsmacht »zur Überwindung der Not von Volk und Reich« bis zum 15. Februar 1924 übertragen. Am 14. Februar 1924 erließ die Reichsregierung die »Verordnung über das Inkrafttreten des Reichsjugendwohlfahrtsgesetzes«, mit der alle Teile des Gesetzes außer Kraft gesetzt wurden, bei denen es sich um neue (oder wesentliche Erweiterungen bisheriger) Aufgaben handelte sowie die Verpflichtung zur Errichtung von Jugendämtern und Landesjugendämtern.

Obwohl dem Gesetz, das nun in wesentlichen Teilen ein Stück Papier blieb, das Recht eines deutschen Kindes auf Erziehung vorangestellt war, konnte es seine Herkunft aus dem Polizei- und Ordnungsrecht nicht verleugnen. Zwar findet sich bereits im Reichsjugendwohlfahrtsgesetz das Postulat von der Einheit der Jugendhilfe (»Jugendpflege und Jugendfürsorge«), die konkreteren rechtlichen Verpflichtungen konzentrieren sich jedoch auf den Bereich der Jugendfürsorge.

3 Das RJWG in der Zeit des Nationalsozialismus

Der Duktus des RJWG als Instrument der Eingriffs- und Ordnungsverwaltung mit der gleichzeitigen Öffnung für die »freie Jugendhilfe« erleichterte es der nationalsozialistischen Regierung, die Jugendhilfe ohne größere Gesetzes-

änderungen in ihrem Sinn neu auszurichten. Fortan sollte jedes deutsche Kind zu einem verantwortungsbewussten Glied der deutschen Volksgemeinschaft erzogen werden. Ziel der nationalsozialistischen Erziehung war der körperlich und seelisch gesunde, sittlich gefestigte, geistig entwickelte, beruflich tüchtige deutsche Mensch, der rassebewusst in Blut und Boden wurzelt und Volk und Reich verpflichtet und verbunden ist. Demzufolge unterschied die nationalsozialistische Ideologie der Jugendfürsorge im NS-Staat zwischen *drei Kategorien junger Menschen,*
- sogenannten erbgesunden, normalbegabten, lediglich erziehungsgefährdeten Kindern und Jugendlichen,
- sogenannten stärker gefährdeten, eher minderwertigen, schwer erziehbaren, potenziell aber noch resozialisierbaren Kindern und Jugendlichen und schließlich
- als schwersterziehbar, anlage- oder charakterbedingt kaum noch besserungsfähig bezeichneten Jugendlichen,
- und sah dafür unterschiedliche Formen stationärer Hilfe vor:
- für die erste Gruppe kleine, familienanalog strukturierte offene Heime,
- für die zweite Gruppe die Fürsorgeerziehung in konfessionellen Anstalten und
- für die als schwersterziehbar angesehenen Jugendlichen schließlich polizeiliche Jugendschutzlager bis hin zum Jugend-Konzentrationslager (Hasenclever 1978; Jordan 2005).

4 Jugendhilfe nach 1945

4.1 Rückkehr zum RJWG in der Fassung von 1924

Bereits im Jahr 1945 war das Reichsjugendwohlfahrtsgesetz von den Besatzungsmächten in seiner Fassung von 1924 für anwendbar erklärt und es waren die Zuständigkeiten der Jugendbehörden bestätigt und zum Teil erweitert worden. Wie wir heute wissen, ist die sogenannte »Entnazifizierung« vielerorts nicht konsequent vorangetrieben worden, sodass auf allen Ebenen der öffentlichen Verwaltung, aber auch in den verschiedenen Einrichtungen die Ideologie des Nationalsozialismus noch lange mehr oder weniger präsent war. Bis zur Wiederherstellung der Ursprungsfassung des RJWG von 1922, die durch die Verordnung von 1924 verwässert worden war, sollte es aber noch einige Jahre dauern.

4.2 Die RJWG-Novelle von 1953

Bereits im Jahr 1946 hatte der Deutsche Verein für öffentliche und private Fürsorge dem Süddeutschen Länderrat den *Modellentwurf einer Novelle zum RJWG* vorgelegt, um den Jugendämtern wieder eine sichere, mit den Gemeindeordnungen der Länder in Einklang stehende Rechtsgrundlage zu geben. Die Länder wollten jedoch bis zur Errichtung der Bundesrepublik keine Änderung vornehmen.

Der Modellentwurf bildete die Grundlage für einen neuen Entwurf, den ein gemeinsamer Fachausschuss des Deutschen Vereins und der Arbeitsgemeinschaft für Jugendpflege und Jugendfürsorge (heute AGJ) vorlegte. Dieser neue Entwurf wurde 1950 mit ausführlicher Begründung als »*Denkschrift für die Vorbereitung einer Reform des Jugendwohlfahrtsrechts*« vorgelegt (Hasenclever 1978, S. 172).

Im Jahr 1952 wurde dann ein *Regierungsentwurf* vorgelegt, der sich weitgehend an die »Denkschrift« von 1950 anlehnte. Die RJWG-Novelle – mit großen Hoffnungen begleitet – brachte im Wesentlichen zwei Änderungen: Die Neuorganisation des Jugendamtes und die (teilweise) Aufhebung der mit der Notverordnung von 1924 erfolgten Einschränkung seiner Aufgaben. Jugendämter waren nach der Novelle als selbstständige Behörden der kommunalen Selbstverwaltung zu errichten; ihre Aufgaben durften fortan nicht mehr auf andere Dienststellen übertragen werden. An die Stelle der Kollegialbehörde, die sich in der Weimarer Zeit nicht bewährt hatte, trat das »zweigliedrige« Jugendamt, das bis heute aus dem Jugendwohlfahrtsausschuss und der Verwaltung des Jugendamtes besteht. Auch die Errichtung von Landesjugendämtern mit zweigliedriger Struktur wurde durch die Novelle zur Verpflichtung der Länder. Die jugendfördernden Aufgaben des § 4 RJWG, seit der Notverordnung von 1924 freiwillige Aufgaben, wurden wieder zu bedingten Pflichtaufgaben. So kam es nicht zu einer Reform, sondern nur zu einer Novelle, die im Wesentlichen – mit den genannten Änderungen – den durch das RJWG beabsichtigten Rechtszustand herstellte, sodass zum Teil von einem »Inkrafttreten« des RJWG von 1922 im Jahr 1953 gesprochen wurde (Münder 1990, S. 43).

4.3 Die Entwicklung der Jugendhilfe in der DDR

Die deutsche Teilung nach dem Ende des Zweiten Weltkriegs hatte auch Folgen für die Entwicklung der Jugendhilfe und deren Rechtsgrundlagen. So wurde in der damaligen sowjetischen Besatzungszone das Konzept des Jugendwohlfahrtsgesetzes als Sondererziehungsbereich neben der Schule abgelehnt und die Jugendämter wurden neben dem Schulamt in die Volksbildung eingegliedert. Damit sollte dokumentiert werden, dass auch die Befassung mit den »erziehungsschwierigen« jungen Menschen keine besondere, sondern eine allgemeine staatliche Aufgabe ist. Inhaltlich beschränkte sich das Leistungsangebot im Wesentlichen auf den Bereich der Heimerziehung und den sogenannten Rechtsschutz (Vormundschaftswesen). Damit hatte auch in der DDR die Kinder- und Jugendhilfe im Wesentlichen eine kompensatorische Funktion und war geprägt vom autoritären Erziehungsauftrag des Staates[2].

4.4 Die JWG-Novelle von 1961

Bei der Bildung der dritten Bundesregierung wurde in Westdeutschland der Bereich »Jugend« aus dem Bundesinnenministerium herausgelöst und in das bis dahin relativ bedeutungslose Familienministerium eingegliedert.

Nachdem den beteiligten Stellen und Fachgremien im Juni 1959 ein erster »Vorentwurf eines Jugendhilfegesetzes (JHG)« durch das Jugendministerium zur Begutachtung zugeleitet worden war, dem im September 1959 und im Februar 1960 aktualisierte Fassungen folgten, entschied sich das Ministerium angesichts der von den Ländern und schließlich auch von den kommunalen Spitzenverbänden vorgebrachten Bedenken für eine Novellierung des Reichsjugendwohlfahrtsgesetzes, hielt dabei aber an den zentralen Zielen, nämlich der Stärkung des Elternrechts sowie dem Vorrang der freien Träger (Subsidiaritätsprinzip) fest. Die Bezeichnung des Gesetzes wurde in »Jugendwohlfahrtsgesetz« geändert. Es ist im Wesentlichen am 1. Juli 1961, in Teilen bereits am 1. Januar 1961 in Kraft getreten.

Neben der Stärkung des Elternrechts sowie dem Vorrang freier Träger sah die Novelle *folgende Schwerpunkte* vor:
- Verpflichtung des Jugendamtes, Hilfen zur Erziehung dem jeweiligen Bedarf entsprechend rechtzeitig und ausreichend zu gewähren.
- Einführung der Freiwilligen Erziehungshilfe: Damit wurde die »Fürsorgeerziehung« um eine leistungsrechtliche Variante ergänzt. Gleichzeitig entstand damit die Schwierigkeit, Hilfen auf der örtlichen Ebene von denen auf der überörtlichen Ebene abzugrenzen.
- Einführung der Heimaufsicht: Die vorher insbesondere von den konfessionellen Fachverbänden abgelehnte Heimaufsicht des Landesjugendamtes unter Beteiligung der zentralen Träger der freien Jugendhilfe wurde einge-

---

2 Ausführlich zur Jugendhilfe und zu den rechtlichen Grundlagen in der DDR; Seidenstücker Münder (1990).

führt. Von einem präventiven Erlaubnisvorbehalt zum Betrieb der Einrichtung sah das JWG jedoch noch ab.
- Regelmäßige Jugendberichterstattung: Die Bundesregierung wurde verpflichtet, alle vier Jahre einen Jugendbericht zu erstatten und das Bundesjugendkuratorium zu errichten. Die Jugend- und später Kinder- und Jugendberichte genannten Dokumente wurden zunächst vom Ministerium selbst, später aber von unabhängigen Sachverständigen erarbeitet.
- Rechtsgrundlage für den Bundesjugendplan: Die Bundesregierung wurde ermächtigt, überregionale Bestrebungen der Jugendhilfe anzuregen und zu fördern. Das Instrument des Jugendplanes (später Kinder- und Jugendplan) erhielt damit eine rechtliche Grundlage (Hasenclever 1978).

4.5 Der Subsidiaritätsstreit vor dem Bundesverfassungsgericht

Bereits bevor das Jugendwohlfahrtsgesetz in Kraft treten konnte, hatte die Stadt Dortmund Verfassungsbeschwerde beim Bundesverfassungsgericht eingelegt. Ihr folgten weitere Städte. Die Beschwerde richtete sich gegen die Vorrang- und Förderbestimmungen des JWG als Eingriff in die kommunale Selbstverwaltung. Im Juli 1962 erhob das Land Hessen, dem sich später Hamburg, Bremen und Niedersachsen anschlossen, eine Normenkontrollklage beim Bundesverfassungsgericht und beantragte nicht nur die Nichtigkeit der Vorrang- und Förderungsbestimmungen, sondern nahm die Gelegenheit wahr, auch die Ausgestaltung der Jugendpflege im JWG, die Organisationsvorschriften für das Jugendamt, die Erklärung der Jugendhilfe zur Selbstverwaltungsangelegenheit und Förderungsbefugnisse des Bundes anzufechten. Es dauerte ganze fünf Jahre, bis das Bundesverfassungsgericht die mündliche Verhandlung anberaumte und im Juli 1967 die Novellierung des JWG weitgehend als verfassungsmäßig erklärte (BVerfG v. 18.7.1967–2 BvF 3/62 u. a., NJW 1967, 1795).

Unter Hinweis auf die enge Verzahnung von Jugendfürsorge und Jugendpflege ordnete das Bundesverfassungsgericht die Jugendpflege »schon allein unter dem Gesichtspunkt des Sachzusammenhangs« der öffentlichen Fürsorge zu. Trotz dieser höchstrichterlichen Entscheidung sollten Inhalt und Reichweite der Gesetzgebungskompetenz des Bundes fortan zwischen Bund und Ländern umstritten bleiben, was vor allem bei der Zuordnung der Kindertagesbetreuung erkennbar ist (Wiesner 2018, S. 89).

Mit der Betonung des *Vorrangs freier Träger* in § 5 Abs. 3 JWG und der daraus resultierenden *Funktionssperre für die öffentlichen Träger* hatte der Bundesgesetzgeber Länder und kommunale Gebietskörperschaften provoziert und eine verfassungsrechtliche Klärung herausgefordert. Das Bundesverfassungsgericht hat den Streit salomonisch geschlichtet. Ohne das Subsidiaritätsprinzip überhaupt zu erwähnen, ging das Gericht von der »hergebrachten und durch Jahrzehnte bewährten Zusammenarbeit von Staat und freien Verbänden« aus, die durch das neue JWG gefördert und gefestigt werden solle. Der freien Jugendhilfe solle im JWG indes »nicht schlechthin ein Vorrang« vor der öffentlichen Jugendhilfe eingeräumt werden. Vielmehr solle durch den koordinierten Einsatz öffentlicher und privater Anstrengungen der größtmögliche Erfolg erzielt werden. Der öffentlichen Jugendhilfe bleibe die Gesamtverantwortung dafür, dass in beiden Bereichen durch behördliche und freie Tätigkeit das Erforderliche geschieht und Ansprüche des Einzelnen nach dem Gesetz erfüllt werden[3]. Den Ausgangspunkt für die Wahrnehmung der Gesamtverantwortung sollten damit künftig die Interessen der Adressat*innen, nicht eine abstrakte Rangordnung von freien und öffentlichen Trägern bilden.

Mit der Begründung, die Einrichtung von Jugendämtern sei »eine sachbezogene und für die Gewährleistung eines wirksamen Gesetzesvollzugs notwendige Annexregelung«, hat das Bundesverfassungsgericht die bundesrechtlichen Bestimmungen über Aufbau und Verfahren der Jugendämter (insbesondere dessen zweigliedrige Organisation) als verfassungskonform bezeichnet (BVerfG v. 18.7.1967, NJW 1795).

Während also bis zu diesem Zeitpunkt das Kinder- und Jugendhilferecht geprägt war von der Machtverteilung zwischen öffentlichen und freien Trägern und Eltern und Kinder Objekte in diesem Geschehen waren, rückten nun mit dieser Entscheidung (und damit erst einmal auf dem Papier) die Rechte und Interessen der Leistungsadressat*innen gegenüber den kommunalen Gebietskörperschaften und deren Behörde Jugendamt bei deren Wahrnehmung der Gesamtverantwortung für ein leistungsgerechtes Angebot in den Vordergrund. Damit wurde ein Perspektivenwechsel in der Kinder- und Jugendhilfe eingeleitet[4].

5 Die erste Reformphase (1970–1985)

5.1 Mehrere Anläufe und ihr Scheitern

Noch vor dem Regierungswechsel (zur sozialliberalen Koalition) hatte im Jahr 1969 die damalige Bundesministerin für Familie und Jugend, Aenne Brauksiepe, zum ersten Mal eine Sachverständigenkommission für den Jugendbericht

---

3 Ausführlich zur historischen Situation Hasenclever (1987, S. 204) und Klie (2021, S. 902).
4 Dazu Rätz (2018, S. 65–92).

berufen, die 1972 den Dritten Jugendbericht zum Thema »Aufgaben und Wirksamkeit der Jugendämter« vorlegte. Er gehörte neben den Thesen des Deutschen Vereins und dem Diskussionsentwurf zu den wichtigsten Materialien für die Reform des Kinder- und Jugendhilferechts (Deutscher Bundestag 1972; Drucksache VI/3170 v. 23.2.1972).

Im März 1973 wurde der von der zwölfköpfigen Kommission zur Reform des Jugendhilferechts, die bereits im Juli 1970 von der Ministerin Käthe Strobel berufen worden war, entwickelte *Diskussionsentwurf eines Jugendhilfegesetzes* der Fachöffentlichkeit vorgestellt. Der Entwurf spiegelte die Zusammensetzung der Kommission wider und war das Ergebnis »unterschiedlicher weltanschaulicher und politischer Grundauffassungen«. Vor dem Hintergrund der fachpolitischen Polarisierung wurde der Entwurf in der Fachöffentlichkeit unterschiedlich aufgenommen. Dennoch war er für die »Reformer« lange Zeit die Messlatte für alle später vorgelegten Gesetzentwürfe (Bundesministerium für Jugend, Familie und Gesundheit – BMJFG 1973).

Der vom Bundesjugendministerium im April 1974 vorgelegte *Referentenentwurf* blieb ein ganzes Stück hinter den Zielvorstellungen der Bundesregierung, die diese in ihrer Stellungnahme zum Dritten Jugendbericht skizziert hatte, und den durch den Diskussionsentwurf geweckten Erwartungen zurück. So wurde das in den vorangehenden Entwürfen enthaltene Konzept der Integration von Jugendstrafrecht und Jugendhilferecht aufgegeben und die Hilfen für junge Menschen mit Behinderung blieben weiterhin im Bundessozialhilfegesetz[5]. Gleichzeitig traf der Referentenentwurf bei der Ressortabstimmung innerhalb der Bundesregierung auf erhebliche Bedenken bei den beteiligten Bundesressorts. Das Ergebnis war eine zweite Fassung des Referentenentwurfs im August 1974. Dem Reformprozess den Todesstoß versetzte schließlich das Ergebnis einer vom Bundesjugendministerium eingesetzten Kommission zur Schätzung der durch den Referentenentwurf zu erwartenden Kosten. Mit Rücksicht auf die Haushaltssituation der kommunalen Gebietskörperschaften stellte im Dezember 1974 die Bundesregierung im Einvernehmen mit den Ministerpräsidenten der Länder und dem Deutschen Städtetag die Vorlage eines Referentenentwurfs zunächst zurück (Deutscher Bundestag 1975; Drucksache 7/3340 v. 10.3.1975, S. 21).

In der *Regierungserklärung vom Dezember 1976* stellte der Bundeskanzler Helmut Schmidt in Aussicht, in der Achten Wahlperiode »die überfällige Reform des Jugendhilferechts aufgreifen« zu wollen, wobei wegen der Kosten ein Stufenplan für die Umsetzung vorgesehen war. Daraufhin setzte die neue Jugendministerin Antje Huber im Ministerium eine Projektgruppe ein, die auf der

---

5   Siehe dazu Sachße (2018, S. 216 ff.) und Jordan (1975, S. 237 ff.).

Grundlage des Referentenentwurfs von 1974 und neuer Kostenberechnungen aufgrund neuer Entwicklungen in der Praxis einen Gesetzentwurf erstellen sollte.

So kam es im Herbst 1977 zu einem *neuen Referentenentwurf,* der nach intensiver Abstimmung am 8. November 1978 vom Bundeskabinett als Regierungsentwurf verabschiedet wurde (Deutscher Bundestag 1979a; Drucksache 8/2571 v. 14.2.1979).

Bereits in dem sich daran anschließenden ersten Durchgang im Bundesrat kam es zu einem ideologischen Schlagabtausch. Nachdem Bayern eine Totalblockade verlangt hatte, verlangte der Bundesrat 251 Änderungen des Gesetzentwurfs[6] und legte auf Initiative des Landes Baden-Württemberg einen Alternativentwurf vor, der im Mai 1979 im Bundesrat angenommen und dann gemeinsam mit dem Regierungsentwurf in den Ausschüssen des Deutschen Bundestages beraten wurde (Deutscher Bundestag 1979b; Drucksache 08/3108 v. 10.08.1979).

Am 23. Mai 1980 wurde dann der Gesetzentwurf der Bundesregierung mit den Stimmen der Koalitionsfraktionen von SPD und FDP im *Bundestag verabschiedet.* Die CDU/CSU-Fraktion lehnte den Gesetzentwurf ab. Heftig umstritten waren nicht nur die altbekannten Themen, wie die Einheit der Jugendhilfe, das Verhältnis des Erziehungsrechts der Eltern zu den Aufgaben des Staates im Rahmen der Jugendhilfe, der Vorrang freier Träger, der Leistungskatalog des Gesetzentwurfs, Organisation der Jugendhilfe und Zuständigkeiten sowie Finanzierung und Kostenregelung. Kontrovers wurde darüber hinaus auch über die Frage diskutiert, ob das Jugendhilferecht Teil des Sozialgesetzbuches sein soll und ob freiheitsentziehende Maßnahmen mit einer pädagogischen Zielsetzung zu vereinbaren sind.

Wie nach dem ersten Durchgang im Bundesrat zu erwarten war, verweigerte der *Bundesrat* mit einer CDU/CSU-Mehrheit am 4. Juli 1980 die Zustimmung zum Gesetzentwurf (Deutscher Bundestag 1980; Drucksache 287/80 v. 23.05.1980).

5.2 Der gesellschaftspolitische Hintergrund

Die scharfe parteipolitische Konfrontation ist nur vor dem Hintergrund der damaligen gesellschaftlichen Polarisierung zu verstehen. Die gesamte Reformdiskussion war von Anfang an in starkem Maße beeinflusst von der gesellschaftspolitischen Aufbruchstimmung, wie sie in der Studierendenbewegung der späten 1960er-Jahre zum Ausdruck kam und von dort zunächst auf die

---

6 Zu den Einzelheiten Sachße (2018, S. 246 ff.).

öffentliche Erziehung, insbesondere die Formen geschlossener Heimerziehung übergriff und zum Auslöser für die Heimreform wurde. Bald wurde aber auch das bis dahin autoritäre Verständnis von Erziehung im Verhältnis zwischen Eltern und Kind zum Diskussionsgegenstand. Konservative Kräfte sahen in dem geforderten Ausbau der Kinder- und Jugendhilfe einen »permanenten Eingriff des Staates in die Familie«.[7]

5.3 Ein Zwischenspiel: Novelle statt Reform

Die Praxis der Jugendhilfe brauchte Zeit, um sich von diesem Rückschlag in den Reformbemühungen zu erholen. Innerhalb des Ministeriums wurden zwar weiterhin verschiedene Optionen durchgespielt, sie kamen jedoch über die fachliche Ebene nicht hinaus. Inzwischen hatte im Oktober 1982 die CDU/CSU/FDP-Koalition die Regierung übernommen und Heiner Geißler war Bundesminister für Jugend, Familie und Gesundheit geworden. Mit dieser starken Besetzung im Rücken legte das Ministerium einen neuen Gesetzentwurf vor, versuchte es aber dieses Mal nicht mehr mit einer großen Reform, sondern nur einer punktuellen Novellierung. Von Anfang an stand dieses Vorhaben jedoch unter einem schlechten Stern. Bereits die Ankündigungen des Ministeriums ernteten ein kritisches und ablehnendes Echo. Die Gegner*innen einer solchen Novelle befürchteten ein Spargesetz, das keine Verbesserungen für die Jugendhilfe bringen, sondern noch hinter dem fachlichen Standard der Praxis zurückbleiben würde. Vonseiten der Länder und kommunalen Spitzenverbände wurde – genau entgegengesetzt – befürchtet, dass die große Reform mit entsprechenden Kostenfolgen jetzt als Novelle getarnt verabschiedet werden sollte. So wurden sowohl der im August 1984 vorgelegte Referentenentwurf als auch der aufgrund der Stellungnahmen überarbeitete Referentenentwurf vom 1. Juli 1985 weitgehend abgelehnt. Die inzwischen in das Amt gekommene Bundesministerin Rita Süssmuth – selbst Erziehungswissenschaftlerin – erklärte am 28. Oktober 1985 vor dem Bundesjugendkuratorium, dass die Bundesregierung die Novellierung des Jugendwohlfahrtsgesetzes in dieser Legislaturperiode nicht mehr betreiben werde[8].

---

7   Zu der Kontroverse siehe Sachße (2018, S. 237 ff.) sowie Junge (1991, S. 35).
8   Zu den Einzelheiten Sachße (2018, S. 259).

6 Die zweite Reformphase (1988-1990): Verabschiedung des KJHG

6.1 Das Gesetzgebungsverfahren

Den Auftakt bildete die Regierungserklärung des damaligen Bundeskanzlers Helmut Kohl zu Beginn der elften Legislaturperiode am 18. Mai 1987. Im August 1988 wurde dann der Referentenentwurf eines Gesetzes zur Neuordnung des Jugendhilferechts vorgelegt, nachdem auch vom Ministerpräsidenten des Landes Baden-Württemberg Lothar Späth als Wortführer der CDU/CSU-geführten Länder grundsätzliche Zustimmung signalisiert worden war. Nachdem der Gesetzentwurf zunächst monatelang im Wesentlichen in Fachkreisen diskutiert wurde, sprang die Diskussion zu Beginn des Jahres 1989 auch in die Öffentlichkeit über.

Der im Referentenentwurf verankerte *Rechtsanspruch auf einen Kindergartenplatz* für jedes Kind ab dem vollendeten dritten Lebensjahr hatte für öffentliche Aufmerksamkeit gesorgt. So stand der vorgesehene Ausbau der verschiedenen Formen der Tagesbetreuung nicht zuletzt vor dem Hintergrund der einsetzenden Diskussion um eine bessere Vereinbarkeit von Familie und Erwerbstätigkeit bald im Mittelpunkt des Interesses.

Noch bevor der Regierungsentwurf am 27. September 1989 verabschiedet wurde, hatte Ursula Lehr, bekannt als Alternsforscherin, Rita Süssmuth als Ministerin abgelöst. Ihre Äußerungen über die Aufnahme zweijähriger Kinder in den Kindergarten sowie ihre positive Beurteilung der Tagesbetreuung von Kindern für deren Entwicklung sorgten erneut für die (von vielen gewünschte) Polarisierung der politischen Debatte. Gegen die Formulierung eines Rechtsanspruchs auf einen Kindergartenplatz im Bundesrecht wandte sich damals vor allem der niedersächsische Ministerpräsident Albrecht, und so wurde dieser Rechtsanspruch im Gesetzentwurf durch eine unverbindliche Bereitstellungsklausel ersetzt[9].

Erneut wurde im Bundestag eine Sachverständigenanhörung anberaumt und es kam in den Ausschussberatungen zu einer kontroversen Diskussion. Am 28. März 1990 wurde das Gesetz im Deutschen Bundestag verabschiedet – in der dritten Lesung auch mit den Stimmen der damals oppositionellen SPD.

Nach diesem Abstimmungsergebnis hatte niemand mehr mit ernsthaften Schwierigkeiten im zweiten Durchgang des Bundesrates gerechnet. Dessen Finanzausschuss legte sich jedoch quer und beschloss einstimmig, dem Bundesrat zu empfehlen, die für den 11. Mai 1990 vorgesehene Entscheidung zu ver-

---

9 Zu den Einzelheiten Wiesner (1990, S. 112).

tagen. Vor dem Hintergrund der Belastungen, die auf die Länder im Zusammenhang mit der Herstellung der deutschen Einheit zukämen, sei die Priorität dieses Projektes in Zweifel zu ziehen. Entwarnung konnte erst wenige Tage vor der Bundesratssitzung gegeben werden, als bekannt wurde, dass jedenfalls die CDU/CSU-regierten Länder dem Gesetz im Bundesrat zustimmen wollten, was dann am 11. Mai 1990 zur endgültigen Verabschiedung des Gesetzes führte.

Das KJHG war – wie viele spätere Änderungsgesetze zum SGB VIII – ein Artikelgesetz und enthielt als dessen Art. 1 das neue Achte Buch Sozialgesetzbuch – Kinder- und Jugendhilfe (SGB VIII), in weiteren Artikeln fanden sich Folgeänderungen für das sonstige Bundesrecht, die durch den Wechsel vom JWG zum SGB VIII bedingt sind. Das SGB VIII ist seit dem Inkrafttreten des KJHG bis heute durch 67 Gesetze geändert und mehrfach neu bekannt gemacht worden[10].

Veröffentlicht wurde das Gesetz zur Neuordnung des Kinder- und Jugendhilferechts (KJHG) im Bundesgesetzblatt vom 28.6.1990. Dort war in Art. 24 bestimmt, dass es am 1. Januar 1991 in Kraft tritt. Dass die Verabschiedung eines neuen Kinder- und Jugendhilfegesetzes einmal im zeitlichen Zusammenhang mit der Herstellung der deutschen Einheit erfolgen würde, hätte sich bis wenige Monate vor diesem Datum wohl niemand träumen lassen. Im Hinblick auf die Wiederherstellung der Deutschen Einheit am 3. Oktober 1990 wurde das Inkrafttreten des Gesetzes in den neuen Ländern (im Einigungsvertrag) auf diesen Tag vorgezogen.

6.2 Schwerpunkte des SGB VIII

Mit der Neuordnung des Kinder- und Jugendhilferechts ist der lange diskutierte und bis dahin mancherorts bereits sichtbar gewordene *Perspektivenwechsel in der Jugendhilfe* bundesrechtlich umgesetzt worden. Dem SGB VIII liegt ein neues Verständnis von Jugendhilfe zugrunde: Nicht mehr die (reaktive) Aufrechterhaltung der öffentlichen Sicherheit und Ordnung, die Ausgrenzung verwahrloster Jugendlicher durch geschlossene Unterbringung und Arbeitserziehung oder die Rettung von Kindern vor dem gefährdenden Einfluss ihrer Eltern sind jetzt der zentrale Auftrag der Jugendhilfe, sondern die Förderung der Entwicklung junger Menschen und ihre Integration in die Gesellschaft. Damit sollte der präventive, Fehlentwicklungen vorbeugende, familienunterstützende

---

10 Siehe dazu Wabnitz (2015); Wabnitz (2022); Wiesner und Wapler (2022; SGB VIII Einl. Rn.8) sowie die Synopse in Kunkel/Kepert/Pattar (2022).

Ansatz, wie er bereits in der Entwicklung der Sozialarbeit sichtbar geworden ist, gesetzlich fundiert werden.

Diesem Ziel dient ein breites Spektrum von Leistungen, das sowohl allgemeine Förderungsangebote für junge Menschen und Hilfen für die Familie insgesamt als auch individuelle Leistungen für Kinder, Jugendliche und ihre Eltern sowie junge Volljährige in unterschiedlichen Lebenslagen und Erziehungssituation vorsieht. Ambulante Hilfen erhielten denselben rechtlichen Status wie stationäre Hilfen. Ein besonderer Schwerpunkt der Neuordnung des Kinder- und Jugendhilferechts war die Verbesserung der Hilfen für junge Volljährige[11].

Dem neuen Verständnis von Kinder- und Jugendhilfe entsprach es, Kinder, Jugendliche und ihre Eltern nicht mehr als Objekte öffentlicher Fürsorge zu begreifen, sondern als *Subjekte mit Ansprüchen und Beteiligungsrechten*. Dass der Anspruch auf Hilfe zur Erziehung den Eltern und nicht dem Kind oder Jugendlichen zuerkannt worden ist, ja diesem nicht einmal ein eigenständiges Antragsrecht eingeräumt wird, blieb freilich von Anfang an umstritten (Wiesner 2020, S. 182 ff.).

Leistungen der Jugendhilfe wurden als soziale Dienstleistungen ausgestaltet, deren Inanspruchnahme durch die Leistungsberechtigten erfolgt und mit dem Wunsch- und Wahlrecht verbunden ist. Soweit die Leistungen auf den individuellen erzieherischen Bedarf abstellen, trat an Stelle einer einseitigen Entscheidung des Jugendamtes – dem Charakter pädagogisch-therapeutischer Prozesse entsprechend – ein *partizipativer Klärungs-, Entscheidungs- und Gestaltungsprozess,* der im Rahmen des Hilfeplans dokumentiert und fortgeschrieben wurde.

Andererseits regelt das SGB VIII neben den Leistungen auch sogenannte andere Aufgaben (§ 2 Abs. 3 SGB VIII), deren Erfüllung entweder von Amts wegen zu erfolgen hat oder die – wie etwa verschiedene Erlaubnisvorbehalte für Pflegeeltern oder Träger von Einrichtungen – das Leistungsrecht flankieren. Mit dieser Doppelstruktur wird der spezifische Auftrag der Kinder- und Jugendhilfe deutlich, die sich zur Förderung der Entwicklung junger Menschen in erster Linie mit Leistungen an Eltern und junge Menschen wendet, zum Schutz von Kindern und Jugendlichen vor Gefahren für ihr Wohl (§ 1 Abs. 3 Nr. 4 SGB VIII) aber auf Interventionen in das Eltern-Kind-Verhältnis, die mit Eingriffs- und Kontrollrechten verbunden sind, nicht verzichten kann.

---

11 Dazu die Einzelheiten in Deutscher Bundestag (1989; Drucksache 11/5948, S. 41); Wiesner und Zarbock (1991); Wiesner und Wapler (2022; SGB VIII vor § 1 Rn. 57 ff.).

6.3 Beteiligung als übergreifendes Prinzip in der Kinder- und Jugendhilfe des SGB VIII

Beteiligung hat in personenbezogenen sozialen Dienstleistungen, die seit dem Inkrafttreten des KJHG das Proprium der meisten Aufgaben der Kinder- und Jugendhilfe darstellen, nicht nur eine verfahrensrechtliche Bedeutung. Sie ist dort ein zentrales Element der Aufgabenerfüllung bzw. der Ziel-erreichung bei der Leistungsgewährung. Eine Förderung der Entwicklung des jungen Menschen (§ 1 Abs. 1 SGB VIII) ist ohne eine Beteiligung der Eltern im Rahmen ihrer Erziehungsverantwortung und eine aktive, alters- und einzelfallspezifische Beteiligung des Kindes oder Jugendlichen an der Leistungsgestaltung nicht möglich.

Das Prinzip der Beteiligung erfährt im Bereich der individuellen Hilfen wegen deren Bezogenheit auf das einzelne Eltern-Kind-System und die Dynamik der Interaktion im Hinblick auf den Erziehungsprozess eine besondere Ausprägung. Die Leistungsadressaten (Eltern/Kind bzw. Jugendlicher) sind deshalb nicht nur anzuhörende Verfahrensbeteiligte. Vielmehr ist der Leistungsträger, das Jugendamt, aber auch der ausgewählte Leistungserbringer auf die Mitwirkung der Leistungsadressat*innen am Hilfeprozess während der gesamten Dauer des Leistungsverhältnisses angewiesen, wenn die Leistung Erfolg haben soll. Das besondere Spezifikum dabei ist, dass Mitarbeiterinnen in den Einrichtungen und Diensten der Kinder- und Jugendhilfe und die Adressat*innen der Leistung durch die Art Ihres Zusammenwirkens (pädagogische Interaktion, Aushandlungsprozess) gemeinsam den Leistungserfolg herbeiführen (müssen). Die Mitwirkung der Leistungsadressat*innen hat deshalb in der Kinder- und Jugendhilfe nicht nur verfahrensrechtliche, sondern vor allem materiellrechtliche Bedeutung. Die Rede ist von der *Koproduktion bei der Leistungserbringung*, was zur Folge hat, dass die Qualität der Leistungen nicht allein von den Qualitätsstandards des Leistungsanbieters abhängt, sondern auch und vor allem von der Mitwirkungsbereitschaft bzw. -fähigkeit der Adressat*innen[12].

Im Hinblick auf die *Beteiligung von Kindern und Jugendlichen* kommt diesen Rechten noch eine weitere spezielle Bedeutung zu: Entscheidungen, die Eltern oder staatliche Institutionen für Kinder oder Jugendliche treffen, sind verfassungsrechtlich nur zu rechtfertigen, wenn sie im Interesse der betroffenen Person liegen bzw. zu ihrem Wohl getroffen werden. In diesem Sinne dient die Beteiligung des Kindes oder Jugendlichen nicht nur dem Anliegen, Informationen über das Kind oder den Jugendlichen zu gewinnen, sondern auch dazu,

---
12 Dazu Gross und Badura (1976).

seiner wachsenden Autonomie Raum zu geben. Dennoch wird das Jugendamt nicht zum Anwalt des Kindes oder Jugendlichen, gegen den die Eltern sich in Stellung bringen müssen, sondern es behält sowohl die Elternverantwortung als auch das Wohl des Kindes im Blick.

So enthält das SGB VIII bereits seit dem Inkrafttreten ein breites Spektrum von Beteiligungsrechten, das fortlaufend – zuletzt im Rahmen des Kinder- und Jugendstärkungsgesetzes (dazu unter 6.3) ausgebaut worden ist. Dabei ist aber nicht nur die rechtliche Position, sondern auch die tatsächliche Lebenssituation der Leistungsadressat*innen in den Blick zu nehmen. Die gesetzliche Verankerung von Beteiligungsrechten setzt nicht nur deren Kenntnis voraus, sondern auch das Interesse und die Bereitschaft, von diesen Rechten Gebrauch zu machen. Gerade bei den sogenannten Einzelfallhilfen befindet sich ein großer Teil der Leistungsadressat*innen in prekären Lebenssituationen und viele dieser Personen schrecken davor zurück, ihre Lebenssituation offenzulegen und von ihren Rechten Gebrauch zu machen. Umso bedeutsamer sind daher Instrumente wie Ombudschaften, die dazu beitragen, die strukturelle Machtasymmetrie zwischen Fachkräften und Leistungsadressat*innen abzubauen[13].

6.3.1 Beteiligung der Eltern

Im Mittelpunkt steht die Beteiligung der Eltern am Hilfeplanverfahren (§ 36) und ihre Mitverantwortung bei der Umsetzung der dort vereinbarten Ziele. Brisanter wird die Situation in solchen Fällen, in denen bei der Einschätzung der Lebenssituation und des Hilfebedarfs eine Kindeswohlgefährdung festgestellt wird und die Frage zu beantworten ist, ob die Eltern bereit und in der Lage sind, an der Abwendung einer solchen Kindeswohlgefährdung mitzuwirken. Auch in diesen Fällen hat das Jugendamt keinen strafrechtlichen Ermittlungsauftrag, sondern ist, soweit der wirksame Schutz des Kindes oder Jugendlichen nicht infrage gestellt wird, verpflichtet, die Eltern in die Gefährdungseinschätzung einzubeziehen und für die Inanspruchnahme einer Hilfe zu werben (§ 8a Abs. 1 SGB VIII). In solchen Fällen hängt es sehr stark vom methodischen Vorgehen der Fachkräfte ab, ob den Eltern ihre Verantwortung verdeutlicht und gleichzeitig die Bereitschaft, sie bei der Wahrnehmung dieser Verantwortung zu unterstützen, vermittelt werden kann. In letzter Konsequenz muss der Schutz des Kindes Vorrang vor der Erhaltung des Hilfezugangs zu den Eltern haben.

---

13 Siehe dazu die Kommentierung des neuen § 9a in Wiesner und Wapler (2022).

6.3.2 Beteiligung des Kindes

Das Recht des Kindes oder Jugendlichen auf Beteiligung betrifft unterschiedliche Lebensbereiche: die Beteiligung in eigenen Angelegenheiten sowie die politische Partizipation, also die Mitsprache in Angelegenheiten der politischen Gemeinschaft. Im Kontext des SGB VIII steht die Beteiligung des Kindes/Jugendlichen »in eigenen Angelegenheiten« – nämlich im Prozess der Erziehung, der von der elterlichen Erziehungsverantwortung einerseits und der Hinführung zur Eigenverantwortung und Selbstständigkeit als Erziehungsziel andererseits geprägt ist – im Vordergrund. Damit das Jugendamt seiner Aufgabe als unterstützende, helfende und/oder schützende Instanz im Kontext der Eltern-Kind/Jugendlicher-Beziehung gerecht werden kann, müssen die Fachkräfte Kenntnis von den Vorstellungen und Wünschen des Kindes oder Jugendlichen haben und bei Anhaltspunkten für eine Kindeswohlgefährdung Kinder und Jugendliche auch in die Gefährdungseinschätzung einbeziehen.

Das SGB VIII befasst sich bereits im Ersten Kapitel »Allgemeine Vorschriften« mit dem elementaren Prinzip der Beteiligung von Kindern und Jugendlichen. Es wird in bereichsspezifischen Regelungen in den einzelnen Kapiteln des Gesetzes weiter ausdifferenziert. Das SGB VIII enthält insoweit die Pflicht, das Kind oder den Jugendlichen bei allen Entscheidungen zu beteiligen (§ 8 Abs. 1), Initiativrechte, wie zum Beispiel das Recht, sich in allen Angelegenheiten an Träger der Jugendhilfe zu wenden (§ 8 Abs. 2 SGB VIII), und eine *große Zahl von Mitwirkungsrechten* wie z. B.

- Beteiligung des Kindes/Jugendlichen im Verfahren der Gefährdungseinschätzung (§ 8a SGB VIII);
- Beteiligungsrechte des Kindes oder Jugendlichen und Personensorge (§ 9 Nr. 2 SGB VIII; § 1626 Abs. 2 BGB);
- Beteiligung des Kindes/Jugendlichen bei der Beratung der Eltern im Kontext von Trennung und Scheidung (§ 17 SGB VIII);
- Beteiligung im Hilfeplanverfahren (§ 36 SGB VIII);
- Beteiligung und Beschwerde für Kinder und Jugendliche in Einrichtungen (§ 45 SGB VIII)[14].

---

14 Dazu Wiesner (2020a).

7 Stationen der Weiterentwicklung

7.1 Der Ausbau der Kindertagesbetreuung – die Dauerbaustelle

Nachdem es erst im Rahmen des Schwangeren- und Familienhilfegesetzes vom 27.7.1992 gelungen war, den Rechtsanspruch auf einen Kindergartenplatz für Kinder ab der Vollendung des dritten Lebensjahres zu etablieren, war die Folgezeit von dem etappenweisen Ausbau der Kindertagesbetreuung geprägt[15]. Die Kooperation mit den Erziehungsberechtigten und deren Beteiligung an den Entscheidungen in wesentlichen Angelegenheiten der Erziehung, Bildung und Betreuung im selben Sinne einer Erziehungspartnerschaft gehörte dabei von Anfang an zu den rechtlichen Grundlagen (zunächst § 22, später § 22a SGB VIII).

2004: Das Tagesbetreuungsausbaugesetz (TAG)
Im Rahmen dieses Gesetzes wurden die zentralen Elemente der Förderung von Kindern in Tageseinrichtungen und in Tagespflege konkreter geregelt (§§ 22–23), der Begriff »bedarfsgerechte Versorgung« im Hinblick auf Kinder unter drei Jahren durch objektive Kriterien konkretisiert (§ 24), eine verbindliche Ausbauplanung vorgeschrieben (§ 24a) und den Ländern eine stärkere Beteiligung der Gemeinden an der Förderung von Kindern in Tageseinrichtungen und in Tagespflege ermöglicht (§ 69), sowie die Regelung der Finanzierungsvoraussetzungen für Tageseinrichtungen dem Landesrecht vorbehalten (§ 74a) – eine Änderung, die im Rückblick als eine schlechte Entscheidung bewertet werden muss, weil sie den Ländern bis heute erhebliche Spielräume bei der Ausgestaltung der Kita-Finanzierung eröffnet[16].

2008: Das Kinderförderungsgesetz (KiföG)
Mit dem KiföG wurde der durch das TAG begonnene Ausbau der Tagesbetreuung für Kinder im Alter unter drei Jahren (§§ 23, 24, 43) weitergeführt. Dieser Ausbau erfolgte in zwei Stufen, zunächst indem die Förderkriterien weiter verschärft worden sind und sodann ab dem 1. August 2013, indem das Gesetz jedem Kind, dass das erste Lebensjahr vollendet hat, einen Rechtsanspruch auf frühkindliche Förderung zusichert[17] – ein Versprechen, das bis heute noch längst nicht überall eingelöst ist.

---

15 Dazu Wiesner (2020b); Wiesner und und Wapler (2022) SGB VIII vor § 22 Rn. 30.
16 Dazu Wiesner (2004, S. 441).
17 Dazu Wiesner (2009, S. 224).

2019: Das Gute-Kita-Gesetz
Am 1. Januar 2019 ist das Gesetz zur Weiterentwicklung der Qualität und zur Teilhabe in der Kindertagesbetreuung, das sogenannte Gute-KiTa-Gesetz, in Kraft getreten. Darin stellte der Bund 5,5 Milliarden Euro bereit, um die Kindertagesbetreuung in Deutschland weiterzuentwickeln. Die 16 Länder entscheiden selbst, welche konkreten Maßnahmen sie vor Ort ergreifen. Von Seiten der Fachverbände, aber auch im Rahmen der Sachverständigenanhörung im Deutschen Bundestag wurde das Konzept und vor allem die Eigenständigkeit der Länder, über den Einsatz der Mittel zu entscheiden, kritisiert. So wurde eine bundeseinheitlich festgelegte Fachkraft-Kind-Relation gefordert und der Einsatz der Bundesmittel für eine Gebührenfreiheit bei den Kitas kritisch bewertet. Der gebührenfreie Zugang zu Kitas sei zwar wünschenswert, in der derzeitigen Situation jedoch nur schwer zu finanzieren. Die dafür bereitgestellten Gelder würden dann für eine Steigerung der Kita-Qualität fehlen[18]. So kam es am Ende zu Verträgen des Bundes mit den einzelnen Ländern über die Verwendung der bereitgestellten Mittel[19].

2021: Das Ganztagsförderungsgesetz
Mit dem Gesetz zur ganztägigen Förderung von Kindern im Grundschulalter (Ganztagsförderungsgesetz – GaFöG), das am 11. Oktober 2021 verkündet worden ist, soll eine Betreuungslücke geschlossen werden, die für viele Familien entsteht, sobald die Kinder eingeschult werden. Das Gesetz beinhaltet die stufenweise Einführung eines Anspruchs auf ganztägige Förderung für Grundschulkinder ab dem Jahr 2026: Ab August 2026 sollen zunächst alle Kinder der ersten Klassenstufe einen Anspruch darauf haben, ganztägig gefördert zu werden. Der Anspruch soll in den Folgejahren um je eine Klassenstufe ausgeweitet werden, damit ab August 2029 jedes Grundschulkind der Klassenstufen 1 bis 4 einen Anspruch auf ganztägige Betreuung hat.

Der Rechtsanspruch wird in § 24 SGB VIII geregelt und sieht einen Betreuungsumfang von acht Stunden an allen fünf Werktagen vor. Er kann sowohl in Horten als auch in offenen und gebundenen Ganztagsschulen erfüllt werden. Dafür müssen noch mehr als 800.000 zusätzliche Plätze geschaffen werden[20].

---

18 Siehe dazu die Voten der Sachverständigen bei der Anhörung im FSFJ-Ausschuss des Bundestages am 5.11.2018, Protokoll Nr. 19/16.
19 Zu den verfassungsrechtlichen Bedenken Rixen (2019, S. 43).
20 Zu den Inhalten Wabnitz (2022, S. 50).

7.2 Verbesserung des Kinderschutzes

2005: Das Kinder- und Jugendhilfeweiterentwicklungsgesetz (KICK)
Im Rahmen des KICK wurde der bis dahin auf die Anrufung des Familiengerichts konzentrierte Schutzauftrag des Jugendamtes bei Kindeswohlgefährdung durch ein Verfahren der Gefährdungseinschätzung konkretisiert, das im Vereinbarungsweg auch für freie Träger zur Anwendung kommt (§ 8a). Anfangs eher kritisch betrachtet hat die Bestimmung zu einer lebendigen und produktiven Debatte um die fachlichen Standards im Kinderschutz geführt (Wiesner/Wapler 2022; SGB VIII § 8a Rn. 11) und wird inzwischen auch als Maßstab für die Sorgfaltspflichten angesehen, die im Rahmen der strafrechtlichen Garantenstellung zu erfüllen sind (Heghmanns 2018). Außerdem wurden Hilfen zur Erziehung im Ausland von strengeren Anforderungen abhängig gemacht (§§ 27, 78b)[21].

2012: Das Bundeskinderschutzgesetz
Durch Art. 2 des Bundeskinderschutzgesetzes wurden die Beratung des Kindes oder Jugendlichen in Not und Konfliktsituationen als Rechtsanspruch ausgestaltet (§ 8 Abs. 3), der Schutzauftrag bei Kindeswohlgefährdung qualifiziert (§ 8a), der Erlaubnisvorbehalt für den Betrieb von Einrichtungen neugestaltet (§ 45), die Vorlage von erweiterten Führungszeugnissen bei ehrenamtlicher Tätigkeit geregelt (§ 72a) und der Auftrag zur Weiterentwicklung der Qualität als Teil der Gesamtverantwortung ausgestaltet (§§ 79, 79a)[22].

7.3 Das Kinder- und Jugendstärkungsgesetz (KJSG)

7.3.1 Das Änderungsprogramm

Das größte Änderungspensum im Bereich des Kinder- und Jugendhilferechts seit dem Inkrafttreten des SGB VIII zum 1.1.1991 enthält das Kinder- und Jugendstärkungsgesetz, das im zweiten Anlauf und nach einer langen Diskussionsphase[23] noch vor dem Ende der 19. Legislaturperiode verabschiedet worden und im Wesentlichen am 10. Juni 2021 in Kraft getreten ist (Deutscher Bundestag 2021d; Bundesgesetzblatt I Nr. 29 v. 09.06.2021, S. 1444–1464). Es befasst sich mit folgenden *fünf Themen* (Deutscher Bundestag 2021a; Drucksache 19/26107 v. 25.01.2021; BMFSFJ, 2021):

---

21 Zum KICK insgesamt Wiesner (2005).
22 Dazu im Einzelnen Wiesner (2016, S. 41 ff.).
23 Dazu BMFSFJ (2020).

- Besserer Kinder- und Jugendschutz,
- Stärkung von Kindern und Jugendlichen, die in Pflegefamilien oder in Einrichtungen der Erziehungshilfe aufwachsen,
- Hilfen aus einer Hand für Kinder mit und ohne Behinderungen,
- mehr Prävention vor Ort,
- mehr Beteiligung von jungen Menschen, Eltern und Familien[24].

Obwohl der Verabschiedung ein längerer Diskussionsprozess voraus ging, fallen die Einschätzungen über das Ergebnis unterschiedlich aus – sie reichen vom großen Sprung nach vorn bis zu der Sorge, das Gesetz könne die Landschaft der Jugendhilfe negativ verändern und habe Signalwirkung für die professionelle Entwicklung der gesamten sozialen Arbeit[25]. So hatten im Rahmen des Gesetzgebungsverfahrens neun Fachverbände einen Zwischenruf verfasst (AFET 2019), der schließlich im Bundestag zu verschiedenen Änderungen des Gesetzentwurfs im Bereich des Grundsatzthemas Kinderschutz geführt hat (Deutscher Bundestag 2021c; Beschlussempfehlung und Bericht des BT-Ausschusses für FSFJ, Drucksache 19/28870 v. 21.04.2021).

Einigkeit herrscht aber im Hinblick auf die erheblichen Auswirkungen der Gesetzesänderungen auf die Ausstattung der Jugendämter und die mit der Umsetzung verbundenen Folgekosten (Beckmann/Lohse 2021; Deutscher Verein für öffentliche und private Fürsorge e. V. 2021). Es bleibt daher die Sorge bestehen, dass der Gesetzeswortlaut vieles verspricht, was die Praxis nicht hält – die Rede ist dann wieder einmal von den »Vollzugsdefiziten«.

7.3.2 Beteiligung als Schwerpunktthema

Zur Stärkung der Rechte von jungen Menschen und ihren Eltern durch mehr Partizipation und eine bessere Wahrnehmung ihrer Subjektstellung sieht das KJSG folgende Regelungen vor:
- *Uneingeschränkter Beratungsanspruch für Kinder und Jugendliche (§ 8a):*
- Kinder und Jugendliche erhalten einen uneingeschränkten Beratungsanspruch durch die Kinder und Jugendhilfe. Das heißt: Die Beratungsstelle oder das Jugendamt muss nicht wie bisher prüfen, ob eine Not- und Konfliktlage vorliegt, bevor dem Kind oder Jugendlichen unabhängig von den

---

24 Zu den Einzelheiten siehe Meysen, Lohse, Schönecker und Smessaert (2022) sowie Wabnitz (2021).
25 Siehe dazu die Stellungnahmen der Sachverständigen im FSFJ-Ausschuss, Wortprotokoll der 81. Sitzung am 22.2.2021 Protokoll-Nr. 19/81 (Deutscher Bundestag 2021b) sowie Schmidt (2021, S. 1992–1996).

Personensorgeberechtigten geholfen wird. Das erweitert den Beratungszugang für Kinder und Jugendliche, stärkt ihre Rechte und baut Hürden ab.
- *Verpflichtung zur Einrichtung unabhängiger Ombudsstellen (§ 9a):*
- Die Länder werden verpflichtet, unabhängige, nicht weisungsgebundene Ombudsstellen einzurichten, die dem Bedarf von jungen Menschen und ihren Familien entsprechen.
- *Stärkung der Selbstvertretung und Selbsthilfe (§ 4a):*
- Zur besseren Wahrnehmung der Subjektstellung von Adressatinnen und Adressaten der Kinder- und Jugendhilfe werden Selbstvertretung und Selbsthilfe deutlich gestärkt und entsprechende Zusammenschlüsse in Entscheidungsprozesse einbezogen.
- *Externe Möglichkeiten der Beschwerde für Kinder und Jugendliche in Einrichtungen (§ 45 Abs. 2 Satz 2 Nummer 4):*
- Einrichtungsträger werden im Rahmen des Verfahrens zur Erteilung einer Betriebserlaubnis verpflichtet, Möglichkeiten der Beschwerde auch außerhalb der Einrichtung zu gewährleisten.
- *Gewährleistung von Möglichkeiten der Beschwerde für Pflegekinder (§ 37b):*
- Das Jugendamt wird verpflichtet, die Möglichkeit der Beschwerde in persönlichen Angelegenheiten für Pflegekinder zu gewährleisten und das Kind oder den Jugendlichen hierüber auch zu informieren.
- *Beteiligung nichtsorgeberechtigter Eltern an der Hilfeplanung (§ 36 Abs. 5):*
- Künftig können auch Eltern, die nichtsorgeberechtigt sind, an der Aufstellung und Überprüfung des Hilfeplans beteiligt werden, wenn dadurch der Hilfeprozess nicht in Frage gestellt wird. Die Frage, ob nichtsorgeberechtigte Eltern beteiligt werden sollen, und, wenn ja, wie und in welchem Umfang deren Beteiligung im Einzelfall erfolgen soll, muss in der Regel im Zusammenwirken mehrerer Fachkräfte geklärt werden. Hierbei sind Willensäußerungen und Bedürfnisse des jungen Menschen und auch die Haltung des Personensorgeberechtigten angemessen zu würdigen.
- *Aufklärung des Kindes oder Jugendlichen und seiner Eltern bei der Inobhutnahme (§ 42 Abs. 2,3):*
- Das Jugendamt wird zur umfassenden, adressatenorientierten Aufklärung des Kindes oder Jugendlichen und seiner Erziehungsberechtigten bei einer Inobhutnahme verpflichtet.
- *Sicherstellung adressatenorientierter Beteiligung von Kindern, Jugendlichen und Eltern:*

Das Gesetz verpflichtet an verschiedenen Stellen (§ 8 Abs. 4, § 10 Abs. 1, § 36 Abs. 1 Satz 2, § 42 Abs. 2 Satz 1) zu einer für die Adressatinnen und Adressaten verständlichen Beratung, Aufklärung und Beteiligung. In Bezug auf Adressatinnen und Adressaten mit Behinderungen wird damit auch Artikel 21 der VN-BRK Rechnung getragen.

7.3.3 Dimensionen einer inklusiven Jugendhilfe

Das schon seit 50 Jahren diskutierte Thema einer sogenannten *großen Lösung*, nämlich die Zusammenführung der sachlichen Zuständigkeit bei der Eingliederungshilfe für alle Kinder und Jugendlichen mit Behinderung bei den örtlichen Trägern der Jugendhilfe, bleibt einer Stufenlösung vorbehalten und soll am 1.1.2028 Realität werden, wenn bis dahin entscheidende Voraussetzungen erfüllt sind, nämlich die Verkündung eines Bundesgesetzes bis zum 1. Januar 2027, das das Nähere über den leistungsberechtigten Personenkreis, die Art und den Umfang der Leistung, die Kostenbeteiligung und das Verfahren auf der Grundlage einer prospektiven Gesetzesevaluation bestimmt (Art. 10 Abs. 3 iVm. Art. 1 § 10 Abs. 4 KJSG). Die Umsetzung der großen Lösung, für die der Koalitionsvertrag für die 20. Legislaturperiode notwendige Anpassungen bereits in dieser Legislaturperiode vorsieht, ist mit einer Reihe von konzeptionellen, organisatorischen und finanziellen Herausforderungen verbunden, bei der noch viele Fragen offen sind. Dies beginnt bereits bei der Organisation, den Strukturen und Logiken in der Eingliederungshilfe, die personenbezogen ausgestaltet ist, während der Kinder- und Jugendhilfe eine ganzheitliche, familiensystemische Betrachtungsweise zugrunde liegt (Schönecker 2021, S. 163).

Untergegangen ist in der öffentlichen Diskussion eine andere Verpflichtung, die bereits mit dem Tag des Inkrafttretens des Gesetzes am 10. Juni 2021 verbindlich geworden ist, nämlich die Ausgestaltung des Systems der Kinder- und Jugendhilfe zu einem *inklusiven Hilfesystem*.

Der Gesetzgeber hat sich im Rahmen des KJSG vorgenommen, das SGB VIII »inklusiv« auszugestalten und damit das gesamte Aufgabenspektrum der Kinder- und Jugendhilfe – unabhängig von der Frage, ob im Einzelfall Eingliederungshilfe zu gewähren ist – strukturell so auszugestalten, dass es auch den Personenkreis der jungen Menschen mit Behinderung einbezieht.[26] Während der Gesetzgeber für die Umsetzung der Gesamtzuständigkeit ein Stufenkonzept vorsieht, bei dem die letzte Stufe unverbindlich bleibt, hat er die Träger der Kinder- und Jugendhilfe mit dem Inkrafttreten des KJSG am 10. Juni 2021 mithilfe einer Vielzahl von Vorschriften zu einer inklusiven Ausrichtung des Aufgabenspektrums verpflichtet, wozu er eigentlich schon seit dem Inkrafttreten der *UN-Behindertenrechtskonvention* im Jahr 2009 verpflichtet gewesen

---

26 Dazu Wiesner (2021).

wäre und wozu die Praxis erhebliche finanzielle und personelle Ressourcen bereitstellen muss. Die Praxis wird damit sofort mit Anforderungen konfrontiert, denen aber erst stufenweise und perspektivisch Rechnung getragen werden kann. In der Sache heißt dies, dass alle Einrichtungen und Dienste auch für junge Menschen mit Behinderung bautechnisch, organisatorisch, konzeptionell und personell zugänglich gemacht werden müssen – eine Anforderung, die nicht über Nacht realisiert werden kann. Aber auch dann werden junge Menschen mit Behinderung noch häufig Eingliederungshilfe in Form von Assistenzleistungen in Anspruch nehmen müssen.

8 Ungelöste Strukturprobleme

Das Achte Buch Sozialgesetzbuch stößt nach anfänglicher Zurückhaltung und Skepsis in Wissenschaft und Praxis inzwischen auf große Resonanz. So heißt es im 14. Kinder- und Jugendbericht: »Spätestens seit Beginn des 21. Jahrhunderts ist das SGB VIII als ein modernes, präventiv ausgerichtetes Leistungsgesetz in der Fachöffentlichkeit breit akzeptiert. Das SGB VIII hat sich nachhaltig bewährt und – nicht zuletzt aufgrund der Statuierung von Rechtsansprüchen – im Unterschied zum JWG den Stand eines modernen Sozialleistungsgesetzes erreicht« (Deutscher Bundestag 2013; Drucksache 17/12200 v. 30.01.2013, S. 261).

Dennoch bleiben auch nach mehr als 30 Jahren seit dem Inkrafttreten des KJHG noch mehrere grundsätzliche Fragen ungelöst, wie etwa die Diskrepanz zwischen rechtlichen Vorgaben und deren praktischer Umsetzung, die Folgen der Zuweisung der Aufgaben der Jugendhilfe zur kommunalen Selbstverwaltung für die Finanzierung des Gesetzes, der normative Nachrang der Kinder- und Jugendhilfe und die Realität sowie die rechtliche Stellung der Leistungsadressat*innen und die gesellschaftliche Stigmatisierung der Inanspruchnahme von Einzelfallhilfen. Letztlich geht es um den Stellenwert von Kinder- und Familienpolitik im föderalen System der Bundesrepublik Deutschland – eine Dauerbaustelle.

Literatur

AFET (2019): AFET-Zwischenruf zur aktuellen Reformdebatte des SGB VIII: Ohne qualifizierte Jugendhilfeplanung keine inklusive Jugendhilfe?! Dialog Erziehungshilfe, 4, 8–10. https://afet-ev.de/assets/publikationen/00.DE-4-2019-Druckfassung.pdf (Zugriff am 17.07.2023).
Beckmann, J./Lohse, K. (2021): Gut Ding will Weile haben? Der Gesetzentwurf eines Kinder- und Jugendstärkungsgesetzes. Recht der Jugend und des Bildungswesens, 69 (1), 10–32.
Bundesminister für Jugend, Familie und Gesundheit (1973): Diskussionsentwurf eines Jugendhilfegesetzes. Bonn.

Bundesministerium für Familie, Senioren, Frauen und Jugend (2020): Abschlussbericht Mitreden-Mitgestalten: Die Zukunft der Kinder- und Jugendhilfe.

Bundesministerium für Familie, Senioren, Frauen und Jugend (2021): Gesetz zur Stärkung von Kindern und Jugendlichen (Kinder- und Jugendstärkungsgesetz – KJSG). Mit weiterführenden Informationen zum Gesetz. https://www.bmfsfj.de/bmfsfj/service/gesetze/neues-kinder-und-jugendstaerkungsgesetz-162860 (Zugriff am 17.07.2023).

Deutscher Bundestag (1972): Bericht der Bundesregierung über Bestrebungen und Leistungen der Jugendhilfe – Jugendbericht. Drucksache VI/3170 v. 23.2.1972. Bonn.

Deutscher Bundestag (1975): Antwort der Bundesregierung auf die Große Anfrage der Abgeordneten Rollmann, Frau Stommel, Kroll-Schlüter, Burger, Frau Schleicher, Orgaß, Sauer (Salzgitter), Braun und Genossen und der Fraktion der CDU/CSU — Drucksache 7/2414 — betr. Situation der Kinder in Deutschland. Drucksache 7/3340 v. 10.3.1975. Bonn.

Deutscher Bundestag (1979a): Entwurf eines Sozialgesetzbuches (SGB) — Jugendhilfe. Drucksache 8/2571 v. 14.2.1979. Bonn.

Deutscher Bundestag (1979b): Entwurf eines Gesetzes zur Verbesserung der Jugendhilfe. Drucksache 08/3108 v. 10.08.1979. Bonn.

Deutscher Bundestag (1980): Jugendhilfegesetz (JHG) Gesetzesbeschluss. Drucksache 287/80 v. 23.05.1980. Bonn.

Deutscher Bundestag (1989): Entwurf eines Gesetzes zur Neuordnung des Kinder- und Jugendhilferechts (Kinder- und Jugendhilfegesetz — KJHG). Drucksache 11/5948 v. 1.12.1989. Bonn.

Deutscher Bundestag (2013): Unterrichtung durch die Bundesregierung: Bericht über die Lebenssituation junger Menschen und die Leistungen der Kinder- und Jugendhilfe in Deutschland – 14. Kinder- und Jugendbericht – und Stellungnahme der Bundesregierung. Drucksache 17/12200 v. 30.01.2013. Berlin.

Deutscher Bundestag (2021a): Entwurf eines Gesetzes zur Stärkung von Kindern und Jugendlichen (Kinder- und Jugendstärkungsgesetz – KJSG). Drucksache 19/26107 v. 25.01.2021. Berlin.

Deutscher Bundestag (2021b): Ausschuss für Familie, Senioren, Frauen und Jugend – Wortprotokoll der 81. Sitzung: Gesetzentwurf der Bundesregierung. Entwurf eines Gesetzes zur Stärkung von Kindern und Jugendlichen (Kinder- und Jugendstärkungsgesetz – KJSG). Protokoll Nr. 19/81 v. 22.02.2021. Berlin.

Deutscher Bundestag (2021c): Beschlussempfehlung und Bericht des Ausschusses für Familie, Senioren, Frauen und Jugend (13. Ausschuss) a) zu dem Gesetzentwurf der Bundesregierung: Entwurf eines Gesetzes zur Stärkung von Kindern und Jugendlichen (Kinder- und Jugendstärkungsgesetz – KJSG) usw. Drucksache 19/28870 v. 21.04.2021. Berlin.

Deutscher Bundestag (2021d): Gesetz zur Stärkung von Kindern und Jugendlichen (Kinder- und Jugendstärkungsgesetz – KJSG). Bundesgesetzblatt Jahrgang 2021 Teil I Nr. 29, 09.06.2021. Berlin.

Deutscher Verein für öffentliche und private Fürsorge e. V. (2021): Stellungnahme des Deutschen Vereins für öffentliche und private Fürsorge e.V. zum Referentenentwurf eines Gesetzes zur Stärkung von Kindern und Jugendlichen (Kinder- und Jugendstärkungsgesetz – KJSG). Nachrichtendienst des Deutschen Vereins, 2021, 88–102.

Gross, P./Badura, B. (1976): Sozialpolitik und soziale Dienste: Entwurf einer Theorie personenbezogener Dienstleistungen. München.

Hasenclever, C. (1978): Jugendhilfe und Jugendgesetzgebung seit 1900. Göttingen.

Heghmanns, M. (2018): Zur strafrechtlichen Verantwortung im Kinderschutz. Jugendamt, 91 (6), 230–235.

Jordan, E. (2005): Kinder- und Jugendhilfe (2. Aufl.). Weinheim.

Jordan, E/Münder, J. (1987): 65 Jahre Reichsjugendwohlfahrtsgesetz – ein Gesetz auf den Weg in den Ruhestand? Münster.

Junge, H. (1991): Streitobjekt Jugendhilfe: Kommentare 1978–1991. Jugendwohl – Zeitschrift für Kinder- und Jugendhilfe. Freiburg.

Klie (2021): SubsidiaKurität. In: Amthor, R.-C./Goldberg, B./Hansbaur, P./Wintergerst, Th. (Hg.): Wörterbuch Soziale Arbeit (9. Aufl.; S. 901). Weinheim/Basel.

Kunkel, P.-C./Kepert, J./Pattar, A.K. (2022): Sozialgesetzbuch VIII Kinder- und Jugendhilfe. Lehr- und Praxiskommentar (8. Aufl). Baden-Baden.Meysen, Th./Lohse, K./Schönecker, L./Smessaert, A. (2022): Das neue Kinder- und Jugendstärkungsgesetz – KJSG. Baden-Baden.

Münder, J. (1990): Das Jugendwohlfahrtsgesetz von 1922, »in Kraft getreten« 1953. Recht der Jugend und des Bildungswesens, 38 (1), 43–53.

Neundörfer, K. (1923): Widerstreitende Mächte in dem Reichsgesetz für Jugendwohlfahrt. Hochland, 20, 509–529.

Rätz, R. (2018): Von der Fürsorge zur Dienstleistung. In: K. Böllert (Hg.): Kompendium Kinder- und Jugendhilfe (S. 65–92). Wiesbaden.

Rixen, S. (2019): Ist das Gute-Kita-Gesetz verfassungswidrig? – Die finanzielle Förderung der Kindertagesbetreuung durch den Bund als Verfassungsproblem. Neue Zeitschrift für Verwaltungsrecht, 38 (7), 432–438.

Sachße, C. (2018): Die Erziehung und ihr Recht – Vergesellschaftung und Verrechtlichung von Erziehung in Deutschland 1870–1990. Weinheim/Basel.

Schmidt, C. (2021): Das neue Kinder- und Jugendstärkungsgesetz – Wenig Licht und viel Schatten. Neue Juristische Wochenschrift, 74 (28), 1992–1996.

Schönecker, L. (2021): Exklusive Kinder- und Jugendhilfe als Verstoß gegen völkerrechtliche Diskriminierungsverbote. In: K. Scheiwe/W. Schröer/F. Wapler/M. Wrase (Hg.): Der Rechtsstatus junger Menschen im Kinder- und Jugendhilferecht (S. 163–172). Baden-Baden.

Wabnitz, R. (2015): 25 Jahre SGB VIII. Die Geschichte des Achten Buches Sozialgesetzbuch von 1990–2015. Berlin.

Wabnitz, R. (2021): Das Kinder- und Jugendstärkungsgesetz (KJSG). Zeitschrift für Kindschaftsrecht und Jugendhilfe, 16 (7), 262–267.

Wabnitz, R. (2022): Das Ganztagsförderungsgesetz (GaFöG). Zeitschrift für Kindschaftsrecht und Jugendhilfe, 17 (2), 50–53.

Wiesner, R. (1990): Der mühsame Weg zu einem neuen Jugendhilfegesetz. Recht der Jugend und des Bildungswesens, 38 (2), 112–125.

Wiesner, R. (2004): Das Tagesbetreuungsausbaugesetz. Zentralblatt für Jugendrecht, 91 (10), 441–452.

Wiesner, R. (2005): Das Gesetz zur Weiterentwicklung der Kinder- und Jugendhilfe. Forum Erziehungshilfen, 11 (4), 245–249.

Wiesner, R. (2009): Das Kinderförderungsgesetz. Zeitschrift für Kindschaftsrecht und Jugendhilfe, 4 (6), 224–227.

Wiesner, R. (2016): Das Bundeskinderschutzgesetz: Ziele-Inhalte-Evaluation. In: S. Heilmann/K. Lack (Hg.): Die Rechte des Kindes – Festschrift für Ludwig Salgo zum 70. Geburtstag (S. 41–68). Köln.

Wiesner, R. (2018): Zum Bildungsauftrag der Kindertagesbetreuung. Recht der Jugend und des Bildungswesens, 66 (1), 89–99.

Wiesner, R. (2020a): Recht der Kinder- und Jugendhilfe. In: I. Richter/L. Krappmann/F. Wapler (Hg.): Kinderrechte – Handbuch des deutschen und internationalen Kinder- und Jugendrechts (S. 153–197). Baden-Baden.

Wiesner, R. (2020b): Recht der Kindertagesbetreuung. In: I. Richter/L. Krappmann/F. Wapler (Hg.).: Kinderrechte – Handbuch des deutschen und internationalen Kinder- und Jugendrechts (S. 199–222). Baden-Baden.

Wiesner, R. (2021): Wie inklusiv wird das SGB VIII? (Behinderungsbegriff, Verfahrenslotsen, Übergang Eingliederungshilfe u.a.). Jugendhilfe, 59 (5), 444–452.

Wiesner, R./Wapler, F. (2022): SGB VIII. Kinder- und Jugendhilfe. Kommentar (6. Aufl.). München.

Wiesner, R./Zarbock, W. (1991): Das neue Kinder- und Jugendhilfegesetz (KJHG) und seine Umsetzung in die Praxis. Köln u.a.

Zur Entstehung des Jugendamtes und des öffentlichen Jugendhilfeauftrags

Uwe Uhlendorff

> »Der Ausgangspunkt und das Ziel jeder Jugendfürsorge muss es sein, in der Familie einen Boden zu schaffen, auf dem die heranwachsende Jugend gedeihen kann.«

1 Einführung

Eine besondere Leistung des Jugendwohlfahrtgesetzes war die Schaffung einer Behörde mit einem öffentlichen Erziehungsauftrag, der das Recht des Kindes auf Erziehung gewährleisten sollte. Dieser ist auch heute noch, wenn auch mit anderen Begriffen unterlegt, gültig. Das, was das Deutsche Jugendhilfesystem von den Systemen vieler anderer Länder unterscheidet, ist eine umfassende öffentliche Verantwortung für das Aufwachsen von Kindern, die in die Hand einer einzigen Behörde gelegt wurde. Das RJWG wurde sowohl als ein »Jugendamtsgesetz« als auch als ein weitreichendes öffentliches Erziehungsgesetz konzipiert. Gleich zu Beginn heißt es in § 1 unmissverständlich: »Die öffentliche Jugendhilfe umfasst alle behördlichen Maßnahmen zur Förderung der Jugendwohlfahrt (Jugendpflege und Jugendfürsorge).« Die Jugendämter als Organe der öffentlichen Jugendhilfe, dazu zählten Jugendämter, Landesjugendämter und Reichsjugendamt, hatten somit die öffentliche Gesamtverantwortung für das Aufwachsen der Kinder, im Sinne einer Förderung der Jugendwohlfahrt. Begründet wurde dies mit dem Recht des Kindes auf Erziehung zur leiblichen, seelischen und gesellschaftlichen Tüchtigkeit. Die öffentliche Jugendhilfe sollte dann eintreten, wenn der Anspruch des Kindes auf Erziehung von der Familie nicht erfüllt wurde (§ 1 RJWG). Interessant ist nun, dass das Gesetz zwei grundverschiedene – aber logisch zusammengehörige – Aufgabentypen zur Gewährleistung des öffentlichen Erziehungsauftrags vorsah:

– Die *Jugendfürsorge* umfasste die Jugendamtsmaßnahmen in Fällen, in denen die Eltern ihre Erziehungsaufgaben nicht wahrnahmen und die Gefahr der »Verwahrlosung« des Kindes bestand oder schon eingetreten war (also aus heutiger Sicht das Wohl des Kindes gefährdet war). Dazu zählten (vgl. § 3) das Pflegekinderwesen, das Vormundschaftswesen, Fürsorge für (armenrechtlich) hilfsbedürftige Minderjährige, die Schutzaufsicht, die Fürsorgeerziehung und die Jugendgerichtshilfe.

– Die *Jugendpflege* hingegen sollte die Erziehung in der Familie fördern und dadurch Verwahrlosung vorbeugen. Sie gehörte ebenfalls in die Gesamtverantwortung der Jugendämter. Letztere sollten »Einrichtungen und Veranstaltungen anregen und fördern und gegebenenfalls sogar selbst schaffen«: dazu zählten Beratung, Mutterschutz vor und nach der Geburt, Maßnahmen zur Wohlfahrt der Säuglinge, der Kleinkinder, der Schulkinder und der schulentlassenen Jugend (§ 4 RJWG). Bemerkenswert ist, dass die Jugendpflege schon bei der Schwangerschaft einsetzen und sich über alle Lebensphasen, bis zum Eintritt in das Erwachsenenleben, erstrecken sollte.

Von seiner Grundidee her war das Jugendamt des RJWG nicht, wie vielfach behauptet, ausschließlich eine »Eingriffsbehörde«, die bei Gefahr oder Vorliegen von kindlicher »Verwahrlosung« mit Fürsorgemaßnahmen einschreiten sollte. Es hatte vielmehr einen öffentlichen Erziehungsauftrag, der auch die Unterstützung der Eltern bzw. Familien bei der Erziehung vorsah. Dass dieser aber aufgrund der Notstandsgesetze in der Weimarer Zeit eingeschränkt und erst nach dem Zweiten Weltkrieg umgesetzt wurde, steht auf einem anderen Blatt. Hervorzuheben ist, dass Deutschland im Hinblick auf das Bemühen der Zentralisierung aller Jugendhilfeaufgaben bei einer Behörde im Vergleich zu anderen Ländern nicht nur ein Vorreiter war, sondern mehr oder weniger auch ein Einzelfall blieb (nur einige wenige Länder wie Österreich haben sich daran angelehnt). Wie ist es dazu gekommen? Meine These lautet, dass die Entstehung des Jugendamtes, die historisch im ersten Jahrzehnt des 20. Jahrhunderts zu verorten ist, durch das Zusammenkommen einer verwaltungspragmatischen mit einer weitreichenden sozialpolitischen Programmatik verursacht wurde. Letztere ist in erster Linie den städtischen bürgerlichen Sozialreformern zu verdanken, die im Deutschen Verein für Armenpflege und Wohltätigkeit (dem späteren Deutschen Verein für öffentliche und private Fürsorge) ein wichtiges Diskussions- und Publikationsforum fanden. Als ideologisches Unterfutter diente ihnen dabei die Konstruktion eines sozialpädagogischen Problems, das darin gesehen wurde, dass die Arbeiterfamilie im städtischen Milieu mit den Erziehungsanforderungen der bürgerlichen Gesellschaft überfordert sei und in ihrer Erziehungskraft durch öffentliche Maßnahmen gestärkt werden müsse. Die Entstehung des Jugendamtes steht vor dem Hintergrund einer immensen Verstädterung im ausgehenden 19. Jahrhundert und war somit eine städtische Erfindung.

2 Verwaltungspragmatismus: Zentralisierung der Jugendfürsorgeaufgaben bei einer Behörde

Das Reichsgesetz für Jugendwohlfahrt, das 1922 verabschiedet wurde, war ein bedeutsamer Meilenstein in der Geschichte der Jugendhilfe. Es verankerte eine Jugendhilfepraxis, die sich bis zum Ausbruch des Ersten Weltkrieges in einigen Städten im Deutschen Reich schon etabliert hatte. Die ersten Jugendämter wurden kurz vor dem Ersten Weltkrieg errichtet, wie z. B. in Mainz oder Hamburg (vgl. Uhlendorff 2003). Die Entstehung des Jugendamtes in den 1910er Jahren war Ausdruck einer verwaltungspragmatischen Entscheidung, die auf eine längere Vorgeschichte zurückblicken lässt:

Im ausgehenden 19. und im ersten Jahrzehnt des 20. Jahrhunderts hatten viele Bundesstaaten des Deutschen Reiches Gesetze zum Schutz von Kindern und Jugendlichen verabschiedet, wie z. B. Fürsorgegesetze, Vormundschafts- und Pflegekindergesetze (Sachße/Tennstedt 1988, S. 32 ff.; Uhlendorff 2003). Durch sie wurden Aufgaben und Maßnahmen eingeführt, die in erster Linie von den Städten und Landkreisen umgesetzt wurden. Das Problem bestand darin, dass in den Großstädten für deren Durchführung unterschiedliche Behörden bzw. Kommissionen sowie teilweise sogar Vereine zuständig waren, die oft unkoordiniert nebeneinander arbeiteten. Darüber hinaus mussten die neu entstandenen Jugendfürsorgeaufgaben mit den schon bestehenden, »traditionellen« Aufgaben der öffentlichen Jugendfürsorge, wie z. B. der Waisenfürsorge, koordiniert werden. Hinzu kam, dass Wohlfahrtsvereine – oft mit öffentlicher finanzieller Unterstützung – Angebote der Säuglingsfürsorge, der Vorschulerziehung, der Jugendpflege und Jugendberufshilfe organisierten, was zur Folge hatte, dass hinsichtlich der Abgrenzung von öffentlichen und privaten Jugendwohlfahrtsaufgaben Unklarheit bestand. Dem unkoordinierten »Nebeneinanderherwirken« wollte eine Gruppe von Verwaltungsreformern mit der Strategie der »Zentralisation der Jugendfürsorgeaufgaben« entgegenwirken (Schmidt 1910; Deutscher Verein 1910). Die Idee war, die Organisation der Jugendhilfeaufgaben bei einer Behörde zu zentralisieren, die man als »städtische Zentralstellen für Jugendfürsorge« bezeichnete. Sie sollten in erster Linie tätig werden, wenn bei Kindern und Jugendlichen »Verwahrlosung« eingetreten war oder eine Gefährdung vorlag; die Wohlfahrtsvereine sollten demgegenüber vorbeugend tätig werden. Hinter dieser Strategie standen insbesondere hochrangige städtische Verwaltungsbeamte, die u. a. im Deutschen Verein für Armenpflege und Wohltätigkeit (dem späteren Deutschen Verein für öffentliche und private Fürsorge) ein öffentliches Sprachrohr fanden, wie z. B. Georg Schmidt, Bürgermeister von Mainz, oder Johannes Petersen (Hamburg),

Direktor der Behörde für öffentliche Jugendfürsorge. Besonders in zwei Publikationen des Deutschen Vereins wurde diese für die Entstehung des Jugendamtes verantwortliche Programmatik der Fachöffentlichkeit vorgestellt: Bei der einen handelte es sich um eine Schrift mit dem Titel »Die Organisation der Jugendfürsorge«, die von Georg Schmidt verfasst wurde (Schmidt 1910), bei der anderen um den Bericht über die Verhandlungen der 30. Jahresversammlung des Deutschen Vereins für Armenpflege und Wohltätigkeit am 15. und 16. September 1910 in Königsberg (Deutscher Verein 1910). Beide Veröffentlichungen stammen aus dem Jahr 1910. Der Hintergrund war folgender: Der Deutsche Verein hatte Georg Schmidt damit beauftragt, eine Städtebefragung zum Stand der städtischen Jugendfürsorge durchzuführen, deren Ergebnisse dann auf der 30. Jahresversammlung diskutiert werden sollten. Insgesamt beteiligten sich 55 Städte an der Studie. Im Ergebnis zeigte sich, dass bei 14 Städten die Zentralisation der Jugendfürsorgeaufgaben schon weit fortgeschritten war. Sie erfolgte entweder bei eigens dafür geschaffenen Abteilungen der Armen- bzw. Fürsorgeämter oder bei den schon bestehenden Waisenämtern. Hamburg hatte eine eigenständige Organisation, die »Behörde für öffentliche Jugendfürsorge«, geschaffen, Mainz die »Städtische Zentrale für Jugendfürsorge«. Beide Städte galten unter vielen Verwaltungsreformern im Hinblick auf die Organisation der öffentlichen Jugendfürsorge als vorbildlich, weil bei ihnen die Zentralisation der Jugendhilfe bei einer Behörde am weitesten fortgeschritten war. In ihr liefen die Aufgaben des Pflegekinderwesens, der Heimaufsicht, der Berufsvormundschaft, der Säuglingsfürsorge, der Fürsorgeerziehung und der Jugendgerichtshilfe zusammen. Bei der Hamburgischen »Behörde für öffentliche Jugendfürsorge« und der Mainzer »Zentrale für Jugendfürsorge« handelt es sich um die ersten Jugendämter in der Geschichte der Jugendhilfe. Im Deutschen Reich stand Hamburg für die größte Jugendfürsorgebehörde. 1911 arbeiteten hier insgesamt 25 Beamte und 60 Angestellte im Verwaltungsdienst. 139 hauptamtliche Beschäftigte waren in den staatlichen Erziehungsanstalten und in der Familienpflege tätig. Hinzu kamen 1239 ehrenamtliche Kräfte, die als Waisenpfleger*innen für die Beaufsichtigung der Pflegekinder zuständig waren. Ende 1913 wurden knapp 10 % der Hamburger Kinder und Jugendlichen (insgesamt 35 000) im Alter unter zwanzig Jahren von der Behörde für öffentliche Jugendfürsorge erzogen, bevormundet oder beaufsichtigt. Zählt man die öffentlich subventionierten Maßnahmen der Jugendpflege hinzu, so erhöht sich dieser Anteil beträchtlich (Uhlendorff 2003, S. 206 f.).

Zu betonen ist, dass die im RJWG verankerte Jugendamtsidee in erster Linie eine städtische war. Großstädte wie Hamburg oder Mainz, wo sich die ersten Jugendämter gebildet hatten, blickten auf ein immenses Städtewachstum zurück.

Um die Missstände zu bekämpfen, wurden weitreichende Reformen des Armenwesens und des Jugendfürsorgewesens durchgeführt. Auch in den ländlichen Regionen hatten sich bis zum Ersten Weltkrieg effektive Jugendhilfenetzwerke gebildet, die öffentliche Aufgaben wahrnahmen, diese aber dezentral organisierten, wie z. B. im Großherzogtum Hessen (Uhlendorff 2003, S. 75 ff.). Vor diesem Hintergrund räumte das RJWG den Gemeinden und Gemeindeverbänden gewisse Spielräume bei der Realisierung der Jugendhilfeaufgaben ein. Sie konnten, unter Berücksichtigung der Landesgesetze, das Jugendamt als eigenständige Behörde organisieren oder den schon bestehenden Wohlfahrtsämtern oder anderen, der Wohlfahrt dienenden Behörden angliedern (§ 10 RJWG). Als Teil der Behörde musste aber ein Verwaltungsausschuss gebildet werden, der einer kollegialen Behörde entsprach; d. h., die Mitglieder waren (gem. § 9 RJWG) dem Jugendamt entsprechend zusammenzusetzen: Dem Jugendamt sollten als stimmberechtigte Mitglieder neben den leitenden Beamten auch Männer und Frauen angehören, die in der Jugendhilfe erfahren waren und von den freien Vereinigungen der Jugendwohlfahrt und der Jugendbewegung vorgeschlagen wurden. Das Jugendamt konnte die gesundheitlichen Aufgaben, beispielsweise Maßnahmen des Mutterschutzes und der Wohlfahrt der Säuglinge, dem Gesundheitsamt übertragen (§ 10 RJWG). Der dezentralen Organisation der öffentlichen Jugendhilfe, insbesondere in den ländlichen Regionen, wurde insofern entsprochen, als dass das Gesetz den Jugendämtern ermöglichte, einzelne Aufgaben oder Gruppen von Aufgaben besonderen Ausschüssen, in denen das Jugendamt nicht vertreten sein musste, aber auch Vereinigungen für Jugendhilfe und für Jugendbewegung, ja sogar einzelnen, in der Jugendwohlfahrt erfahrenen und bewährten Männern und Frauen widerruflich zu übertragen (§ 11 RJWG). Allerdings entband diese Übertragung das Jugendamt nicht von der Verpflichtung, für die sachgemäße Erledigung der Aufgaben Sorge zu tragen. Das Gesetz wurde so einerseits dem zentralen Organisationsgedanken gerecht, andererseits hielt es an einer zentralen behördlichen Aufsichtspflicht fest.

3 Sozialpolitische Programmatik: Jugendfürsorge und Jugendpflege als Beitrag zur Lösung der »socialen Frage«

Neben den bereits genannten verwaltungspragmatischen Motiven war vor allen Dingen auch die sozialpolitische Programmatik der bürgerlichen Sozialreformer für die Entstehung des Jugendamtes und letztendlich des Reichsjugendwohlfahrtsgesetzes verantwortlich. In den Problemanalysen der städtischen Sozialreformer, wie z. B. in der Schrift von Georg Schmidt (1910) oder in seinem Referat während der Jahresversammlung des Deutschen Vereins in Königsberg von 1910, kam eine sozialkritische Haltung zum Ausdruck, die für die Entwicklung der öffentlichen Jugendhilfe folgenreich war: Sie betrachteten Verwahrlosung nicht mehr wie in den Fürsorgeerziehungsdebatten des 19. Jahrhunderts isoliert als ein Erziehungsproblem in sittlich problematischen Milieus, sondern in Zusammenhang mit den sozialen Problemen kapitalistischer Produktionsverhältnisse, insbesondere mit der Lohnabhängigkeit breiter Bevölkerungsschichten, vor allem auch der Frauen, und ihrer Abhängigkeit von Konjunkturschwankungen. Die Erziehungsprobleme wurden nun im Kontext der Verdichtung sozialer Missstände, insbesondere in städtischen Quartieren, der Auflösung traditioneller Solidargemeinschaften und den sich daraus ergebenden sozialen Risiken gesehen. Diese Diagnose war insofern folgenreich, als dass sie nun zum Bestandteil einer umfassenden sozialpolitischen Programmatik erklärt wurde, die sich der Lösung der »socialen Frage« verschrieb. Jugendhilfe war demnach in erster Linie Teil einer städtischen Reformpolitik, die die Gestaltung und Verbesserung des Lebensraums Stadt sowie die Integration städtischer Unterschichten zum Ziel hatte (Sachße/Tennstedt 1988, S. 27 ff.; Uhlendorff 2003, S. 95 f.). Eine übergeordnete staatliche Aufgabenstellung wurde darin gesehen, hierfür die rechtlichen Rahmenbedingungen zu schaffen. Eine Gruppe von Sozialreformern wie Georg Schmidt (Schmidt 1910), Johannes Petersen (Petersen 1904, 1907a, 1907b, 1911, 1912a, 1912b, 1915) und Wilhelm Polligkeit – Geschäftsführer des Instituts für Gemeinwohl und Vorstandsmitglied der »Centrale für private Fürsorge« (Polligkeit 1908) – hatten ein Jugendhilfekonzept vor Augen, das Jugendfürsorge im Sinne einer »Verwahrlostenpädagogik« und Jugendpflege, welche Verwahrlosung vorbeugen sollte, umfasste. Mit diesem Blick auf die städtischen Lebensverhältnisse rückten sie gleichzeitig ein zentrales sozialpädagogisches Problem der Moderne in das Feld der öffentlichen Aufmerksamkeit: Aufgrund der Industrialisierung und der Lohnarbeiterexistenz, so die zeitgenössischen Deutungen, sei ein neuer Familientypus, die Arbeiterkleinfamilie, entstanden, die auf sich allein gestellt mit den Erziehungsaufgaben gegenüber der nachwachsenden Generation überfordert sei. Dies war eine sozialpädagogische Problemkonstruktion, mithilfe derer sich ein umfassendes Jugendhilfekonzept durchsetzen ließ, wie es später im Reichsjugendwohlfahrtsgesetz rechtlich verankert werden sollte. Jugendfürsorge und Jugendpflege wurden folglich zum Oberbegriff für die Erziehungsnotwendigkeiten, die Industrialisierung, Lohnarbeiterexistenz, Berufstätigkeit der Frau und Urbanisierung nach sich zogen. Weil sich der Blick nicht mehr nur auf Kinder und Jugendliche richtete, die aufgrund von Armut oder sittlich problematischer Milieus verwahrlost waren, sondern auf die Arbeiterfamilie an sich, konnten von den bürgerlichen Sozialreformern das Feld und die öffentlichen Aufgaben der Jugendhilfe wesentlich weiter gefasst und deren Ziele, im Vergleich zum 19. Jahrhundert, neu abgesteckt werden. Ein Beispiel hierfür war die von Georg Schmidt auf der Jahresversammlung des Deutschen Vereins für Armenpflege und Wohltätigkeit in Königsberg im Jahr 1910 vorgetragene Sozialdiagnose:

»Die Entwicklung der wirtschaftlichen und sozialen Verhältnisse hat einen weit verbreiteten Erziehungsnotstand zur Folge gehabt. [...] Mit dem zunehmenden Fabrikbetriebe wurde der Vater immer mehr aus der Werkstätte verdrängt. Der Vater arbeitet in der Fabrik; damit wurde auch sein Vorbild nicht nur aus dem Gesichtskreis des Kindes entrückt, sondern selbst von der Erziehung des Kindes ausgeschaltet. [...] Pflege und Erziehung des Kindes wurden zur ausschließlichen Aufgabe der Mutter. Doch die wirtschaftliche Bedrängnis des Arbeiters führt zur Anspannung aller Kräfte in der Familie zum Zwecke des Unterhaltserwerbes, zur Erwerbstätigkeit der Frau, zur ehest möglichen Lohnarbeit des schulentlassenen Kindes auf Kosten seiner beruflichen Vorbildung, häufig auch schon zur missbräuchlichen Ausbeutung der kindlichen Arbeitskraft zu Erwerbszwecken. Die Erwerbsarbeit ferne vom Hause macht der Mutter Pflege, Aufsicht und erzieherische Leitung des Kindes unmöglich. Die Mutter ist außerstande, die natürlichste ihrer Pflichten zu erfüllen, ihr Kind an der Brust zu nähren. Eine der traurigsten Folgen dieser sozialen Verhältnisse ist die Tatsache, dass Eltern während der Tagesarbeit ihre Kinder ›wahrlos‹ in der Wohnung zurücklassen. [...] Um des Erwerbes des Unterhalts willen vernachlässigen die Eltern ihre Aufsichts- und Erziehungspflichten. [...] Die Aufsichtslosigkeit ist der Keimboden der Verwahrlosung. Die verwahrlosten Kinder sind ein Produkt dieser Verhältnisse, sie wirken als Gefahr auf die Gesellschaft zurück. Dazu kommt das Wohnungselend, der Mangel an Gelegenheit zu körperlicher Erziehung und zur Jugendfreude in der Großstadtheimat« (Schmidt 1910, S. 8).

Mit dem sogenannten Erziehungsnotstand der Familie, womit in erster Linie die Arbeiterkleinfamilie adressiert war, ließ sich von den kommunalen Reformern, wie Georg Schmidt oder Johannes Petersen ein Aufgabenspektrum an Hilfen begründen, das weit über die Waisenfürsorge und Fürsorgeerziehung in Heimen hinausging, sich über alle Lebensalter von der Geburt (Säuglingsfürsorge) bis zur Volljährigkeit (Jugendberufshilfe) erstreckte und sowohl vorbeugende Maßnahmen der Jugendpflege als auch Eingriffe in die Familie (z. B. Fürsorgeerziehung) umfasste. Jugendhilfe sollte zum Subsidium der Arbeiterkleinfamilie werden. »Der Ausgangspunkt und das Ziel jeder Jugendfürsorge muss es sein, in der Familie einen Boden zu schaffen, auf dem die heranwachsende Jugend gedeihen kann« (Schmidt 1910, S. 3).

4 Die Jugendpflege als zweites Standbein der öffentlichen Jugendhilfe

Dass Georg Schmidt und andere Sozialreformer nicht nur die Jugendfürsorge, sondern auch die Jugendpflege als ein Aufgabengebiet der öffentlichen Jugendhilfe sahen, das in die Gesamtverantwortung des Jugendamtes fallen sollte, war dem Umstand geschuldet, dass sich in den 1910er Jahren in den Großstädten ein breites Spektrum an Jugendpflegemaßnahmen entwickelt hatte. Ein Erfolgsmodell dafür war der bürgerliche Verein, dem oft hochrangige Mitglieder der Stadtverwaltung (oft die Bürgermeister selbst) als Vorstand vorsaßen, und der öffentlich subventioniert wurde. So gelang es den Wohlfahrtsvereinen in der Stadt Mainz ein breitgefächertes Jugendpflegesystem aufzubauen, mit finanzieller Unterstützung der Stadt (Uhlendorff 2003, S. 141 ff.). So errichtete beispielsweise der Verein für Säuglingsschutz, der 1907 insgesamt 472 Mitglieder zählte, mehrere Säuglingsfürsorge- und Mütterberatungsstellen, um Mütter über die richtige Säuglingsfürsorge aufzuklären (Uhlendorff 2003, S. 141 f.). Die Stadt Mainz unterstützte auch die Errichtung von Kinderkrippen. Sie bezuschusste den Mainzer Krippenverein für die Errichtung von Kinderkrippen und betrieb selbst eine solche Einrichtung. Um die Zusammenarbeit im Bereich der Säuglings- und Kinderpflege besser zu koordinieren, setzte die Stadt eine »Kommission zur Bekämpfung der Säuglingssterblichkeit« ein. Auch im Hinblick auf die Fürsorge für das schulpflichtige Alter hatte die Stadt Mainz Maßnahmen entwickelt, dazu zählten Schulspeisungen und Schulbäder. Der Mainzer Verein für Ferienkolonien (im Vorstand befanden sich der Bürgermeister und seine Frau) führte im Sommer zur Förderung der Gesundheit Ferienkolonien im nahegelegenen Mittelgebirge durch. Die Stadt Mainz unterstützte den Verein für Volkswohlfahrt finanziell, um Horteinrichtungen aufzubauen und zu unterhalten.

Da die Tätigkeiten der Wohlfahrtsvereine öffentlich subventioniert wurden, unterstanden sie einer Dokumentationspflicht. In der Zeit von 1900 bis zum Ausbruch des Ersten Weltkrieges, gleichsam der Hochblüte der Wohlfahrtsvereine, findet man in den Archiven ausführliche Jahresberichte, die Rechenschaft über die Tätigkeiten liefern und gleichzeitig auch deren gesellschaftliche Funktion begründen, wie z. B. in dem Jahresbericht des Vereins für Volkswohlfahrt:

»Die Bestrebungen der Kinderhorte bilden eine der vielschichtigsten, segensreichsten sozialen Aufgaben, da auf diesem Weg die Möglichkeit geboten ist, der Verwahrlosung und Verkümmerung aufsichtsloser Kinder vorzubeugen. Die Verwahrlosung der unbeaufsichtigten Schuljugend ist häufig die Vorstufe des wirtschaftlichen und sozialen Verfalls, der Verarmung und auch der Kriminalität, und es ist soziale Pflicht, sich der auch unter drückenden Verhältnissen aufwachsenden Jugend anzunehmen. Muss eine Mutter außer dem Hause Geld verdienen, so ist ihr eine große Sorge abgenommen, wenn in dem Horte ihrem Kind ein Heim, Aufsicht und Beköstigung geboten ist. Je mehr Ehefrauen hinausgedrängt werden, umso mehr Kinder müssen ohne mütterliche Aufsicht in der schulfreien Zeit bleiben. Die Aufsichtslosigkeit der Kinder ist eine Kalamität geworden, mit welcher im Volksleben gerechnet werden muss« (Volksheim Hamburg 1912/13, S. 8).

Die Maßnahme wird mit einer ähnlichen sozialpädagogischen Problemkonstruktion, der Gefahr der Verwahrlosung aufgrund der Berufstätigkeit der Frau, begründet, wie in dem obigen Zitat von Georg Schmidt.

Die Stadt Mainz hatte weitreichende Maßnahmen der Säuglings- und Jugendpflege getroffen, allerdings weniger im engeren Bereich der Pflege der schulentlassenen Jugend. Auf diesem Gebiet war Hamburg ein Vorreiter. Der Stadtstaat Hamburg gab mit den sogenannten Lehrlings-, Mädchen- und Gesellenvereinen wichtige Impulse für das Deutsche Reich (vgl. hierzu und im Folgenden Uhlendorff 2003, S. 233 ff.). In den Vereinen wurde ein typisch großstädtischer Problemtyp aufgefangen, der »Halbstarke«. Was ihn zu einem sozialpädagogischen Problem machte, waren weniger seine Manieren, die in der Öffentlichkeit Ärgernis erregten, sondern vielmehr das, was sich durch seine Umgangsformen ausdrückte, eine in den Augen des gebildeten Bürgertums besorgniserregende Generationendifferenz. Auch hier wurde, ähnlich wie bei der Problembeschreibung von Georg Schmidt, als Zeitdiagnose der Zerfall der traditionellen Familie und die Schwächung der Erziehungskraft der Eltern ins Feld geführt. In relativ kurzer Zeit hatte sich in der Hafenmetropole ein jugendliches Industrieproletariat gebildet, das aus der Sicht der Hamburger Verwaltungselite dem erzieherischen Einfluss seiner Eltern entraten war. Dies wurde damit begründet, dass die Elterngeneration, die zum größten Teil noch in den Landregionen geboren war und an den alten Lebensgewohnheiten und Wertvorstellungen festzuhalten versuchte, ihren Kindern bei dem Anpassungsprozess an die großstädtische Lebensweise kaum helfen konnte. Die Eltern hatten selbst Schwierigkeiten mit der Assimilation an die großstädtische Lebensweise. Die Jugendlichen eigneten sich den städtischen Lebensraum eigenständig auf ihre Weise an und erregten dadurch öffentliches Ärgernis. Um die Jugend aufzufangen und das Generationenproblem pädagogisch abzufedern, riefen Vertreter der Verwaltungselite, Pfarrer, Lehrer und Richter, zahlreiche Jugendpflegemaßnahmen ins Leben. Eine besonders aktive und einflussreiche Einrichtung war das Hamburger Volksheim. Im Jahr 1913 waren in den Jugendvereinen des Volksheims rund 2600 Jugendliche vereint (Uhlendorff 2003, S. 234 ff.). Das sozialpädagogische Problem wurde hier in einem gravierenden Generationenkonflikt gesehen. In der Fachöffentlichkeit machte Pastor Ludwig Heitmann, Mitglied des Vorstandes des Volksheims und neben Walter Classen und Ernst Jaques ein bedeutender Theoretiker der Jugendpflege, mit provokanten Thesen auf die Bedeutung der Jugendpflege aufmerksam. Ludwig Heitmann trat mit seinen Ideen zur Jugendarbeit (im Zusammenhang mit einer christlichen Erneuerung) an eine größere Fachöffentlichkeit (vgl. auch Heitmann 1919). In zahlreichen Aufsätzen beschäftigte er sich in den 1910er Jahren mit der Mädchenarbeit. Er konstatierte dabei einen gravierenden Generationenkonflikt. Die Elterngeneration der in den Vorstädten lebenden Arbeiterfamilien sei noch auf dem Land groß geworden. Insbesondere die ältere Generation der Arbeiterfrauen besitze noch »eine tief eingewurzelte ländliche Kultur, die sie allen großstädtischen Einflüssen zum Trotz mit zäher Treue festhält«. Die Organisation des Haushalts sei noch der ländlichen Tradition verpflichtet, »[…] noch steht auf dem Sonntagstisch der selbstgebackene Kuchen […], noch tragen die Kinder selbst gestrickte Strümpfe, noch ist die Küche […] ein wirklicher Mittelpunkt des Familienlebens« (Volksheim Hamburg 1908/09, S. 15). Während die Mütter die Großstadt als lebensfeindlich sähen und dem ländlichen Leben hinterhertrauerten, hätten die Töchter einen neuen Lebensstil entwickelt:

> »Mutter und Tochter haben kaum jemals in der Entwicklung der menschlichen Gesellschaft so völlig verschiedene Welten repräsentiert wie in der modernen Arbeitervorstadt: auf der einen Seite der mühsame und fast tragische Versuch, einen alten Lebensinhalt in einer öden und unfruchtbar gewordenen Häuslichkeit festzuhalten, auf der anderen Seite die entschlossene Eroberung neuer Lebensaufgaben und eine leidenschaftliche Hingabe an die neuen städtischen Lebensformen. Und doch stehen die Gegensätze in einem engen inneren Zusammenhang: Der leidende und resignierte Protest der Mutter gegen die neuen Verhältnisse ist zum aggressiven der Tochter geworden. Die heranwachsende Generation kehrt dem alten Ideal weiblicher Bestätigung entschlossen den Rücken, um in der vor ihr liegenden Öffentlichkeit des großstädtischen Lebens neue Lebensinhalte zu suchen« (Volksheim Hamburg 1908/09, S. 16).

Dem hier beschriebenen sozialpädagogischen Problem liegt eine Konstruktion zugrunde, die sich mit Michael Winklers Formulierung »Gleichzeitigkeit der Ungleichzeitigkeit« treffend beschreiben lässt (Winkler 2021). Eltern und Kinder bezogen ihre Lebenskonzepte aus zwei historisch unterschiedlich verwurzelten Lebenswelten. Der Mutter, die ein traditionelles, angesichts der Großstadtverhältnisse brüchig gewordenes Frauenbild repräsentierte, trat die Tochter gegenüber, die einem modernen weiblichen Lebenskonzept nacheiferte, das die Chancen großstädtischer Verhältnisse aufgriff. Heitmann ging bei seiner Diagnose noch einen Schritt weiter:

> »Wir erleben in der Großstadt geborenen weiblichen Jugend einen Protest gegen die Wirkungen der industriellen Entwicklung, der, so geräuschlos er sich vollzieht, viel tiefer greifen dürfte als alle Proteste der Arbeiter gegen die bestehende Wirtschaftsordnung. Die Scharen der Mädchen, die allabendlich die Straßen der Vorstadt bevölkern, sind die Demonstrationsmassen eines Streiks, der, in so harmlosen Formen er auftritt, die älteste Grundlage der menschlichen Gesellschaft anzugreifen sich anschickt: das Familienleben« (Heitmann in Volksheim Hamburg 1908/09, S. 17).

Ein Problem der Moderne sah Heitmann in dem Verlust der »Mütterlichkeit«. Diese wollte er nun retten, indem er die Rückbesinnung auf die weiblichen Tugenden zu einer tragenden Säule der weiblichen Jugendpflege machte. Er stellte sich die Mädchenarbeit für das Volksheim folgendermaßen vor:

> »Stärkere [...] Beachtung der prosaischen Seiten des weiblichen Lebens, Pflege weiblicher Handfertigkeiten, überhaupt weiblicher Alltagskünste [...] Beschäftigung mit kleinen Kindern [...] Nicht zuviel künstlerische Darbietungen, [...] stärkere Verbindung der Verstandespflege mit den spezifisch weiblichen Aufgaben [...] Pflege der unmittelbaren Erzählkunst, weniger Literatur« (Heitmann 1909, S. 3 f.).

Heitmann war ein Vertreter des Sozialprotestantismus, sein sozialpädagogischer Blick war, ähnlich wie bei Wichern mehr als ein halbes Jahrhundert zuvor, von einem christlich gefärbten Erneuerungsgedanken geprägt. Er benutzte eine ähnliche sozialpädagogische Problemkonstruktion wie die bürgerlichen Sozialreformer. Allerdings setzte sich sein Konzept in der Praxis nicht durch. Die jungen Frauen lehnten die Vorträge und Unterweisungen ab; sie nutzten die Bildungsangebote des Hamburger Volksheims, wie z.B. Englisch- und Schreibmaschinenkurse, um sich für den Arbeitsmarkt zu qualifizieren. Die Leiterinnen – meist handelte es sich um Lehrerinnen – entschieden sich für pragmatische Formen der Mädchenarbeit, um ihnen einen Ausgleich zum Schul- und Ausbildungsalltag zu geben: Tanz-angebote, Spiel und Geselligkeit, Wanderungen und Ausflüge am Wochenende (Volksheim Hamburg 1910/11, S. 69; Volksheim Hamburg 1909/10, S. 19; Monatliche Mitteilungen des Volksheims, 1. Juli 1911).[1]

5 Der Aufgabenkatalog der öffentlichen Jugendhilfe

Die sozialpädagogische Problemkonstruktion einer Schwächung der Erziehungskraft der Familie sowie der Gefahr von Verwahrlosung und Entsittlichung diente zur Begründung und Entfaltung eines detaillierten Kategorienkatalogs öffentlicher Jugendfürsorgeaufgaben. Der Mainzer Bürgermeister Georg Schmidt war sicherlich einer der ersten, der einen solchen Katalog einem größeren Fachpublikum vorstellen konnte. Seiner Systematik, die er auf der 30. Jahresversammlung des Deutschen Vereins in Königsberg (1910) zur Diskussion stellte, lag eine Dreigliederung von traditionellen Fürsorgeaufgaben armenrechtlich-hilfsbedürftiger Jugendlicher, lebensalterbezogenen Aufgaben sowie Hilfen für gefährdete, verwahrloste und kriminelle Jugendliche zugrunde. Die öffentliche Erziehung sollte sich auf folgende Gebiete erstrecken:
1. Fürsorge für armenrechtlich-hilfsbedürftige Jugendliche,
2. Fürsorge für Säuglinge und Kinder unterhalb des schulpflichtigen Lebensalters,
3. Fürsorge für das schulpflichtige Alter,
4. Fürsorge für die schulentlassene Jugend,
5. Fürsorge für arbeitende Kinder und Jugendliche,
6. Fürsorge für Verwahrloste,
7. Fürsorge für straffällige Jugendliche.

---

1   Bemerkenswert ist, dass die Mädchenvereine und Jungenvereine im letzten Kriegs- und im ersten Nachkriegsjahr aufgelöst bzw. zusammengelegt wurden. Es entstanden gemischte und selbstverwaltete Jugendgruppen. Außerdem wurde im Hamburger Volksheim (das mehrere Niederlassungen im Hamburger Staatsgebiet hatte) nach dem Ersten Weltkrieg eine demokratische Verfassung eingeführt, »welche die in festen Gruppen zusammengeschlossenen Mitglieder der Niederlassungen, [...] einschließlich der Jugendlichen zu vollberechtigten Mitgliedern der Gesellschaft machte« (Günther 1924, S. 79). Die Jugendbewegung hinterließ schon im ersten Nachkriegsjahr deutliche Spuren in den Jugendvereinen des Hamburger Volksheims: »Indessen wird dem sorgfältigen Beobachter nicht entgangen sein, dass in der äußerlichen Haltung der Jugendbewegung ein Typus sich herausbildete oder in den Vordergrund trat, der sich durch eine eigentümliche Verwischung der Geschlechterunterschiede auszeichnete. In die Kleidung und Haartracht der Jungen drängten sich stark feminine Züge, während unter den Mädchen eine gewisse jungenhafte Robustheit in Tracht und Auftreten zu bemerken war« (Günther 1924, S. 62).

Interessanterweise liegt der Systematik eine Klassifikation von Aufgaben zugrunde, die den normalen Entwicklungsgang von Heranwachsenden innerhalb ihrer Familie unterstützen sollten (2–5) und solchen Aufgaben, die bei abweichenden Entwicklungskarrieren geboten waren (1, 6 und 7), d. h. bei Verlust bzw. Unvollständigkeit des Herkunftsmilieus oder bei akuter Gefährdung. Schmidts Leitbild öffentlicher Jugendhilfe ging von einem Entwicklungsgedanken aus, bei dem die Normalitätserwartungen bürgerlicher Familienerziehung im Zentrum standen. Dem Ansatz, den Schmidt der Fachöffentlichkeit vorstellte, lag vermutlich die Idee verschiedener Erziehungsalter mit je eigenen Erziehungsaufgaben und lebensalterspezifischen Risiken zugrunde. Die öffentliche Jugendhilfe sollte, um eine positive Entwicklung zu gewährleisten, den Erwartungen und Risiken der einzelnen Lebensalter gerecht werden. Mit dieser Orientierung an einem Normalitätsverlauf gesellschaftlichen Aufwachsens war zugleich eine Aufgabenteilung von Jugendamt und den Wohlfahrtsvereinen und -verbänden verbunden: Das Jugendamt sollte, so das Konzept Georg Schmidts, dann eingreifen, wenn Kinder und Jugendliche von der Normalbiografie akut abwichen, wenn also eine akute Gefahr sozialer Verwahrlosung bzw. leiblicher »Verkümmerung« bestand. Die Maßnahmen der Jugendfürsorgebehörde waren für solche Fälle gedacht, bei denen das primäre familiäre Milieu erheblich gestört oder nur fragmentarisch vorhanden war und den Eingriff in die Familie erforderlich machte. Sie sollten aber auch in besonders riskanten Lebensphasen eintreten, während der Säuglingsphase – um der Kindersterblichkeit vorzubeugen – und in der Phase des Schulabgangs – um die Integration in die Arbeitswelt zu gewährleisten. Schmidt forderte die Errichtung von städtischen Zentralen für Jugendfürsorge. Sie sollten folgende Aufgaben wahrnehmen (Schmidt 1910, S. 31):
- Familienpflege und Berufsvormundschaft, d. h. die Sorge für Kinder, die privat oder auf öffentliche Kosten in Familien untergebracht waren, sowie Schutz von unehelichen Kindern einschließlich Säuglingsfürsorge und Pflegekinderwesen,
- Schutzaufsicht bei verwahrlosten und straffälligen Jugendlichen,
- Jugendgerichtshilfe,
- Lehrstellenvermittlung für Schulabgänger,
- Fürsorgeerziehungswesen,
- Sorge, »dass blinden, blödsinnigen, taubstummen, epileptischen und verkrüppelten Kindern eine entsprechende Erziehung und Ausbildung zuteil werde« (Schmidt 1910, S. 170).

Der öffentlichen Erziehung wurden unterschiedliche Erziehungskonzepte unterlegt. Die Mainzer Reformer verfolgten den Gedanken einer Familienerziehung, d. h., hilfsbedürftige Kinder sollten in erster Linie in Pflegefamilien untergebracht werden, nur in schwierigen Fällen und bei Behinderung sollte in Heime eingewiesen werden. Die städtische Zentrale für Jugendfürsorge versuchte dem durch eine entsprechende Auswahl von Pflegefamilien und deren regelmäßige Überwachung gerecht zu werden (Uhlendorff 2003, S. 129 ff.). Auch die Hamburger Jugendbehörde folgte bei der Organisation des Pflegekinderwesens der Idee eines Vorrangs der Familienerziehung gegenüber der Heimerziehung. Nicht zuletzt auch aus fiskalischen Interessen setzte man das Prinzip der Familienerziehung auch bei auffälligen Kindern und Jugendlichen durch, die man unter behördliche Erziehungsaufsicht (bei Kindern) oder Schutzaufsicht (bei Jugendlichen) stellte und mittels ehrenamtlicher und beamteter Personen überwachte und so in den Familien beließ (Uhlendorff 2003, S. 214). Lediglich in den staatlichen Fürsorgeerziehungsheimen wich man von dem Familienprinzip ab. Johannes Petersen, dem die staatlichen Fürsorgeerziehungsanstalten unterstanden, setzte sich für ein pädagogisches Konzept ein, bei dem die Arbeitserziehung im Zentrum stand. Die Jugendlichen sollten in den Heimen in erster Linie zu Industriearbeitern für den großstädtischen Arbeitsmarkt ausgebildet werden. Petersen versuchte den Arbeitserziehungsgedanken Kerschensteiners mit dem Konzept bürgerlicher Sozialreform zu verbinden (Uhlendorff 2003, S. 223 ff.).

Das Familienprinzip galt insbesondere auch für die Jugendpflege. Dem Jugendhilfekonzept Schmidts zufolge sollten die Vereine, die mit öffentlichen Geldern unterstützt wurden, für Aufgaben zuständig sein, die auf die Stärkung des familiären Milieus abzielten: den Betrieb von Kindergärten, -krippen und Horten, Mütterberatungsstellen etc. Die Jugendfürsorgebehörde sollte bei der Organisation dieser Maßnahmen als Koordinator eintreten und eigene Einrichtungen aufbauen, falls die vorbeugenden Leistungen der Vereine nicht ausreichen.

Georg Schmidt hatte der Fachöffentlichkeit also schon vor dem Ersten Weltkrieg ein detailliertes Konzept öffentlicher Jugendhilfe vorgelegt. In den weiteren Fachdiskussionen zu einem Reichsjugendfürsorgegesetz bzw. zum Deutschen Jugendgesetz (wie es in den Diskussionen auch genannt wurde) war während des Ersten Weltkrieges und zu Beginn der Weimarer Zeit dieses Konzept noch umstritten. Der Streit konzentrierte sich auf die Frage, ob die Jugendpflege in das Gesetz aufgenommen werden bzw. zu den Aufgaben der öffentlichen Jugendhilfe (wenn auch in subsidiärer Form) gezählt werden sollte. Mit dem Inkrafttreten der Weimarer Verfassung wurden schließlich die Weichen für ein Reichswohlfahrtsgesetz gestellt, das die Schaffung eines alle Lebensalter bis zur Volljährigkeit umfassendes Aufgabenspektrum zur Jugendwohlfahrt unter der Ägide des Jugendamtes vorsah. Die Verfassung proklamierte das Recht auf Erziehung »zur leiblichen, seelischen und gesellschaftlichen Tüchtigkeit«. Dessen Erfüllung blieb zwar oberste Pflicht der Eltern, über deren Tätigkeit hatte allerdings die »staatliche Gemeinschaft« zu wachen (Art. 120). Darüber hinaus sollte die Jugend gegen sittliche, geistige und körperliche Ausbeutung geschützt werden. Staat und Gemeinden hatten nach dem Gesetz die erforderlichen Einrichtungen zu treffen (Art. 122). Interessanterweise hatte Wilhelm Polligkeit schon 1908 eine Schrift mit dem Titel »Das Recht des Kindes auf Erziehung« veröffentlicht. Er war ab 1911 Mitglied des Zentralausschusses des Deutschen Vereins und ab 1918 im Vorstand tätig. Der Deutsche Verein, in dem Polligkeit die tonangebende Kraft war, hatte in den letzten Kriegsjahren das Konzept eines Reichsjugendwohlfahrtsgesetzes, das sich dem Recht des Kindes auf Erziehung verschrieb, maßgeblich vorangetrieben. Letztendlich wurde das umfassende Jugendhilfekonzept, das Georg Schmidt, Johannes Petersen, Wilhelm Polligkeit und einige andere bürgerliche Sozialreformer schon vor dem Ersten Weltkrieg proklamiert hatten, im Reichsjugendwohlfahrtsgesetz umgesetzt. Wenn man sich das Aufgabenspektrum vor Augen führt, dann umfasste der öffentliche Jugendhilfeauftrag, den das Jugendamt zu gewährleisten hatte, nicht nur familienersetzende, sondern auch familienergänzende Aufgaben. Letztere sollten subsidiär mit den freien Trägern erbracht werden.

6 Resümee

Für die Entstehung des Jugendamtes und seines öffentlichen Erziehungsauftrags waren im Wesentlichen zwei Faktoren verantwortlich. (1) Die Ausdifferenzierung der traditionellen Waisenpflege im ausgehenden 19. Jahrhundert bzw. zu Beginn des 20. Jahrhunderts in unterschiedliche öffentliche Jugendfürsorgemaßnahmen führte zu einem Nebeneinanderwirken unterschiedlicher Behörden und zu einer Unübersichtlichkeit der Jugendfürsorge in den Großstädten. Im Zuge von verwaltungspragmatischen Überlegungen bürgerlicher Sozialreformer und angetrieben durch die Diskussionen innerhalb des Deutschen Vereins für Armenpflege und Wohltätigkeit wurden in einigen Großstädten des Deutschen Reiches in den 1910er Jahren die Jugendfürsorgeaufgaben bei einer Behörde zentralisiert. Diese Zentralen für Jugendfürsorge waren die ersten Vorläufer des Jugendamtes und hatten eine wichtige Vorbildfunktion für die Organisation der Jugendhilfe in den Großstädten. (2) Die Zentralisierung der Jugendfürsorgeaufgaben war Bestandteil einer sozialpolitischen Programmatik der bürgerlichen Sozialreformer: Diese zielte auf die Integration der städtischen Unterschichten durch Sozialreformen, in deren Spektrum neben der städtischen Arbeitslosenversicherung, festgelegten Unterstützungstarifen der Armenpflege, Wohnungs- und Gesundheitsfürsorge die Jugendhilfe ein Element bilden sollte. Für den Ausbau der Jugendfürsorge und Jugendpflege war eine sozialpädagogische Problemkonstruktion tragend: Sie wurde darin gesehen, dass die Arbeiterkleinfamilie mit den Erziehungsaufgaben einer modernen Gesellschaft überfordert sei und die nachwachsende Generation ohne erzieherische Unterstützung von außen zu verwahrlosen drohe. Diese Problemkonstruktion wurde mit dem Narrativ einer Auflösung der traditionellen Familie und dem damit einhergehenden Verlust der elterlichen Erziehungskraft zusätzlich aufgeladen. Diese Problemkonstruktion war nicht neu, sie kam schon in dem Stanser Brief von Pestalozzi (Thole/Gängler/Galuske 1998, S. 43 ff.) zum Ausdruck. Neu war lediglich, dass sie in Verbindung mit Verstädterung und Industrialisierung gesehen wurde. In Kombination mit dem Recht des Kindes auf Erziehung, das von Wilhelm Polligkeit schon 1908 in seiner Schrift eingefordert wurde und schließlich in die Weimarer Verfassung einfloss, konnte sich ein öffentlicher Erziehungsauftrag durchsetzen, der sowohl die Jugendfürsorge als auch die Jugendpflege umfasste und schließlich im RJWG verankert wurde. Das sozialreformerische Konzept des Jugendamtes, das vor dem Ersten Weltkrieg entwickelt und von Schmidt beim Deutschen Verein proklamiert wurde und sich schließlich im RJWG durchsetzte, geht mit der Idee einer weitreichenden »Vergesellschaftung von Erziehung« (Sachße 2018) einher. Es beinhaltete auch eine Aufgabentrennung zwischen dem Jugendamt, das in erster Linie für die Jugendfürsorge zuständig war, und den Wohltätigkeitsvereinen, die mit öffentlicher finanzieller Unterstützung die Jugendpflege organisieren sollten.

Allerdings zeichnete sich schon vor dem Inkrafttreten des RJWG im Jahr 1922 die Brüchigkeit des sozialreformerischen Konzepts des Jugendamtes und des öffentlichen Erziehungsauftrags ab. Das Konzept des Vorrangs der Familienerziehung vor der Anstaltspflege geriet in eine Krise, da sich aufgrund der Massenarmut in der Nachkriegszeit nur wenige Pflegefamilien finden ließen. Die versteckte Sozialdisziplinierung der Jugendvereinsarbeit stieß auf den Widerstand einer selbstbewusst gewordenen Jugend. Auch die Arbeitserziehung und Sozialdisziplinierung in den Fürsorgeerziehungsheimen erhielt eine Gegenwehr der »Zöglinge«. Schon vor dem Ersten Weltkrieg kam es in den Hamburger Erziehungsanstalten zu Heimunruhen durch die Jugendlichen (Uhlendorff 2003, S. 231 ff.).

Einige Wohltätigkeitsvereine überlebten aufgrund des Mitgliederschwundes den Ersten Weltkrieg nicht. Andere kamen zwar über die Runden, hatten aber ihre Einlagen oder ihr Stiftungsvermögen verloren und nur wenig Einkünfte durch die Mitglieder zu verzeichnen. Für ihre Arbeit waren sie z. T. vollständig auf öffentliche Subventionen angewiesen. Die Kosten für die Jugendpflege mussten nun fast vollständig von den Kommunen getragen und die Maßnahmen teilweise selbst organisiert werden. Die soziale Aktivität des bürgerlichen Mittelstandes, die für die Jugendpflege der wilhelminischen Zeit eine tragende Säule war, erlosch, da er verarmt und teilweise selbst auf öffentliche Unterstützung angewiesen war. Die Idee, dass die Jugendpflege durch das Engagement der Wohlfahrtsvereine getragen werden sollte, ließ sich in der Weimarer Zeit nicht verwirklichen. Sicherlich war dies mit ein Grund dafür, warum das Aufgabenspektrum, insbesondere die Aufgaben der Jugendpflege, durch die Verordnung der Reichsregierung vom 14. Februar 1924 mit Hinweis auf die Inflation und wirtschaftlichen Nöte der Städte und Gemeinden erheblich eingeschränkt wurde. Von dem ursprünglichen Konzept der bürgerlichen Sozialreformer blieb folglich nur ein Torso übrig, der sich im Wesentlichen auf die engeren Jugendfürsorgeaufgaben konzentrierte, die mit einem Eingriff in die Familie verbunden waren. Auch nach dem Zweiten Weltkrieg war in den Fachdiskussionen umstritten, ob die Jugendpflege, so wie es das RJWG von 1922 ursprünglich vorsah, zu den Aufgaben des Jugendamtes zählen sollte. Der Deutsche Verein, in dem Wilhelm Polligkeit das Amt des Geschäftsführers bis 1950 innehatte, setzte sich dafür offensiv ein. Erst mit der RJWG-Novelle von 1953 wurde das ursprüngliche Aufgabenspektrum des Jugendamtes wieder in Kraft gesetzt (Hammerschmidt/Hans/Oechler/Uhlendorff 2019, S. 211 ff.).

Literatur

Günther, G. (1924): Das Hamburger Volksheim 1901–1922. Geschichte einer sozialen Idee. Berlin.
Hammerschmidt, P./Hans, A./Oechler, M./Uhlendorff, U. (2019): Sozialpädagogische Probleme in der Nachkriegszeit. Weinheim/Basel.
Heitmann, L. (1909): Die unterste Schicht. Monatliche Mitteilungen des Volksheims vom 1.3.1909, 1–4.
Heitmann, L. (1919): Großstadt und Religion, Teil 2: Der Kampf um die Religion in der Großstadt. Hamburg.
Polligkeit, W. (1908): Das Recht des Kindes auf Erziehung. Dresden.
Petersen, J. (1904): Die hamburgische Waisenpflege im Jahr 1904. Hamburg.
Petersen, J. (1907a): Die öffentliche Fürsorge für die hilfsbedürftige Jugend. Leipzig.
Petersen, J. (1907b): Die öffentliche Fürsorge für die sittlich gefährdete und gewerblich tätige Jugend. Leipzig.
Petersen, J. (1911): Die Hamburgische Öffentliche Jugendfürsorge. Hamburg.
Petersen, J. (1912a): Das Recht des Kindes auf Erziehung und dessen Verwirklichung (Schriften des Allgemeinen Fürsorge-Erziehungstages. Heft 1). Berlin.
Petersen, J. (1912b): Gedanken über die Organisation der Jugendfürsorge. Berlin.
Petersen, J. (1915): Jugendfürsorge (hg. von der Deutschen Zentrale für Jugendfürsorge). Berlin.

Sachße, C. (2018): Die Erziehung und ihr Recht. Vergesellschaftung und Verrechtlichung von Erziehung in Deutschland 1870–1990. Weinheim/Basel.

Sachße, C./Tennstedt, F. (1988): Geschichte der Armenfürsorge in Deutschland. Bd. 2: Fürsorge und Wohlfahrtspflege 1871–1929. Stuttgart/Berlin/Mainz.

Schmidt, G. (1910): Die Organisation der Jugendfürsorge. Schriften des Deutschen Vereins für Armenpflege und Wohltätigkeit. Heft 92. Leipzig.

Schriften des Deutschen Vereins für Armenpflege und Wohltätigkeit (1910): Stenographischer Bericht über die Verhandlungen der 30. Jahresversammlung des Deutschen Vereins für Armenpflege und Wohltätigkeit am 15. und 16. September in Königsberg. Leipzig.

Thole, W./Gängler, H./Galuske, M. (Hg.) (1998): KlassikerInnen der Sozialen Arbeit. Sozialpädagogische Texte aus zwei Jahrhunderten – ein Lesebuch. Weinheim/München.

Uhlendorff, U. (2003): Geschichte des Jugendamts. Entwicklungslinien öffentlicher Jugendhilfe 1871–1929. Weinheim/Basel/Berlin.

Verein für Volkswohlfahrt: Jahresbericht 1908/09. Staatsarchiv Hamburg: Volksheim Hamburg.

Verein für Volkswohlfahrt: Jahresbericht 1910/11. Staatsarchiv Hamburg: Volksheim Hamburg.

Verein für Volkswohlfahrt: Jahresbericht 1912/13. Staatsarchiv Hamburg: Volksheim Hamburg.

Verein für Volkswohlfahrt: Monatliche Mitteilungen, 1. Juli 1911. Staatsarchiv Hamburg: Volksheim Hamburg.

Winkler, M. (2021): Eine Theorie der Sozialpädagogik. Neuausgabe mit einem Nachwort. Hg. v. G. Flösser und M. Witzel. Weinheim/Basel.

Kinder- und Jugendhilfe im Spiegel des doppelten Mandates von Hilfe und Kontrolle

Johanna Mierendorff

1 Einführung

Am 1. Juli 1924 trat das Reichsjugendwohlfahrtsgesetz in Kraft. Im Kontext einer umfassenden gesetzlichen Regulierung der Bedingungen des Aufwachsens zu Beginn des 20. Jahrhunderts (Schutz, Fürsorge, Erziehung, Strafe) hat damit eine wichtige Weichenstellung für die Gestaltung von Kindheit begonnen. In den normativen Rahmen der Kinder- und Jugendhilfe war von Anfang an das doppelte Mandat eingeschrieben und damit ein prinzipielles Spannungsverhältnis zwischen Hilfe und Kontrolle hergestellt. Es standen und stehen die Leistungsbezieher*innen – Eltern wie Kinder – in diesem Spannungsverhältnis. Soziale Arbeit muss dieses Spannungsverhältnis moderieren. Der Beitrag setzt sich mit dem doppelten Mandat der Kinder- und Jugendhilfe auseinander und zeigt auf, dass seit Beginn der 2000er Jahre das Verhältnis von Hilfe und Kontrolle erneut zum Gegenstand der Auseinandersetzung und die Notwendigkeit von Kontrolle stärker betont wurde bzw. – nicht nur aufgrund der seit 2020 für das öffentliche und private Leben konsequenzenreiche Auftauchen der Coronapandemie – nach wie vor wird.

Im Folgenden wird zunächst das Verhältnis zwischen Wohlfahrtsstaat, Kindheit und der Kinder- und Jugendhilfe beleuchtet. Ausgehend von der damit auftauchenden Feststellung, dass Kindheit als ausgedehnte Lebensphase durch ein umfassendes wohlfahrtsstaatliches Regulierungsgeschehen für alle möglich wurde, wird das Konstrukt des doppelten Mandates von Hilfe und Kontrolle in gebotener Kürze in Bezug auf seine normative Gestaltungskraft ausgeführt. Daran anschließend wird in einem skizzenhaften historischen Rückblick darauf aufmerksam gemacht, dass, ausgehend von der sich verändernden Bewertung der Erziehungsleistungen von Eltern, entweder stärker der Aspekt der Hilfe oder aber stärker der der Kontrolle im fachpolitischen und fachlichen Diskurs angesprochen bzw. gefordert wurde, wenngleich das doppelte Mandat an sich trotz dieses Changierens niemals infrage gestellt wurde. Angesprochen wird in diesem Rahmen auch die besondere Situation der Kinder- und Jugendhilfe in der ersten Phase der Coronapandemie, als die Leistungen der Kinder- und Jugendhilfe für kurze Zeit in weiten Teilen ausgesetzt wurden – denn an diesem Aussetzen kann verdeutlicht werden, wie tief eingewoben das Verhältnis von Hilfe und Kontrolle in eine ausdifferenzierte arbeitsteilige Gesellschaft ist – und wie zentral damit für die Gestaltung der Bedingungen der Kindheit ist. Abschließend folgt ein Ausblick, in dem die Notwendigkeit der dauerhaften professionellen Auseinandersetzung mit diesem spannungsreichen Verhältnis herausgearbeitet wird.

2 Kindheit im Wohlfahrtsstaat und die Kinder- und Jugendhilfe

Die Kinder- und Jugendhilfe ist von großer Bedeutung für die Herausbildung und die Erhaltung des Musters moderner Kindheit (Mierendorff 2010, S. 81 ff.) und damit für die Bedingungen des Aufwachsens von Kindern und Jugendlichen. Anfang des 20. Jahrhundert wurde ein umfassender Prozess der konzertierten wohlfahrtsstaatlichen Regulierung der Bedingungen der Kindheit forciert. Neben der Familienfürsorge, dem Kinder- und Jugendschutz, dem Jugendarbeitsschutz, der schulischen Bildung war dies vor allem auch die Etablierung einer institutionalisierten Jugendhilfe. Kindbezogene Gesetze, Verordnungen und Programme haben eine zentrale Bedeutung für die Gestaltung der Bedingungen des Aufwachsens, sie sind damit konstitutiv für die Gestalt von Kindheit und Jugend – so auch das Kinder- und Jugendhilfegesetz als normative Grundlage für die Ausgestaltung der Kinder- und Jugendhilfe.

Ihre konstitutive Kraft in Bezug auf Kindheit erhält die Kinder- und Jugendhilfe dadurch, dass sie als staatliche Institution Teil eines wohlfahrtsstaatlichen Arrangements ist, welches sich vom Grundsatz her an alle Bürger*innen richtet (Kaufmann 1989, S. 94). Die wohlfahrtsstaatlichen Regulierungen der Bedingungen des Aufwachsens zielen im Sinne dieser konstitutiven Wohlfahrtsstaatlichkeit also grundsätzlich auf alle Kinder[1]; damit richtet sich die Kinder- und Jugendhilfe an alle Kinder bzw. deren Erziehungs- oder Sorgeberechtigte unabhängig von sozialer oder ethnischer Herkunft und Geschlecht. Dass mit diesem normativen Universalismus andere Dimensionen der sozialen Ungleichheit keinesfalls ausgesetzt sind, ist damit nicht formuliert. Die vom Grundsatz her an alle Kinder gerichtete Kinder- und Jugendhilfe ist ebenfalls Ort der Her-

---

1 Mit dem Begriff »Kind« werden alle Menschen bis zum vollendeten 18. Lebensjahr, an dem die Mündigkeit und damit die volle bürgerliche Geschäftsfähigkeit eintritt, gefasst.

stellung sozialer Ungleichheit, was in diesem Beitrag aber nicht Gegenstand der Betrachtung ist (Anhorn/Stehr 2021).

Die wohlfahrtstaatlichen Regulierungen zielen auf die Herstellung der Wohlfahrt von Kindern – Wohlfahrt, die in den Institutionen der Kindheit wie die der Familie, aber auch der Schule und der außerschulischen intermediären Organisationen, zunehmend auch durch den Markt – teils in ko-produktiven Prozessen (vgl. im Folgenden) – hervorgebracht wird. Kindliche Wohlfahrt wird also im Wohlfahrtsstaatsviereck zwischen Markt, Staat, Familie und intermediären Organisationen erzeugt (Joos 2003, S. 123). Die Jugendhilfe als gestaltende, anbietende und kontrollierende Instanz, mit dem Jugendamt als steuernde Behörde, nimmt hierbei eine zentrale Rolle als staatliche Organisation zwischen Markt, Familie und intermediären Organisationen ein und ist damit ein wichtiger Teil der Herstellung der Wohlfahrt von Kindern. Sie hat erstens eine Vermittlungsfunktion (z. B. zwischen Arbeitsmarkt und Familie oder Schule und Familie), zweitens laut SGB VIII eine Hilfefunktion in der Herstellung förderlicher Bedingungen und drittens eine Kontrollfunktion, die sich sowohl auf Artikel 6 des Grundgesetzes als auch aus dem SGB VIII ergibt. Die Kinder- und Jugendhilfe hat also ein doppeltes Mandat und damit die Aufgabe der Hilfe wie auch der Kontrolle. Hilfe ist in der Spanne zwischen Prävention (z. B. außerschulische Kinder- und Jugendarbeit) und Hilfe (Beratung, SPFH) bis hin zum Eingriff in akuten Problemlagen (Inobhutnahme) gelagert. Teils sind die Grenzen zwischen den Bereichen allerdings verschwommen.

Vor dem Hintergrund der Kontrollfunktion sind bereits mit der Einführung des RJWG im Jahre 1922 und dessen Inkrafttreten 1924 die elterlichen Freiheitsrechte, die mit der Einführung des Bürgerlichen Gesetzbuches 1900 etabliert wurden, potenziell eingeschränkt worden. Es muss an dieser Stelle erwähnt werden, dass elterliche Rechte aber bereits durch die Schulpflicht, den Kinder- und Jugendarbeitsschutz und den Jugendschutz eingeschränkt wurden. Bereits zu Beginn des 19. Jahrhunderts wurden Kinderschutzgesetzgebungen verabschiedet, um die zerstörerische Ausbeutung von Kindern unter sechs Jahren im Bergbau zu verhindern. Seit Beginn des 19. Jahrhunderts bestanden also Einschränkungen elterlicher Verfügung über die kindliche Arbeitskraft sowie Einschränkungen kapitalistischer Ausbeutung der Kinder durch Wirtschaftsunternehmen. Seit Beginn des 20. Jahrhunderts besteht ein bis heute andauerndes und in den Wohlfahrtsstaat eingelagertes spezifisches Spannungsfeld zwischen Bürgerlichem Gesetzbuch und der Jugendhilfegesetzgebung. In der bundesrepublikanischen Verfassung ist dieses Spannungsfeld als Recht der Eltern auf Pflege und Erziehung des Kindes und als Recht des Staates zur Überwachung des Ausübens dieses elterlichen Rechts und damit des Kindeswohls verankert.

Warum aber das? Warum hat der Staat Interesse an seinen Kindern und damit an der Regulierung der Bedingungen des Aufwachsens, an der Hilfe für Kinder und Eltern und an der Kontrolle des Kindeswohls? Warum finanziert er eine Institution der Kinder- und Jugendhilfe aus Steuermitteln? Dies kann nur aus der konstitutiven Bedeutung von Kindheit als Institution und als Lebensphase für eine moderne, arbeitsteilige Ökonomie und das Fortbestehen des für diese Ökonomie existenziell notwendigen Wohlfahrtsstaates erklärt werden (Mierendorff 2010). Bühler-Niederberger und Tremp (2005, S. 28 ff.) sprechen dabei von der generationalen Grundlage moderner Demokratien. Die Durchsetzung moderner Kindheit als ausgedehntem institutionalisierten Schutz- und Schonraum (Bühler-Niederberger 2011) geht aus dem Interesse an der Erhaltung und Förderung der Arbeitskraft des Kindes als zukünftigem Erwachsenen hervor – es besteht also ein Interesse daran, hinreichende Bedingungen der Ermöglichung ausreichender Wohlfahrtsproduktion zu schaffen. In einer hoch ausdifferenzierten, arbeitsteiligen Gesellschaft, die zudem zutiefst von Strukturen sozialer Ungleichheit durchzogen ist, ist dies weder allein von der Familie noch von privaten Gemeinschaften, in denen diese eingebunden sind und die ein Eigeninteresse haben (wie z. B. Religionsgemeinschaften), zu realisieren. Insofern konnte und kann das Aufwachsen und die Herstellung geeigneter und (ausschließlich) vom Grundsatz her gleicher Bedingungen des Aufwachsens für alle Kinder, und darauf kommt es an, nicht allein den Eltern oder den privaten Gemeinschaften überlassen werden. So die Argumentation (Mierendorff 2010).

3 Das doppelte Mandat der Kinder- und Jugendhilfe und die Bedingungen des Aufwachsens

Wie bereits erwähnt, ist in die Kinder- und Jugendhilfe das doppelte Mandat in seinem Spektrum von Hilfe und Kontrolle von Anfang an eingeschrieben. »Der Begriff Doppeltes Mandat bringt zum Ausdruck, dass Soziale Arbeit einen doppelten Auftrag zu erfüllen hat: Sie muss sich zum einen am Wohl und der Realität der Klient*innen orientieren, sie muss zum anderen aber auch im Auftrag des Staates bzw. der Gesellschaft handeln« (Lutz 2020). In der Kinder- und Jugendhilfe als Teil der Sozialen Arbeit sollen also alters- und situationsbezogene Hilfen für Kinder, Jugendliche und deren Eltern bereitgestellt werden, die das breite Spektrum von präventiver Kinder- und Jugendarbeit, Jugendbildungsarbeit, der Kindertagesbetreuung, Familienberatung bis hin zu den ambulanten und stationären Hilfen zur Erziehung umfassen. Im Sinne einer lebensweltorientierten Kinder- und Jugendhilfe gilt dabei das Prinzip, dass sich alle

Angebote und Unterstützungsleistungen an den Perspektiven und Handlungsressourcen der Leistungsbeziehenden orientieren und deren Interessen – auch gegenüber Dritten – vertreten werden. Das doppelte Mandat erfüllt gleichzeitig aber auch den staatlichen Auftrag der Kontrolle des Kindeswohls sowie der Durchsetzung intervenierender Maßnahmen, die durchaus legitimiert in die Handlungsautonomie der Sorgeberechtigten eingreifen dürfen. In jedem Handlungsauftrag der Kinder- und Jugendhilfe sind also Kontrollmechanismen integriert, die bis hin zur Herausnahme des Kindes aus der Familie führen können. Über das doppelte Mandat wird das Verhältnis zwischen Professionellen und den Eltern auf der einen Seite und Professionellen und Kindern auf der anderen Seite bestimmt; darüber hinaus das Verhältnis zwischen Jugendamt und den den Beratungs-, Erziehungs-, Bildungs- und Betreuungsauftrag ausführenden intermediären Organisationen. Zentral dabei ist, dass Hilfe und Kontrolle eng miteinander verwoben sind, denn mit jeder Inanspruchnahme von Hilfe ist gleichermaßen eine potenzielle Beobachtung des Kindeswohls gegeben. Lutz (2011) geht sogar so weit zu formulieren, dass die Soziale Arbeit nur ein einziges, vom Subjekt ausgehendes Mandat habe, nämlich jenes, den »Menschen bei seiner Aktivierung zu unterstützen« (S. 10). Kontrolle sei diesem Auftrag immanent, da grundsätzlich nur die Kontrolle des eigenen Tuns es ermögliche, die Lebensführung zu verändern (Lutz 2011, S. 15). Dies sei »Bestandteil einer jeden Lebensführung« und nicht allein Auftrag in einem Hilfeprozess (S. 16). Diese Kontrolle sei nicht in erster Linie Aufgabe einer externen (staatlichen) Kontrollinstanz, sondern läge im Mandat durch den Hilfesuchenden selbst. Trotz dieser überlegenswerten Auseinandersetzung mit dem Wesen individueller Lebensführung, die durch Sozialarbeiter*innen unterstützt werden kann, wird in diesem Beitrag davon ausgegangen, dass das verfassungsrechtlich verankerte Wächteramt einen engen Bezug zu Tätigkeiten im Rahmen der Kinder- und Jugendhilfe hat. Das doppelte Mandat wird in diesem klassischen Sinne verstanden. So ist das doppelte Mandat in den Hilfen zur Erziehung offensichtlich und fest verankert. Die seit Anfang der 2000er infolge von Kindesvernachlässigung und Kindestötungen entwickelten Kinderschutzbögen, die in Einrichtungen der Kinder- und Jugendhilfe zum Einsatz kommen – nicht nur in der SPFH, sondern z. B. auch in der Kindertagesbetreuung – sind ein prägnantes Beispiel hierfür. Im Kinder- und Jugendhilfeweiterentwicklungsgesetz (KICK) von 2005 wurde nach einer Reihe von tragischen Kindeswohlgefährdungsfällen mit Todesfolge der Schutzauftrag für alle in der Kinder- und Jugendhilfe Beschäftigten noch einmal bestätigt und der immer schon bestandene Auftrag durch die öffentliche Diskussion sichtbarer gemacht und stärker eingefordert. Kinder und ihre Familien changieren hier zwischen Privatheit und Öffentlichkeit, zwischen Schutz des Privaten und öffentlich organisierter Kontrolle durch die zuständigen Instanzen. Wird z. B. mit einer lebensweltlich orientierten Sozialen Arbeit an den Orientierungen und Lösungskapazitäten der Eltern angesetzt, so enthebt dies den Professionellen nicht von der Aufgabe, das Kindeswohl zu beobachten und dessen Gefährdung aktenkundig zu machen, d.h. der kontrollierenden Behörde zu melden.

Das Kinder- und Jugendhilfegesetz richtet sich also in seinem Spannungsfeld von Hilfe und Kontrolle gleichermaßen an Eltern, Kinder und Professionelle, jedoch in je anderer Ansprache und Absicht. Kinder sollen sich gedeihlich entwickeln und erhalten daher unterschiedliche Formen der Förderung und Unterstützung – die Entwicklung wird, zumindest im Falle festgestellter Abweichung, überwacht, Eltern werden in ihrer verfassungsrechtlich verankerten Pflicht, das Kind zu pflegen und zu erziehen, unterstützt und gleichermaßen kontrolliert, die ausführenden Organe der Kinder- und Jugendhilfe und die in diesem Rahmen agierenden Professionellen erhalten einen Aufgabenkatalog, in dessen Rahmen sie legitimiert agieren können und müssen. Das Kinder- und Jugendhilfegesetz ist und sein Vorgänger waren und sind für diese Gruppen, also für Adressaten und Professionelle, Regelungs-, Handlungs-, Orientierungs- und Kontrollrahmen.

> »Ein zentraler Grundkonflikt seit der Herausbildung und Etablierung der deutschen Jugendhilfe zu Beginn des 20. Jahrhunderts besteht in der Frage, ob der Staat die elterliche Erziehungstätigkeit lediglich von außen in ihrer Handlungsfähigkeit stützen oder aber eigenständige Sozialisations- und Erziehungsinstanzen bereitstellen solle, die einem familienersetzenden oder aber zumindest familienergänzenden Selbstverständnis folgen« (Mierendorff/Olk 2007, S. 542).

Dieses ist eine fundamentale Diskussion, Streit seit Beginn der Verabschiedung des Jugendwohlfahrtsgesetzes und damit der Etablierung einer institutionalisierten Kinder- und Jugendhilfe für »jederkind«. Dieses hängt eng mit der Frage zusammen, wie die Erziehungsfunktion und Erziehungsfähigkeit der Familie eingeschätzt werden. Im folgenden Kapitel wird das Ringen um das Verhältnis zwischen Familie, Jugendamt und ausführenden intermediären Organisationen vor dem Hintergrund der jeweils öffentlichen Diskussion der Erziehungsleistung der Familie betrachtet. Die Auslegung des doppelten Mandates zirkuliert jeweils in diesem Rahmen.

4 Familie als Sozialisationsinstanz zwischen Hilfe und Kontrolle. Das doppelte Mandat im Wandel der Zeit

Die Ausübung des doppelten Mandates war immer geprägt durch das je historisch geprägte Verhältnis von Staat und Gesellschaft zur Familie. Ein Blick zurück zeigt, dass sowohl in der öffentlichen als auch in der fachlichen Auseinandersetzung und in der Regulierungstätigkeit in Bezug auf die Weiterentwicklung der Jugendgesetzgebung teilweise stärker der Bereich der Kontrolle verhandelt und in den Gesetzgebungsbestrebungen stärker forciert wurde, teilweise aber eher der Aspekt der Hilfe. In einem knappen historischen Rückblick wird nun darauf aufmerksam gemacht, dass ausgehend von sich im Zeitverlauf verändernden Bewertungen der Erziehungsleistungen von Eltern, stärker Hilfe oder stärker Kontrolle fachpolitisch angesprochen oder gefordert wurden, wenngleich das doppelte Mandat an sich niemals infrage stand.

Mierendorff und Olk (2007, S. 542) gehen davon aus, dass das Agieren (und die Ausrichtung) in der Kinder- und Jugendhilfe deutlich durch ihr Verhältnis zur Familie geprägt ist und dass dieses Verhältnis sich im Laufe der Zeit phasenförmig zwischen den beiden Polen Familie als einzige und Familie als defizitäre Sozialisationsinstanz bewegt habe. Die Umsetzung des doppelten Mandates der Kinder- und Jugendhilfe muss in diesem Licht betrachtet werden. Blickt man in das 20. Jahrhundert zurück, können unterschiedliche Phasen identifiziert werden, in denen in politischen und fachpolitischen Auseinandersetzungen eher der staatliche Kontrollauftrag betont und Maßnahmen in dieser Richtung gefordert wurden, und Phasen, in denen der Kontrollauftrag weniger Gegenstand war und eine offensive, umfassende Kontrolle nicht gefordert wurde. Im Folgenden werden in gebotener Kürze Phasen[2] der Wahrnehmung und Bewertung der Erziehungsleistungen der Familie im Verhältnis zur öffentlichen Auseinandersetzung mit den im doppelten Mandat verankerten Aufträgen Hilfe und Kontrolle herausgearbeitet.

(1) In der Gründungsphase einer institutionalisierten und gesetzlich verankerten Kinder- und Jugendhilfe zu Beginn des 20. Jahrhunderts wurde der Funktionsverlust der Familie – bezogen war diese Einschätzung vor allem auf die proletarische Familie – festgestellt. In das Reichsjugendwohlfahrtsgesetz (RJWG von 1922) flossen vor diesem Hintergrund präventive jugendpflegerische

---

2 Es werden hier keine historisch exakt voneinander abgegrenzten Phasen bestimmt. Vielmehr gehen diese ineinander über, einzelne Ausprägungen überlappen sich. Mit den Phasen sind hier dominante, typische Ausprägungen gefasst.

und reaktive, in die Familie eingreifende Maßnahmen ein. Zum einen formte sich damit der staatlich garantierte Kinderschutz aus, der von einem schutzbedürftigen Kind ausging und sich von Verboten bis hin zu einer familienersetzenden Fürsorge ausformte (Mierendorff 2010, S. 157 ff.). Zum anderen etablierte sich eine staatlich finanzierte präventive Jugendpflege, die sich an den bildungsbedürftigen (proletarischen) Jugendlichen richtete und sich in einer familienergänzenden Jugendpflege realisierte. Hierbei ging es nicht um die Unterstützung oder Entlastung von Eltern, vielmehr standen das Kind und der Jugendliche im Fokus. Das Verhältnis Jugendhilfe und Familie kann als die Familie einseitig kontrollierend bewertet werden (Mierendorff/Olk 2007, S. 546). Da auch die Hilfe kontrollierend konnotiert war, kann vor diesem Hintergrund kaum von einem doppelten Mandat, wie es heute als Prinzip der Kinder- und Jugendhilfe verstanden wird (wie bereits erwähnt), gesprochen werden – Hilfe-, Fürsorge- und Erziehungsleistungen orientierten sich wenig an den konkreten Interessen und Lebenswelten der minderjährigen Adressat*innen oder deren Eltern. Vielmehr agierte Kinder- und Jugendhilfe zum einen in einem dem Minderjährigen zugeschriebenen Interesse, zum anderen im Interesse einer Gesellschaft und ihrer staatlichen Autoritäten, die eine radikale ordnungspolitische Vorstellung der Realisierung einer stabilen gesellschaftlichen Ordnung verfolgten.

(2) Im Nationalsozialismus wurde umfassende staatliche Kritik an der reaktionären, individualistischen Familie in ihrer bürgerlichen Form geübt (Steen 1987). Gleichermaßen wurde Familie an sich zur bevölkerungspolitisch genutzten Institution, Mütter selbst wurden zum Erziehungsobjekt (z. B. Mütterschulungen). Vor diesem Hintergrund etablierte sich eine starke eigenständige Jugendpflege. Es wurden einheitliche Jugendorganisationen für alle Minderjährigen gegründet, die mit einem eigenständigen staatlichen Erziehungsanspruch agierten. Eigenständige jugendfürsorgerische Leistungen wurden der Jugendpflege vom Grundsatz her nachgeordnet bzw. in die Jugendpflegen integriert. Sie richteten sich ausschließlich an noch erziehbare Minderjährige; als nicht-erziehbar eingestufte Minderjährige wurden aus dem staatlichen Erziehungssystem entfernt und der Asozialen-Fürsorge (Föcking 2007, S. 17; Peukert/Münchmeier 1990, S. 27 f.) bis hin zu den Ordnungsbehörden überantwortet. Die konkreten fürsorgerischen Hilfen für Eltern und Familien wurden durch die Nationalsozialistische Volksfront erbracht (Föcking 2007, S. 17). In Bezug auf Familie war die Jugendhilfe auf kontrollierende, eingreifende Tätigkeiten ausgerichtet. Von einem doppelten Mandat der Kinder- und Jugendhilfe, wie es in diesem Beitrag verstanden wird, kann nicht gesprochen werden, es galt ein familienersetzendes Prinzip sowohl im Bereich der Jugendpflege als auch

in der Jugendfürsorge, eine Orientierung an den Lebenswelten oder Sinnhorizonten der Adressat*innen existierte nicht.

(3) In Westdeutschland[3] wurde in der Aufbauphase nach dem Zweiten Weltkrieg die Kernfamilie zur Normalisierungsgarantie erhoben (Mierendorff/Olk 2007, S. 549). Das Ideal der Familie in ihrer bürgerlichen Form und in ihrer Privatheit wurde wieder aufgewertet, die Kinder- und Jugendhilfe daran ausgerichtet. Grundsätzlich wurde angenommen, dass die Familie in der Regel ohne staatliche Unterstützung auskomme; es galt das Gebot der Nichteinmischung. Hilfen für Eltern im Erziehungsprozess wurden wieder in die Hände einer breiten freien Trägerschaft gelegt und einseitige ideologische Überformungen zurückgewiesen. Fürsorgerische Hilfe[4] für Minderjährige und Jugendpflegeleistungen wurden wieder getrennt. Spätestens seit Ende der 1950er Jahre wurden allerdings die latenten Widersprüche zwischen der Annahme der heilen Familie und dem massiven Ausbau der fürsorgerischen Maßnahmen und Jugendhilfeeinrichtungen deutlich (Mierendorff/Olk 2007, S. 549). Die jugendpflegerischen Angebote für Jugendliche wurden zunächst auf politische Bildung hin ausgerichtet, um die im Nationalsozialismus geborenen und aufgewachsenen jungen Menschen mit Blick auf demokratische Grundprinzipien umzuerziehen. Die staatlich organisierte Jugendpflege erhielt wieder Nachrangigkeit, Wohlfahrtsverbände und andere freie Träger erhielten absoluten Vorrang und staatliche Förderung. Die Bewertung des doppelten Mandates für diese Phase ist schwierig. Es kann als erstes von einer Wiederherstellung von Hilfe und Kontrolle in einer integrierten Jugendhilfe gesprochen werden. Jugendorganisationen erhielten einen ausschließlichen Bildungsauftrag, jugendfürsorgerische Hilfen wurden wieder in den fürsorgerischen Bereich der Jugendhilfe re-integriert, die eigentliche Durchsetzung des staatlichen Kontrollauftrags des Kindeswohls wurde in das Jugendamt zurückverlegt – insofern kann von einem doppelten Mandat mit einer Funktionsteilung zwischen Amt und Trägerorganisationen gesprochen werden, wenngleich alle Träger in der ihnen eigenen Art Kontrollaufträge hatten. Inwiefern aber eine Orientierung an den Lebenswelten der Adressat*innen in Fürsorge und Pflege stattfand, bleibt frag-

---

3 Die Analysen der Zeit zwischen 1949 und 1989 beziehen sich ausschließlich auf das System der Jugendhilfe und dessen Entwicklungen in der BRD.

4 In der Reform von 1961 wurde die materielle Sicherung (Fürsorge) jedoch endgültig aus dem JWG herausgenommen und in das neue Bundessozialhilfegesetz integriert (Mierendorff 2010, S. 113). Die Idee einer alle Aufgaben umfassenden Jugendhilfe, wie sie im Rahmen der Entwicklung des Reichsjugendwohlfahrtsgesetzes angelegt worden war, wurde nun endgültig verabschiedet.

lich, zumindest aber wurde der bürgerlichen und nicht auffälligen Familie ein Eigenrecht in Pflege und Erziehung ihrer Kinder verbürgt.

(4) Mit dem Einsetzen einer zivilgesellschaftlichen kritischen Auseinandersetzung mit dem Nationalsozialismus in den 1960er Jahren rückte Familie erneut in die öffentliche Kritik – Familie wurde aus unterschiedlicher Hinsicht als defizitäre Sozialisationsinstanz bewertet. Formuliert wurde ein familiales Funktionsdefizit in Bezug auf Bildung (Mädchen, Migrant*innen, sozial benachteiligte Gruppen, Kinder in ländlichen Regionen) (du Bois-Reymond 1971). Außerfamiliale, kompensatorische Bildung, frühe Bildung und außerschulische Bildung wurden erheblich aufgewertet (Mierendorff/Olk 2007, S. 552). Es fand ein deutlicher Ausbau außerfamilialer Handlungsfelder statt. In diesem Zusammenhang wurde ein konkreter, rechtlich kodifizierter Erziehungsanspruch der Kinder- und Jugendhilfe (offensive Jugendhilfe) kontrovers diskutiert. Allerdings konnte sich in den 1970er Jahren ein solcher Anspruch nicht in den Reformbestrebungen des Jugendwohlfahrtsgesetzes durchsetzen (Mierendorff 2010, S. 116). Des Weiteren setzte eine Kritik an den paternalistischen und autoritären Handlungs- und Organisationsstrukturen in den Institutionen der Kinder- und Jugendhilfe ein. Aus dieser Kritik heraus bildeten sich zum einen Selbsthilfegruppen mit dem Anspruch, in der Bewältigung von Problemlagen nicht durch Professionelle vereinnahmt zu werden und in der Problembearbeitung an den eigenen (Selbsthilfe-)Potenzialen und Sinnhorizonten anzusetzen. Zum anderen entstand eine lebensweltorientierte Soziale Arbeit, in der das doppelte Mandat, also die Berücksichtigung der Perspektive der Adressat*innen und der staatliche Hilfe- und Kontrollauftrag, zu integrieren versucht wurden. Meines Erachtens kann diese Phase als die Geburtsstunde einer Grundlegung und Realisierung des doppelten Mandates, wie es heute gefasst ist, bezeichnet werden: »Sie muss sich zum einen am Wohl und der Realität der Klient*innen orientieren, sie muss zum anderen aber auch im Auftrag des Staates bzw. der Gesellschaft handeln« (Lutz 2020).

(5) Mit dem Einsetzen der konservativen Wende Anfang der 1980er Jahre setzte ein neues Sprechen über Familie ein: nicht Funktionsverlust, sondern Funktionswandel der Familie. Damit wurde ihre Unterstützungsbedürftigkeit in einer hochgradig ausdifferenzierten Gesellschaft generalisiert und die vorrangige Fokussierung auf benachteiligte Gruppen aufgebrochen, ohne dass eine familienersetzende Haltung eingenommen wurde. Gleichermaßen setzte eine Renaissance der bürgerlichen Familie ein, an der sich auch die Kinder- und Jugendhilfe ausrichtete (Mierendorff/Olk 2007, S. 554). Kritisiert wurde an der Kinder- und Jugendhilfe der 1970er Jahre bereits Ende des Jahrzehnts deren Ignoranz gegenüber der als zentral erachteten Vermittlungsfunktion der Familie im Sozialisations-

prozess (Cloer 1979, S. 187 ff.) sowie die starke Defizitperspektive auf Familie (bereits Mollenhauer/Brumlik/Wudtke 1975). Kritisiert wurde weiterhin die Übermacht der öffentlichen Jugendhilfe. Mit der Verabschiedung des reformierten Kinder- und Jugendhilfegesetzes im Jahr 1990 nach der Wiedervereinigung (Inkrafttreten in Ostdeutschland 1990, Westdeutschland 1991) erhielt das Gesetz einen explizit familienunterstützenden Fokus (Münder 1990). Die aus der bereits seit Ende der 1950er Jahre anhaltende Kritik an den Erziehungsinstitutionen der Kinder- und Jugendhilfe heraus entwickelten familienunterstützenden Angebote (heute SPFH) wurden damit gesetzlich normiert und grundsätzlich finanzierungswürdig. Im heutigen Sinne von Erziehungs- und Bildungspartnerschaften könnte man an dieser Stelle die These der Durchsetzung eines organisierten Wohlfahrtspluralismus diskutieren (Zusammenarbeit von Eltern, Staat und intermediären Organisationen in der Herstellung der Wohlfahrt von Minderjährigen) – die Zusammenarbeit der Institutionen wurde zunehmend als Voraussetzung für einen gelingenden Sozialisations- und Entwicklungsprozess gesehen. In dieser Phase kann man davon sprechen, dass das doppelte Mandat in seiner heutigen Form normativ fest etabliert und dies für die Profession grundlegend wurde. Im KJHG von 1990 wurde erstmals die Orientierung der Kinder- und Jugendhilfe an der Erziehung in der Familie bei einer gleichzeitigen Anerkennung der notwendigen Eigenständigkeit eines Erziehungsauftrags der Kinder- und Jugendhilfe, um Familie im Funktionswandel zu unterstützen, verankert.

(6) Seit der Jahrtausendwende setzte erneut eine Kritik an der Erziehungsfähigkeit der Familie ein – allerdings wurde Familie generell in differenzierter Weise sowohl als Potenzial und als Defizit bewertet und die Funktionsteilung zwischen Staat und Familie (geteilte Zuständigkeit), die sich bereits mit der Verabschiedung des KJHG andeutete, verstärkt. Das politische Programm »Aufwachsen in öffentlicher Verantwortung« wurde im 11. Kinder- und Jugendbericht der Bundesregierung (BMFSFJ 2002) geprägt. Dieses vollzog sich im Kontext des Umbaus des Wohlfahrtsstaates – Kinder und Familien, insbesondere Mütter, gelangten ins Zentrum der Aufmerksamkeit, was in der politisch beachteten Schrift von Esping-Andersen (2002) »Why we need a new welfare state« zum Ausdruck kommt (Olk 2007). Kritik wurde am Modell der klassischen bürgerlichen Familie insbesondere aus der Perspektive von Arbeitsmarkt- und Armutspolitik geäußert, d. h., die Hausfrauenehe wurde als Bremse wohlfahrtsstaatlicher und ökonomischer Weiterentwicklung (Frauenerwerbstätigkeit, Familienarmut, Altersarmut) und als einer der Gründe von Kinderarmut gesehen. Gleichzeitig wurde Familie aber als zentraler Bildungsort deklariert (Büchner/Brake 2007; Rauschenbach 2009). Damit wurde Familie sowohl als Ressource als auch als potenziell defizitärer und gefährlicher Bildungsort identifiziert. Eine ausschließ-

liche Familienerziehung in der frühen Kindheit wurde also generell unabhängig von der sozialen Situierung der Familie als nicht mehr ausreichend erachtet (gemeinsames Lernen, soziales Lernen, angeleitetes Lernen) (Kelle/Mierendorff 2020). Vor diesem Hintergrund wurde der Bildungsort Kindertagesstätte als zentraler familienergänzender Bildungsort für alle Kinder (seit 2013 ab dem vollendeten ersten Lebensjahr) ausgebaut. Vor dem Hintergrund der Anerkennung der wichtigen Sozialisationsleistung der Familie wurde das Konzept der Erziehungspartnerschaften in diesem Zusammenhang geprägt (Gaßmann 2020). Insgesamt also kann man zu dem Schluss kommen, dass sich in der frühen Bildung eine echte Funktionsteilung zwischen Jugendhilfe und Familie durchgesetzt hat. Diese Prozesse können als Normalisierung der geteilten Zuständigkeiten zwischen Jugendhilfe und Familie bezeichnet werden.

Um dieses umfassende Bildungsprogramm für die gesamte Gruppe der Kinder zu realisieren, wurde allerdings neben dem Ausbau des Bildungsauftrags der Kinder- und Jugendhilfe im gleichen Zuge deren Kontrollauftrag gestärkt bzw. prominent öffentlich verhandelt – im Kinder- und Jugendhilfeweiterentwicklungsgesetz (KICK) von 2005 wurde der Kontrollauftrag erneut formuliert (Kelle/Mierendorff 2020). Insbesondere bildungsfernen Familien wurde eine mangelnde Erziehungs- und Bildungsfähigkeit attestiert; als zentrale Indikatoren wurden hierfür ein geringer Bildungsabschluss, Armut oder Armutsbedrohung, Migrationshintergrund und der Status alleinerziehend herangezogen (Grunau/Mierendorff im Druck). Etabliert und ausgebaut wurden die frühen Hilfen. Fegter, Heite, Mierendorff und Richter (2015) sprechen von einer neuen Aufmerksamkeit für Familie. In keinem anderen Bereich der Kinder- und Jugendhilfe hat sich seit der Jahrtausendwende eine so umfassende und weitgehende Neuausrichtung durchgesetzt. Insgesamt kann man von der normativen Realisierung des doppelten Mandates im Recht und dessen Durchsetzung in der Fachpraxis der Kinder- und Jugendhilfe sprechen. Es wurde sukzessive eine umfassende, eigenständige Hilfe, die an den Lebenswelten der Adressat*innen anzusetzen sucht, bei gleichzeitiger flächendeckender Kontrolle einer bildungsbezogenen kindlichen Wohlfahrt durchgesetzt.

5 Die phasenweise Aussetzung des doppelten Mandates der Kinder- und Jugendhilfe in der Coronapandemie

Mit der Erklärung einer Pandemie durch die Bundesregierung am 11. März 2020 setzte eine Ausnahmesituation in der Kinder- und Jugendhilfe ein, die in Bezug auf das doppelte Mandat aufschlussreich ist. Mit der plötzlichen und weitgehend unvorbereiteten Schließung von Einrichtungen der Familienberatung, der Kinder- und Jugendarbeit, der Kindertagesbetreuung und dem Aussetzen der Hilfen zur Erziehung in Präsenz setzte der Staat zeitweise in sehr breitem Maße seinen Hilfeauftrag aus und verlor zunächst auch seine Kontrollmöglichkeiten in Bezug auf das Kindeswohl, da diese bis dahin auf Beobachtung und Kommunikation in Präsenz angewiesen waren (Hausbesuche, Einrichtungsbesuche, Gespräche auf dem Amt). Das in der Phase zuvor formulierte und etablierte Aufwachsen in öffentlicher Verantwortung wurde ignoriert, die Aufgaben der Betreuung, Erziehung und Bildung in die Hände der Eltern zurückgelegt. Karin Böllert formuliert in diesem Zusammenhang aus ungleichheitstheoretischer Perspektive: »Bei aller Begeisterung und Wertschätzung, die das soziale Engagement und die ehrenamtlichen Unterstützungsstrukturen völlig zu Recht ausgelöst haben, es bleibt der fade Beigeschmack, dass es Bevölkerungsgruppen gibt, die zu dieser privaten Hilfe kaum öffentliche Alternativen der Unterstützung haben« (Böllert 2020, S. 184f.). Eine Reihe von Autor*innen weisen darauf hin, dass dies insbesondere für Familien in prekären Lebenslagen verheerende Folgen hatte, da keine Ressourcen zu innerfamilialer Kompensation bestanden haben (Böllert 2020; Fegert/Schuler-Harms/Spieß 2021). Erst nach ausdrücklichen Warnungen wurde bei potenzieller Kindeswohlgefährdung über die Anrufung des Paragraphen 8a des SGB VIII nicht nur für Kinder, deren Eltern in systemrelevanten Berufen tätig waren, sondern auch für Kinder, deren Kindeswohl als gefährdet eingestuft wurde, Notbetreuung gewährleistet. Die plötzliche Schließung von Einrichtungen der Kinder- und Jugendhilfe sowie die Einstellung von Unterstützungsleistungen (SPFH) in Präsenz kann als Aussetzen, als Ignoranz des doppelten Mandates der Kinder- und Jugendhilfe betrachtet werden. Die Folgen für Kinder und Jugendliche sind inzwischen formuliert (z.B. Böllert 2020; Fegert/Schuler-Harms/Spieß 2021; Piñero/Geppert/Rentsch 2020). Schmitt formuliert, dass Soziale Arbeit den Auftrag habe, »den Zugang zu sozialen Dienstleistungen sicherzustellen, Exklusionsmechanismen im Katastrophenfall zu vermeiden« und hierfür geeignete Instrumente im Vorfeld zu schaffen (Schmitt 2020; vgl. auch Böllert 2020). Familie, die über Jahre in der Erbringung kindlicher Wohlfahrt in die Arbeitsteilung mit dem Staat eingetreten ist, musste nun wieder Aufgaben übernehmen, die zum einen nicht geübt, zum anderen (im Falle des Homeoffice) nicht mit dem Beruf vereinbar waren. Deutlich wurde die enge Verflechtung zwischen Markt, Staat, intermediären Organisationen und Familie in der Erbringung kindlicher Wohlfahrt. Deutlich wurde aber auch die Fragilität dieses Konstruktes des doppelten Mandates in Zeiten der Krise. Die staatlich organisierte Kinder- und Jugendhilfe, die durch öffentliche und freie Träger erbracht wird, legte das Mandat der Eltern wie das Mandat des Staates für kurze Zeit nieder.

6 Ausblick – professioneller Umgang mit den im doppelten Mandat angelegten Spannungsverhältnissen

Der Beitrag setzte sich mit dem doppelten Mandat der Kinder- und Jugendhilfe auseinander und ging der Frage nach, wie sich das Verhältnis der beiden Mandate über die Zeit veränderte und wie diese Veränderungen mit gesellschaftlichen und politischen Wahrnehmungen der Erziehungs- und Sozialisationsfähigkeit von Familie korrespondieren. Dieser Auseinandersetzung wurde die Annahme zugrunde gelegt, dass die Kinder- und Jugendhilfe einen wesentlichen Beitrag zur Gestaltung, Durchsetzung und Aufrechterhaltung des Musters moderner Kindheit leistet. Deutlich wurde, dass in diesem Gestaltungsprozess phasenweise entweder der Hilfe- oder der Kontrollauftrag in den Mittelpunkt der öffentlichen und fachlichen Auseinandersetzung gerückt wurden – je nachdem, ob Familie als defizitäre und primär als zu unterstützende Sozialisationsinstanz wahrgenommen wurde. Deutlich wurde aber auch, dass sich das doppelte Mandat im heute verstandenen Sinne erst seit den 1970er Jahren als ein Ansatz entwickelte, in dem im Rahmen von Hilfeprozessen die Orientierung an den Lebenswelten der Adressat*innen mit dem gesellschaftlichen bzw. staatlichen Schutzauftrag in Bezug auf das Kindeswohl korrespondiert. Anhand der durch die Pandemie ausgelösten Krise wurde sichtbar, wie zerbrechlich und bedroht dieses Konstrukt und das Zusammenspiel der Akteur*innen in der Erbringung kindlicher Wohlfahrt ist. Sowohl Hilfe wie auch Kontrolle setzen bisher stabile gesellschaftliche Verhältnisse voraus. Eine Auseinandersetzung mit der Realisierung des doppelten Mandates im Katastrophenfall hat durch die Coronapandemie erst langsam begonnen.

Das doppelte Mandat heute umfasst also die wie es zunächst scheint widersprüchlichen Aufgaben, zum einen Hilfen für Familien und Kinder als lebensweltorientierte, also die Orientierungen der Klienten zum Ausgangspunkt machende Unterstützung, bereitzustellen, und zum anderen im gleichen Atemzug die Kontrolle der familialen Bedingungen des Aufwachsens von Kindern aus der Perspektive des Kindeswohls. Dieses erschöpft sich nicht in der Aufgabentrennung zwischen dem Jugendamt als kontrollierender und den ausführenden Trägerorganisationen als helfender Instanz. In der Verabschiedung des KICK 2005 ist dies noch einmal deutlich zum Ausdruck gebracht. Kindheit als Lebensphase und als ausgedehnter Schutz- und Entwicklungsraum für jederkind werden u. a. durch das in die Kinder- und Jugendhilfe eingeschriebene doppelte Mandat in den sich historisch verändernden gesellschaftlichen und ökonomischen Konstellationen immer wieder hervorgebracht und damit erhalten – dies geschieht im Zeitverlauf vor allem über eine Anpassung der Auslegung und Gestaltung des Hilfe- und Kontrollauftrags an die sich verändernden gesellschaftlichen Realitäten. Die Widersprüchlichkeit der beiden Aufträge, die nicht nur akademischer Natur sind, wie Roland Lutz (2011, S. 16) dies formulierte, und das immerwährende Spannungsverhältnis der Kinder- und Jugendhilfe müssen in der alltäglichen professionellen Handlungspraxis vermittelt werden, damit für Kinder angemessene und förderliche Lebensbedingungen hergestellt werden können. Lutz (2011, S. 78 ff.) schlägt hier ein Dialogisches Prinzip vor, Hünersdorf (2010) fordert, dass soziale Kontrolle im Kontext des doppelten Mandates – z. B. im Falle von Selbst- und Fremdverletzung – immer wieder neu legitimiert und begründet werden müsse.

Wendet man den Blick allerdings weg vom professionellen Handeln unter den Bedingungen des doppelten Mandates hin zu den Interessen eines Wohlfahrtsstaates, dann liegt in diesem Spannungsverhältnis von Hilfe und Kontrolle keineswegs ein systematischer Widerspruch. Das Spannungsverhältnis kann durchaus als gewollt und funktional angesehen werden. Der Wohlfahrtsstaat ist vom Grundsatz her in dieser Widersprüchlichkeit angelegt. Bismarck etablierte die ersten Sozialgesetze Ende des 19. Jahrhunderts sowohl zum Erhalt der Arbeitskraft der Proletarier*innen und zur Sicherstellung des Gebrauchs der eigenen Kräfte durch grundlegende soziale Absicherungen, gleichzeitig wurden die Sozialgesetze aber auch eingeführt, um das politisch engagierte Proletariat zu kontrollieren, zu kanalisieren und einzuhegen.

Die aus dem andauernden Widerstreit zwischen Hilfe und Kontrolle im Kontext des doppelten Mandates hervorgehenden Widersprüche müssen professionell im Berufsalltag und in der Ausbildung aufgenommen und vermittelt werden. Denn die Soziale Arbeit nimmt eine zentrale Rolle ein, wenn sie nicht allein als Instrument der Hilfe zur Regulierung von Delinquenz betrachtet werden möchte, sondern vielmehr als Möglichkeit der Schaffung von sozialpädagogischen Spielräumen. Es muss gelingen, Möglichkeiten eines Neuanfanges nach einer Krise gemeinsam mit den Adressat*innen zu finden. Das Ausloten sozialpädagogischer Spielräume und Grenzen ist Voraussetzung für einen potenziellen professionellen Erfolg. Dieses ist und bleibt eine zentrale professionstheoretische und jugendhilfepolitische Aufgabe.

Literatur

Anhorn, R./Stehr, J. (Hg.) (2021): Handbuch Soziale Ausschließung und Soziale Arbeit. (Band der Reihe »Perspektiven kritischer Sozialer Arbeit«). Wiesbaden.
BMFSFJ (Hg.) (2002): Bericht über die Lebenssituation junger Menschen und die Leistungen der Kinder- und Jugendhilfe in Deutschland – Elfter Kinder- und Jugendbericht. Berlin.

Böllert, K. (2020): Herausforderungen von und Perspektiven nach Covid-19: Corona geht uns alle an – nur manche ganz besonders! Neue Praxis, 50 (2), 181–187.

Büchner, P./Brake, A. (2007): Die Familie als Bildungsort: Strategien der Weitergabe und Aneignung von Bildung und Kultur im Alltag von Mehrgenerationenfamilien. Forschungsbericht über ein abgeschlossenes DFG-Projekt. Zeitschrift für Soziologie der Erziehung und Sozialisation, 27 (2), 197–213.

Bühler-Niederberger, D. (2011): Lebensphase Kindheit. Theoretische Ansätze, Akteure und Handlungsräume. Weinheim/München.

Bühler-Niederberger, D./Tremp, P. (2005): Kinder und gesellschaftliche Ordnung – die generationale Grundlage moderner Demokratien. In: D. Bühler-Niederberger: Kindheit und die Ordnung der Verhältnisse. Von der gesellschaftlichen Macht der Unschuld und dem kreativen Individuum (S. 28–57). Weinheim/München.

du Bois-Reymond, M. (1971): Strategien kompensatorischer Erziehung. Das Beispiel USA. Frankfurt a.M.

Cloer, E. (1979): Familienerziehung. Bad Heilbrunn.

Esping-Andersen, G. (2002): Why we need a new welfare state. Oxford.

Fegert, J. M./Schuler-Harms, M./Spieß, K. (2021): Dazugehören und zusammenhalten. Die Corona-Pandemie offenbart die Herausforderungen der Familienpolitik wie in einem Brennglas. Zeitschrift für Kinder- und Jugendpsychiatrie und Psychotherapie, 49 (3), 163–168. https://doi.org/10.1024/1422-4917/a000799 (Zugriff am 08.06.2023).

Fegter, S./Heite, C./Mierendorff, J./Richter, M. (2015): Neue Aufmerksamkeiten für Familie – Diskurse, Bilder und Adressierungen in der Sozialen Arbeit. Neue Praxis, Sonderheft 12, 3–11.

Föcking, F. (2007): Fürsorge im Wirtschaftsboom: Die Entstehung des Bundessozialhilfegesetzes von 1961. München.

Gaßmann, A. (2020): Fremdbetreuung zwischen privat-familialer und öffentlich-institutioneller Betreuungssphäre. Eine analytische Auseinandersetzung mit dem Fremdbetreuungsdiskurs im Feld der Pädagogik der frühen Kindheit. In: O. Bilgi/U. Sauerbrey/U. Stenger (Hg.): Betreuung – ein frühpädagogischer Grundbegriff? (S. 114–139). Weinheim.

Grunau, T./Mierendorff, J. (im Druck): Phasen wohlfahrtsstaatlicher Auseinandersetzungen mit Kinderarmut. In: R. Bak/C. Machold (Hg.): Kindheit und Kindheitsforschung intersektional denken. Theoretische, empirische und praktische Zugänge im Kontext von Bildung und Erziehung. Wiesbaden.

Hünersdorf, B. (2010): Hilfe und Kontrolle in der Sozialen Arbeit. In: W. Schröer/C. Schweppe (Hg.): Enzyklopädie Erziehungswissenschaft Online. Weinheim/München.

Joos, M. (2003): Der Umbau des Sozialstaates und Konsequenzen für die Konstituierung von Kindheit – diskutiert am Beispiel des Gutscheinmodells für Kindertageseinrichtungen. In: R. Kränzl-Nagl/J. Mierendorff/T. Olk (Hg.): Kindheit im Wohlfahrtsstaat. Gesellschaftliche und politische Herausforderungen (S. 121–150). Frankfurt a.M./New York.

Kaufmann, F.-X. (1989): Religion und Modernität: Sozialwissenschaftliche Perspektiven. Tübingen.

Kelle, H./Mierendorff, J. (2020): Childcare, education, protection and prevention – the transformation of early childhood policies in Germany since 2000. In: K. Repo/M. Alasuutari/K. Karila/J. Lammi-Taskula (Eds.): The policies of childcare and early childhood education. Does equal access matter? (pp. 73–91). Cheltenham.

Lutz, R. (2011): Das Mandat der Sozialen Arbeit. Wiesbaden.

Lutz, R. (2020): Doppeltes Mandat [online]. socialnet Lexikon. Bonn: socialnet, 13.01.2020. https://www.socialnet.de/lexikon/Doppeltes-Mandat (Zugriff am 08.06.2023).

Mierendorff, J. (2010): Kindheit und Wohlfahrtsstaat. Entstehung, Wandel und Kontinuität des Musters moderner Kindheit. Weinheim/München.

Mierendorff, J./Olk, T. (2007): Kinder- und Jugendhilfe. In: J. Ecarius (Hg.): Handbuch Familie (S. 542–567). Wiesbaden.

Mollenhauer, K./Brumlik, M./Wudtke, H. (1975): Die Familienerziehung. München.
Münder, J. (1990): Das neue Kinder- und Jugendhilfegesetz. Soziale Arbeit, 39 (6), 206–213.
Olk, T. (2007): Kinder im »Sozialinvestitionsstaat«. Zeitschrift für Soziologie der Erziehung und Sozialisation, 27 (1), 43–57.
Peukert, D. J. K./Münchmeier, R. (1990): Historische Entwicklungsstrukturen und Grundprobleme der deutschen Jugendhilfe. In: Sachverständigenkommission 8. Jugendbericht (Hg.): Jugendhilfe (Bd. 1). München.
Piñeiro, E./Geppert, L./Rentsch, S. (2020): Systemrelevanz von Hilfe und Kontrolle? Professionslogische Überlegungen zur Sozialen Arbeit in Zeiten von Covid-19. Schweizerische Zeitschrift für Soziale Arbeit, 14–17. https://szsa.ch/covid19_14-17/ (Zugriff am 08.06.2023).
Rauschenbach, T. (2009): Zukunftschance Bildung. Familie, Jugendhilfe und Schule in neuer Allianz. Weinheim/München.
Schmitt, C. (2020): COVID-19. Soziale Arbeit auf der Suche nach ihrem Auftrag im Katastrophenfall. Sozial Extra, 44, 177–181. https:// doi.org/ 10.1007/ s12054- 020–00284-5 (Zugriff am 08.06.2023).
Steen (1987): Jugend im nationalsozialistischen Frankfurt. Hrsg. vom Historischen Museum Frankfurt am Main. Kleine Schriften des Historischen Museums. Bd. 19. Frankfurt a. M.

Kinderrechte, Elternrechte und Wächteramt des Staates – auf dem Weg zu einem kinderrechtsbasierten Kinderschutz

Jörg Maywald

1 Einführung

Mit der Verabschiedung des Reichsjugendwohlfahrtsgesetzes (RJWG) vor hundert Jahren war ein erster zaghafter und noch völlig unzureichender Versuch verbunden, Kinder[1] als Träger eigener Rechte anzuerkennen. An der umfassenden Abhängigkeit des Kindes von Eltern und Staat änderte dies lange nichts. Erst die Verabschiedung der UN-Kinderrechtskonvention (UN-KRK) 1989 und das Inkrafttreten des Kinder- und Jugendhilfegesetzes (KJHG) 1991 öffneten die Tür zu einer schrittweisen Verankerung von Kinderrechten im deutschen Recht. Dieser Prozess ist keineswegs abgeschlossen und verbindet sich mit einer Neujustierung des Verhältnisses von Kindern, Eltern und Staat. Dieser Beitrag zeichnet einige Entwicklungslinien dieses Prozesses nach, zieht eine Zwischenbilanz und beschreibt Perspektiven für zukünftige Entwicklungen.

2 Entwicklung der Kinderrechte im deutschen Recht

In § 1 Abs. 1 des auf eine Initiative der 33 weiblichen Abgeordneten aus allen Reichstagsfraktionen zurückgehenden Reichsjugendwohlfahrtsgesetzes hieß es: »Jedes deutsche Kind hat ein Recht auf Erziehung zur leiblichen, seelischen und gesellschaftlichen Tüchtigkeit.« Dieses allein auf Kinder mit deutscher Staatsangehörigkeit beschränkte Recht auf Erziehung war allerdings nicht mehr als ein Programmsatz. Konkretisierende Rechtsansprüche ergaben sich daraus nicht. Aber ein erster Anfang war getan.

---

[1] Gemäß Art. 1 UN-Kinderrechtskonvention ist ein Kind jeder Mensch, der das 18. Lebensjahr noch nicht vollendet hat. Wenn im Folgenden von Kindern die Rede ist, sind daher Jugendliche immer mit gemeint.

Nationalsozialismus und Zweiter Weltkrieg unterbrachen den in der Weimarer Republik begonnenen zaghaften Reformprozess, eine Weiterentwicklung fand nicht statt. Auch die Nachkriegsjahre waren zunächst von Stillstand geprägt. Das Reichsjugendwohlfahrtsgesetz wurde in Jugendwohlfahrtsgesetz (JWG) umbenannt, ohne wesentliche Änderungen. Erst in den 1970er Jahren kam neue Bewegung auf, u. a. durch die Enthüllungen über unhaltbare Zustände in zahlreichen Kinderheimen im Rahmen der sogenannten Heimkampagne sowie durch die Aktivitäten der Frauenrechts- und einer sich neu bildenden Kinderschutzbewegung.

Im Zuge der Sorgerechtsreform von 1980 wurde der Übergang von der elterlichen *Gewalt* zur elterlichen *Sorge* vollzogen. Außerdem wurde § 1626 Abs. 2 in das Bürgerliche Gesetzbuch (BGB) eingefügt, der erstmals die Beteiligung von Kindern an den sie betreffenden elterlichen Entscheidungen rechtsverbindlich vorsieht. Eltern sind seitdem verpflichtet, »die wachsende Fähigkeit und das wachsende Bedürfnis des Kindes zu selbständigem verantwortungsbewusstem Handeln« zu berücksichtigen.

Bedeutende Verbesserungen im BGB brachte die Kindschaftsrechtsreform von 1998, darunter die weitgehende Gleichstellung ehelicher und nicht ehelicher Kinder. Außerdem wurde das Recht des Kindes auf Umgang mit beiden Elternteilen eingeführt, in der Begründung des Gesetzes ausdrücklich mit Bezug auf Art. 9 UN-KRK. Schließlich haben Kinder seitdem die Möglichkeit, in Verfahren, die die elterliche Sorge betreffen, einen Verfahrensbeistand als *Anwalt des Kindes* zur Seite zu bekommen. Hierdurch erfolgte die Implementierung von Art. 12 Abs. 2 UN-KRK in das deutsche Recht.

Ein besonders wichtiger Baustein bedeutender Kinderrechte in der deutschen Rechtsordnung ist das im November 2000 verabschiedete Gesetz zur Ächtung der Gewalt in der Erziehung. Gemäß § 1631 Abs. 2 BGB haben Kinder seitdem ein »Recht auf gewaltfreie Erziehung. Körperliche Bestrafungen, seelische Verletzungen und andere entwürdigende Maßnahmen sind unzulässig«.

Das 1990 in Kraft getretene und seither vielfach reformierte Kinder- und Jugendhilfegesetz benennt Kinder und Jugendliche ausdrücklich als Träger eigener Rechte. In § 1 Abs. 1 SGB VIII ist das Recht jedes jungen Menschen auf »Förderung seiner Entwicklung und auf Erziehung zu einer selbstbestimmten, eigenverantwortlichen und gemeinschaftsfähigen Persönlichkeit« niedergelegt. Nach § 8 SGB VIII sind Kinder »entsprechend ihrem Entwicklungsstand an allen sie betreffenden Entscheidungen der öffentlichen Jugendhilfe zu beteiligen. Sie sind in geeigneter Weise auf ihre Rechte im Verwaltungsverfahren sowie im Verfahren vor dem Familiengericht und dem Verwaltungsgericht hinzuweisen.« Sie haben das Recht, »sich in allen Angelegenheiten der Erziehung und Entwicklung an das Jugendamt zu wenden« und auch ohne Kenntnis der Personensorgeberechtigten beraten zu werden.

In § 9 SGB VIII sind die Träger der Jugendhilfe aufgefordert, bei der Ausgestaltung ihrer Leistungen »die wachsende Fähigkeit und das wachsende Bedürfnis des Kindes oder des Jugendlichen zu selbständigem, verantwortungsbewusstem Handeln« zu berücksichtigen. Im Falle einer Trennung oder Scheidung der Eltern haben Kinder gemäß § 18 Abs. 3 SGB VIII »Anspruch auf Beratung und Unterstützung bei der Ausübung des Umgangsrechts«. Weiterhin enthält das Kinder- und Jugendhilfegesetz einen Anspruch des Kindes auf Eingliederungshilfe bei (drohender) seelischer Behinderung (§ 35a SGB VIII) und auf Inobhutnahme in Krisensituationen, wenn »das Kind oder der Jugendliche um Obhut bittet« (§ 42 Abs. 1 SGB VIII).

Das Recht, Hilfen zur Erziehung in Anspruch zu nehmen, ist zwar gemäß § 27 Abs. 1 SGB VIII als Recht der Eltern und nicht als Recht des Kindes formuliert. Dennoch haben Kinder gemäß § 36 Abs. 1 SGB VIII das Recht, »vor der Entscheidung über die Inanspruchnahme einer Hilfe und vor einer notwendigen Änderung von Art und Umfang der Hilfe« in einer für das Kind verständlichen, nachvollziehbaren und wahrnehmbaren Form beraten und aufgeklärt zu werden.

Im Jahr 1996 kam in § 24 SGB VIII der Anspruch des Kindes auf den Besuch einer Tageseinrichtung vom vollendeten dritten Lebensjahr an hinzu, der ausdrücklich als Recht des Kindes und nicht der Eltern formuliert wurde. Im August 2013 wurde dieser Anspruch auf alle Kinder vom vollendeten ersten Lebensjahr an ausgedehnt.

Schließlich haben das seit 2012 geltende Bundeskinderschutzgesetz (BKiSchG) und das im Juni 2021 in Kraft getretene Kinder- und Jugendstärkungsgesetz (KJSG) die Rechte von Kindern insbesondere in Einrichtungen und in der Familienpflege gestärkt. Gemäß § 45 Abs. 2 SGB VIII müssen die Träger von Einrichtungen der Kinder- und Jugendhilfe im Zuge des Betriebserlaubnisverfahrens nun darlegen, dass »zur Sicherung der Rechte und des Wohls von Kindern und Jugendlichen in der Einrichtung die Entwicklung, Anwendung und Überprüfung eines Konzepts zum Schutz vor Gewalt, geeignete Verfahren der Selbstvertretung und Beteiligung sowie der Möglichkeit der Beschwerde in persönlichen Angelegenheiten innerhalb und außerhalb der Einrichtung gewährleistet werden«. § 37 b SGB VIII sieht ein entsprechendes Gewaltschutzkonzept für Kinder in Familienpflege vor.

§ 79a SGB VIII verpflichtet die Träger von Einrichtungen und Diensten dazu, »Grundsätze und Maßstäbe für die Bewertung der Qualität sowie geeignete Maßnahmen zu ihrer Gewährleistung [...] weiterzuentwickeln, anzuwenden und regelmäßig zu überprüfen«; hierzu zählen auch »Qualitätsmerkmale für die Sicherung der Rechte von Kindern und Jugendlichen in Einrichtungen und in Familienpflege und ihren Schutz vor Gewalt«.

Auch das 2021 in Kraft getretene novellierte Jugendschutzgesetz (JuSchG) folgt weitgehend einem kinderrechtlichen Ansatz. Neben dem bereits zuvor geregelten Schutz vor entwicklungsbeeinträchtigenden und jugendgefährdenden Medien definiert das Gesetz als neue Schutzziele die persönliche Integrität von Kindern bei der Mediennutzung und die Förderung von Medienerziehung.

3 Internationale Entwicklungen: die UN-Kinderrechtskonvention

In der ersten Hälfte des 20. Jahrhunderts wurde in verschiedenen Ländern eine Bewegung stärker, die sich für Kinderrechte einsetzte. So gründete die englische Grundschullehrerin Eglantyne Jebb 1920 unter dem Eindruck massenhaften Kinderelends im Ersten Weltkrieg das britische Komitee »Save the Children International Union« als ersten internationalen Lobbyverband für die Interessen von Kindern. Ihr in der Zeitschrift »The World's Children« veröffentlichtes Fünf-Punkte-Programm enthielt grundlegende Schutzverpflichtungen der Erwachsenen gegenüber den Kindern und bildete die Grundlage für die vom Völkerbund 1924 verkündete »Geneva Declaration« (Maywald 2012, S. 23).

Ebenfalls zu Beginn der 1920er Jahre proklamierte der polnische Kinderarzt und Pädagoge Janusz Korczak in seiner »Magna Charta Libertatis« (Korczak 2005, S. 40) ein Recht des Kindes auf unbedingte Achtung seiner Persönlichkeit als Grundlage sämtlicher Kinderrechte. Als Leiter eines jüdischen Waisenhauses in Warschau forderte er umfassende Beteiligungsrechte für Kinder und überwand damit die Vorstellung einer allein von Schutz und Förderung geprägten Sichtweise zugunsten eines Bildes vom Kind, das sich durch Gleichwertigkeit und Respekt auszeichnet. Das Kind wird nicht erst ein Mensch, es ist schon einer, lautet die Quintessenz seiner – der damaligen Zeit weit vorauseilenden – Anschauung.

Nach dem Zweiten Weltkrieg setzten die Vereinten Nationen als Nachfolger des Völkerbundes die Beratungen fort. Ein überarbeiteter und erweiterter Text der »Geneva Declaration« wurde am 20. November 1959 von der Vollversammlung der Vereinten Nationen als »Deklaration über die Rechte des Kindes« verabschiedet. In dieser Deklaration wird das Kind erstmals auf internationaler Ebene als Rechtsträger bezeichnet und der Begriff des Kindeswohls (»best interests of the child«) (Maywald 2012, S. 23) eingeführt.

Anlässlich des Internationalen Jahres des Kindes 1979 wurde eine Arbeitsgruppe der Menschenrechtskommission bei den Vereinten Nationen damit beauftragt, eine Konvention über die Rechte des Kindes zu erarbeiten, die völkerrechtlich verbindlich sein sollte. Am 20. November 1989 wurde dann in der 44. Vollversammlung der Vereinten Nationen das »Übereinkommen über die Rechte des Kindes« (UN-Kinderrechtskonvention) einstimmig verabschiedet.

Das Übereinkommen ist insofern einmalig, als es die bisher größte Bandbreite fundamentaler Menschenrechte – ökonomische, soziale, kulturelle, zivile und politische – in einem einzigen Vertragswerk zusammenbindet. Die in den 42 Artikeln – ergänzt durch zwölf Artikel mit Verfahrensvorschriften – enthaltenen verbindlichen Mindeststandards haben zum Ziel, weltweit die Würde, das Überleben und die Entwicklung von Kindern und damit von mehr als der Hälfte der Weltbevölkerung sicherzustellen. Bis heute haben – mit Ausnahme der USA – sämtliche Staaten die Konvention ratifiziert und sich damit verpflichtet, die darin niedergelegten Rechte innerstaatlich umzusetzen.

Ausgangspunkt der UN-KRK ist die Stellung des Kindes als Träger eigener Rechte. Den Rechten der Kinder stehen Verpflichtungen der Erwachsenen gegenüber. In erster Linie der Staat, aber auch die Institutionen für Kinder wie Kita und Schule und nicht zuletzt die Eltern tragen Verantwortung für die Verwirklichung der Kinderrechte. Die in dem »Gebäude der Kinderrechte« wichtigsten und vom UN-Ausschuss für die Rechte des Kindes als miteinander zusammenhängende Allgemeine Prinzipien (General Principles) definierten Rechte finden sich in den Artikeln 2, 3, 6 und 12 (siehe Tabelle 1).

Artikel 2 enthält ein umfassendes Diskriminierungsverbot. Kein Kind darf aufgrund irgendeines Merkmals, wie z. B. der Hautfarbe, dem Geschlecht, der Sprache, der Religion, der politischen Anschauung, der nationalen, ethnischen oder sozialen Herkunft, einer Behinderung, der Geburt oder eines sonstigen Status des Kindes oder seiner Eltern benachteiligt werden.

In Artikel 3 Abs. 1 ist der Vorrang des Kindeswohls festgeschrieben. Demzufolge ist bei allen Maßnahmen, die Kinder betreffen, gleichviel ob sie von öffentlichen oder privaten Einrichtungen der sozialen Fürsorge, Gerichten, Verwaltungsbehörden oder Gesetzgebungsorganen getroffen werden, das Wohl des Kindes ein Gesichtspunkt, der vorrangig zu berücksichtigen ist. Als »self executing right« ist diese Verpflichtung zur vorrangigen Berücksichtigung unmittelbar anzuwendendes Recht (Lorz 2010).

Artikel 6 sichert das grundlegende Recht jedes Kindes auf Leben und bestmögliche Entwicklung. Die Vertragsstaaten der UN-KRK erkennen das angeborene Recht jedes Kindes auf Leben an und verpflichten sich, das Überleben und die Entwicklung des Kindes in größtmöglichem Umfang zu gewährleisten.

In Artikel 12 ist das Recht jedes Kindes auf Beteiligung niedergelegt. Demzufolge hat jedes Kind das Recht, in allen Angelegenheiten, die es betreffen, unmittelbar oder durch einen Vertreter gehört zu werden. Die Meinung des Kindes muss angemessen und entsprechend seinem Alter und seiner Reife berücksichtigt werden.

Tabelle 1: Allgemeine Prinzipien der UN-Kinderrechtskonvention

Artikel 2	Recht auf Nichtdiskriminierung
Artikel 3	Recht auf vorrangige Berücksichtigung des Kindeswohls
Artikel 6	Recht auf Leben und bestmögliche Entwicklung
Artikel 12	Recht auf Beteiligung und Berücksichtigung der Meinung des Kindes in allen es betreffenden Angelegenheiten

In der UN-KRK sind eine große Zahl weiterer Rechte von Kindern enthalten, die sich auf unterschiedliche Lebenssituationen und Lebensbereiche beziehen und nach Schutzrechten, Förderrechten und Beteiligungsrechten (im Englischen als die drei »P« bezeichnet: Protection, Provision, Participation) unterschieden werden können. Zu den Schutzrechten gehören u.a. das Recht auf Schutz der Identität, das Recht auf Schutz vor unberechtigter Trennung von den Eltern, das Recht auf Schutz der Privatsphäre, das Recht auf Schutz vor schädigenden Einflüssen durch Medien und das Recht auf Schutz vor jeder Form körperlicher oder geistiger Gewaltanwendung, Misshandlung oder Vernachlässigung einschließlich des sexuellen Missbrauchs.

Wichtige Förderrechte sind u.a. das Recht auf Gedanken-, Gewissens- und Religionsfreiheit, das Recht auf Förderung von Kindern mit Behinderung, das Recht auf Gesundheitsfürsorge, Soziale Sicherheit und einen angemessenen Lebensstandard, das Recht auf Bildung und das Recht auf Ruhe, Freizeit, Spiel und Erholung sowie auf freie Teilnahme am kulturellen und künstlerischen Leben. Schließlich gehören zu den Beteiligungsrechten insbesondere das Recht auf Berücksichtigung der Meinung des Kindes, das Recht auf freie Meinungsäußerung sowie auf Informationsbeschaffung und Informationsweitergabe sowie das Recht auf Nutzung der Medien.

In Deutschland ist die UN-KRK am 5. April 1992 völkerrechtlich in Kraft getreten. Durch die Rücknahme der Vorbehaltserklärung am 15. Juli 2010 hat die Bundesregierung zum Ausdruck gebracht, dass kein innerstaatlicher Anwendungsvorbehalt mehr besteht. Seitdem gilt die Konvention uneingeschränkt für jedes in Deutschland lebende Kind, unabhängig von seinem Aufenthaltsstatus, also auch beispielsweise für nach Deutschland geflüchtete Kinder. Sie schafft subjektive Rechtspositionen und begründet innerstaatlich unmittelbar anwendbare Normen. Gerichte wie auch die exekutive Gewalt sind in vollem Umfang an sie gebunden. Gemäß Art. 25 des Grundgesetzes nimmt die Konvention den Rang eines einfachen Bundesgesetzes ein. Sie steht damit allerdings nicht über der Verfassung. Im Falle einer Konkurrenz zwischen Grundgesetz und Kinderrechtskonvention kommt dem Grundgesetz eine Vorrangstellung zu.

4 Kinderrechte in Deutschland – eine Zwischenbilanz

Obwohl das Kinder- und Jugendhilfegesetz (SGB VIII) an verschiedenen Stellen Rechtsansprüche von Kindern formuliert, sind die Vorgaben der UN-KRK in diesem für Kinder besonders wichtigen Gesetz bisher nicht umfassend verwirklicht. Eine ausdrückliche Erwähnung des Kindeswohls als ein vorrangig zu berücksichtigender Gesichtspunkt bei allen Maßnahmen der Kinder- und Jugendhilfe findet sich im SGB VIII nicht. Auch sind die Ansprüche auf Hilfen zur Erziehung nach §§ 27 ff SGB VIII nicht als Recht des Kindes, sondern als Recht der Eltern ausgestaltet.

Außerdem fehlt ein bereichsübergreifendes Recht des Kindes auf Beteiligung bei allen Entscheidungen nicht nur der öffentlichen, sondern auch der freien Kinder- und Jugendhilfe. Schließlich ist im Unterschied zum kindschaftsrechtlichen im jugendhilferechtlichen Verfahren bisher kein Verfahrensbeistand gesetzlich vorgesehen, dessen Aufgabe es sein müsste, die Interessen des Kindes bei der Beantragung und Umsetzung von Hilfen nach dem SGB VIII zu vertreten.

Hinzu kommt, dass entgegen Fortschritten auf der einfachgesetzlichen Ebene Kinder in der deutschen Verfassung – dem Grundgesetz – weiterhin nicht als Träger eigener Rechte vorkommen. In Art. 6 des Grundgesetzes (Ehe und Familie) werden sie lediglich als Anhängsel ihrer Eltern – als Objekte elterlicher Pflege und Erziehung – behandelt. Es bedurfte erst eines Urteils des Bundesverfassungsgerichts im Jahr 1968, um klarzustellen, dass das Kind »ein Wesen mit eigener Menschenwürde und dem eigenen Recht auf freie Entfaltung seiner Persönlichkeit im Sinne der Artikel 1 (1) und Artikel 2 (1) GG ist« (BVerfG 24, 119, 144).

5 Ein neues Verständnis des Kindeswohls

Der Kindeswohlvorrang gemäß Art. 3 Abs. 1 UN-KRK ist ein zentrales Kinderrecht, dessen Verwirklichung Aufgabe aller Berufsgruppen ist, die Verantwortung für Kinder tragen. Um dieser Verantwortung gerecht zu werden, braucht es ein an den Rechten der Kinder orientiertes Verständnis des Kindeswohls, das sich nicht auf eine negative Abgrenzung zur Kindeswohlgefährdung beschränkt. Außerdem muss die in Deutschland traditionell paternalistisch geprägte Interpretation des Begriffs Kindeswohl überwunden werden, der zufolge allein Erwachsene definieren, was im besten Interesse eines Kindes liegt.

Juristisch handelt es sich beim Kindeswohl um einen unbestimmten Rechtsbegriff, der sich einer allgemeinen Definition entzieht und daher der näheren Bestimmung im Einzelfall bedarf. In sozialwissenschaftlicher Hinsicht sollten die folgenden Elemente Bestandteil einer näheren Begriffsbestimmung sein: (1) Orientierung an den in der UN-Kinderrechtskonvention niedergelegten Grundrechten; (2) Berücksichtigung der Grundbedürfnisse von Kindern; (3) Gebot der Abwägung; (4) Prozessorientierung. Darauf aufbauend kann ein am Wohl des Kindes ausgerichtetes Handeln als dasjenige bezeichnet werden, »welches die an den Grundrechten und Grundbedürfnissen von Kindern orientierte, für das Kind jeweils günstigste Handlungsalternative wählt« (Maywald 2016, S. 24).

Entsprechend dem Verständnis des UN-Kinderrechtsausschusses muss der Vorrang des Kindeswohls – als materielles Recht des Kindes, allgemeines Prinzip und Verfahrensvorschrift (UN-Ausschuss für die Rechte des Kindes 2013) – darauf ausgerichtet sein, im Sinne eines Optimierungsgebots sämtliche Schutz-, Förder- und Beteiligungsrechte zu verwirklichen.

Die Verwirklichung des Kindeswohls sollte demnach auf zweierlei Weise erfolgen, nämlich durch die positive Förderung des Kindes sowie durch den Schutz des Kindes vor Gefahren für sein Wohl. Die Förderung des Kindes »als Optimierungsgebot mit dem Ziel bestmöglicher Realisierung« (Schmahl 2013, S. 69) umfasst vor allem die Umsetzung des Rechts des Kindes auf Bildung mit dem Ziel, »die Persönlichkeit, die Begabung und die geistigen und körperlichen Fähigkeiten des Kindes voll zur Entfaltung zu bringen« (Art. 29 Abs. 1 UN-KRK). Aber auch die Verwirklichung der Rechte des Kindes »auf Ruhe und Freizeit […], auf Spiel und altersgemäße aktive Erholung sowie auf freie Teilnahme am kulturellen und künstlerischen Leben« (Art. 31 Abs. 1 UN-KRK) sowie die Umsetzung weiterer Förderrechte gehören dazu.

Der Schutz des Kindes vor Gefährdungen ist Pflichtaufgabe aller mit Kindern tätigen Berufsgruppen. Gemäß einer Entscheidung des Bundesgerichtshofs wird der Begriff der Gefährdung definiert als »eine gegenwärtige, in einem solchen Maße vorhandene Gefahr, dass sich bei der weiteren Entwicklung eine erhebliche Schädigung mit ziemlicher Sicherheit voraussehen lässt« (BGH FamRZ zit. nach Maywald 2020). Den pädagogischen Fachleuten bleibt es überlassen, die in dieser Definition enthaltenen unbestimmten Rechtsbegriffe (»erhebliche Schädigung«, »ziemliche Sicherheit«) für die Praxis handhabbar zu machen.

Während manche Formen der Gefährdung (wie z. B. eine Vernachlässigung) unschwer zu erkennen sind, geht es in anderen Fällen (z. B., wenn ein Kind unter dem Streit der Eltern leidet) um schwierige Einzelfallabwägungen, die nicht frei sein können von subjektiven Urteilen und gesellschaftlichen Wertsetzungen.

Ein an den Rechten des Kindes orientiertes Verständnis des Kindeswohls schließt die Berücksichtigung des Kindeswillens ein. Bezugspunkt dafür ist das in Artikel 12 UN-KRK niedergelegte Recht des Kindes auf Beteiligung an allen es betreffenden Entscheidungen. Dieses Recht ist nicht an eine Altersgrenze gebunden, muss jedoch alters- und reifeangemessen umgesetzt werden. Besondere Herausforderungen ergeben sich im Falle junger, der Sprache nicht mächtiger Kinder sowie bei Kindern mit besonderen Bedürfnissen, z. B. aufgrund von Krankheit, Behinderung, Migrations- oder Gewalterfahrung. Hier sind empathische und kommunikative Fähigkeiten der pädagogischen Fachkräfte notwendig, um die mimischen, gestischen und körpersprachlichen Signale dieser Kinder wahrzunehmen, richtig zu interpretieren und angemessen bei den sie betreffenden Entscheidungen zu berücksichtigen.

Die Berücksichtigung des Kindeswillens als Teilaspekt des Kindeswohls bedeutet jedoch nicht, dass die Entscheidung durch den kindlichen Willen allein bestimmt wird. Nicht eine das Kind in manchen Fällen überfordernde Selbstbestimmung ist Ziel seiner Beteiligung. Vielmehr soll sichergestellt werden, dass die Sichtweise des Kindes in Entscheidungsprozessen angemessen berücksichtigt wird. Die Verpflichtung der verantwortlichen Erwachsenen, das Kind bei der Ausübung seiner anerkannten Rechte zu leiten, bleibt davon unberührt. Im Falle einer notwendigen Abwägung zwischen Kindeswohl und konfligierendem Kindeswillen sind die wachsenden Fähigkeiten (evolving capacities) des Kindes zu berücksichtigen. Bei ausreichender Einsichtsfähigkeit kann die nachdrückliche Meinungsäußerung eines Kindes, wenn sie »wiederholt vorgetragen wird, für das Kind eine besondere emotionale Bedeutung hat und deren Nichtbeachtung die Selbstachtung des Kindes untergraben würde« (Wiesemann/Peters 2013, S. 29), im Einzelfall eine ausschlaggebende Funktion erhalten.

6 Weiterentwicklung des Kinderschutzes

Im Zusammenhang mit rechtlichen Reformen hat sich auch die Vorstellung dessen, was unter Kinderschutz zu verstehen ist, deutlich verändert. Dabei kann ein enges, mittleres und weites Verständnis von Kinderschutz unterschieden werden.

Ein *enges Verständnis* beschränkt sich auf den intervenierenden Kinderschutz, bei dem im Falle einer Kindeswohlgefährdung Jugendamt und Familiengericht in Ausübung des staatlichen Wächteramts berechtigt und verpflichtet sind, das Kind notfalls auch gegen den Willen der Eltern vor Gewalt, Vernachlässigung oder Missbrauch zu schützen.

Demgegenüber bezieht ein *mittleres Verständnis* neben dem eingreifenden gleichermaßen den präventiven Kinderschutz mit ein. Zielgruppe sind in diesem Fall alle Eltern (primäre Prävention) bzw. eine umschriebene Gruppe belasteter Eltern (sekundäre Prävention), bei denen durch rechtzeitige Hilfe erreicht werden soll, dass es gar nicht erst zu einer Gefährdung des Kindes kommt. Dieses mittlere Verständnis liegt dem Bundeskinderschutzgesetz zugrunde.

Schließlich geht ein *weites Verständnis* von Kinderschutz deutlich über den Bereich des Gewaltschutzes hinaus. Dieses Verständnis orientiert sich an sämtlichen in der UN-KRK enthaltenen Schutzrechten. Kinderschutz umfasst demzufolge – neben dem Schutz vor Gewalt – ebenso Diskriminierungsschutz, Unfallschutz, Gesundheitsschutz, Medienschutz und die Verwirklichung der Schutzrechte besonders vulnerabler Gruppen, wie z. B. Kinder mit Behinderung, Pflege- und Adoptivkinder und Flüchtlingskinder.

7 Elternrecht als Elternverantwortung

Mit der Anerkennung des Kindes als Träger eigener Rechte ist ein tiefgreifender Wandel im Verhältnis der Erwachsenen zu den Kindern verbunden. Hier zeigt sich der Übergang zu einem neuen Generationenverhältnis. An die Stelle der Unterordnung des Kindes unter den Willen und die Macht der Eltern tritt eine Beziehung auf der Basis gleicher Grundrechte, in der die Würde und die Rechte des Kindes neben denen der Erwachsenen einen selbstverständlichen Platz einnehmen.

Andererseits jedoch hat dieser Perspektivenwechsel nicht zur Folge, tatsächlich bestehende Unterschiede zwischen Erwachsenen und Kindern einfach einzuebnen: Kinder sind eben keine kleinen Erwachsenen. Aufgrund ihres Alters, aufgrund ihrer sich noch entwickelnden körperlichen und geistigen Fähigkeiten brauchen Kinder ein Recht auf Kindheit, auf einen Schon- und Spielraum, in dem Verantwortlichkeit wachsen und eingeübt werden kann. Als »Seiende« sind sie einerseits Menschen wie alle anderen auch. Als »Werdende« sind sie andererseits Menschen in einer besonderen Entwicklungsphase. In dieser Spannung zwischen Gleichheit auf der einen – Kinder sind genauso Menschen – und Differenz auf der anderen Seite – Kinder haben altersbedingte spezifische Bedürfnisse – liegt das besondere Verhältnis zwischen Erwachsenen und Kindern.

Das Elternrecht ist daher ausschließlich als pflichtgebundenes, treuhänderisches Recht zu verstehen, das seine Grenze am Wohl des Kindes findet. Das im Grundgesetz Art. 6 Abs. 2 verbürgte Elternrecht ist das einzige Grundrecht, das als fremdnütziges Recht ausschließlich zugunsten eines Dritten, nämlich des Kindes, ausgeübt werden muss. Elternrecht heißt daher vor allem Elternverantwortung. Diese Verantwortung beinhaltet das Recht und die Pflicht der Eltern, »das Kind bei der Ausübung (seiner) anerkannten Rechte in einer seiner Entwicklung entsprechenden Weise angemessen zu leiten und zu führen« (Art. 5 der UN-KRK). Eine Orientierung an den Kinderrechten stärkt insofern die Elternverantwortung und bindet diese zugleich an eine verlässliche Werteordnung.

Aus der Subjektstellung des Kindes folgt daher weder, dass sich die Erwachsenen zulasten der Kinder vor der sie treffenden Verantwortung drücken können, noch, dass jeder Wunsch des Kindes Befehl ist. Vielmehr macht es gerade das Entscheidende des Verhältnisses zwischen Erwachsenen und Kindern aus, dass sich im zwischenmenschlich fairen Austausch herausfiltern lässt, welche Interessen Geltung verdienen und welchen Anteil an Verantwortung jeder zu tragen hat.

Der Staat ist nur dann berechtigt und verpflichtet, in die Autonomie elterlichen Handelns einzugreifen, wenn das Wohl eines Kindes gefährdet ist. Wann diese Grenze erreicht bzw. überschritten ist, kann nur im Einzelfall entschieden werden. Nach der Definition des Bundesgerichtshofs (siehe oben) liegt eine Gefährdung allerdings nicht erst dann vor, wenn – z. B. infolge einer Misshandlung oder Vernachlässigung – eine erhebliche Schädigung bereits eingetreten ist. Es genügt, dass eine konkrete Gefahr vorhanden ist, die mit großer Wahrscheinlichkeit zu einer nachhaltigen Schädigung führen wird.

Ab welchem Punkt eine Gefahr ausreichend konkret ist, wie hoch die Eintrittswahrscheinlichkeit und wann die Erheblichkeitsschwelle überschritten ist, hängt von einer Vielzahl im Einzelfall zu gewichtender Faktoren ab, lässt Raum für unterschiedliche Interpretationen und unterliegt darüber hinaus gesellschaftlichen Veränderungen und kulturellen Wertsetzungen. Ob beispielsweise eine Schädigung der Zahngesundheit oder starkes Übergewicht infolge von Fehlernährung oder ob ungezügelter Medienkonsum die Grenze der Gefährdung überschreitet, kann im Einzelfall Anlass für lebhafte Diskussion bieten. Beachtet werden muss auch, ob bei einer möglichen staatlichen Intervention das Prinzip der Verhältnismäßigkeit gewahrt bleibt und ob gemäß § 1666a BGB einer festgestellten Gefahr nicht auf andere Weise – insbesondere durch öffentliche Hilfen – wirksam begegnet werden kann.

In zahlreichen Fällen müssen von Jugendamt und Familiengericht hinsichtlich der Eingriffsschwelle (cut off point) schwierige Abwägungsentscheidungen getroffen werden (siehe Tabelle 2). Dabei ist zu beachten, dass auch Maßnahmen mit geringer Eingriffsintensität wie z. B. Ge- oder Verbote an die Eltern gemäß § 1666 Abs. 3 BGB erst nach Feststellung einer Gefährdung infrage kommen, da sich der Staat »auf die Rolle eines subsidiären Wächters anstelle eines Miterziehers« (Coester 2015, S. 18) beschränken muss. In Ergänzung zu der verfassungsrechtlich gebotenen und auch im Einklang mit der UN-KRK stehenden Beschränkung des Staates auf das Wächteramt steht dem Gesetzgeber allerdings ein weites Feld zur Schaffung unterstützender Angebote für Familien zur Verfügung. Die Bereitstellung Früher Hilfen zeigt, dass von dieser Möglichkeit auch tatsächlich Gebrauch gemacht wurde.

Zwischen den auf freiwillige Akzeptanz angewiesenen familienunterstützenden Angeboten einerseits und Maßnahmen in Ausübung des staatlichen Wächteramts andererseits existiert ein dritter Bereich, der üblicherweise besonders spannungsgeladen ist. Dieser Zwischenbereich ist dadurch gekennzeichnet, dass gemäß § 8a SGB VIII »gewichtige Anhaltspunkte für die Gefährdung des Wohls eines Kindes« vorliegen, eine solche Gefährdung aber noch nicht gerichtlich festgestellt wurde. Erschwerend kommt hinzu, dass häufig (noch) nicht sicher ist, ob die Eltern bereit und in der Lage sind, notwendige Hilfen anzunehmen, die geeignet sind, die Gefahr wirksam abzuwenden. Nach gängiger Auffassung gehört es zum Pflichtelement des Elternrechts, sich bei »möglicher Kindeswohlgefährdung mit dem staatlichen Wächter auf eine Situationserörterung einzulassen« (Coester 2015, S. 20). Die Eltern sind also dazu verpflichtet, an der Abschätzung der Gefahr und gegebenenfalls an deren Abwendung mitzuwirken, insbesondere durch die Inanspruchnahme geeigneter Hilfen zur Erziehung. Zu diesem Zweck können die Eltern gemäß § 157 FamFG schon bei einer »möglichen Gefährdung des Kindeswohls« zur Erörterung der Situation und Gefahrenabwehr vom Familiengericht geladen werden.

Tabelle 2: Problemniveau und Intensität der Intervention

Problemniveau	Intensität der Intervention
Erziehungs- und Beziehungsprobleme	Freiwillige Inanspruchnahme familienunterstützender Angebote (z. B. Frühe Hilfen) (§ 1 Abs. 4 KKG); Anspruch auf Hilfe zur Erziehung, sofern Hilfe geeignet und notwendig ist (§§ 27 SGB VIII)
Gewichtige Anhaltspunkte für die Gefährdung des Wohls eines Kindes	Pflicht der Eltern zur Mitwirkung an der Abschätzung und gegebenenfalls Abwendung der Gefahr (§ 8a Abs. 2 SGB VIII), insbesondere durch Inanspruchnahme geeigneter Hilfen zur Erziehung; bei Bedarf Erörterungsgespräch (§ 157 FamFG)

Problemniveau	Intensität der Intervention
Gerichtliche Feststellung einer Kindeswohlgefährdung	Hilfen im Zwangskontext zur Abwendung der Gefahr auch gegen den Willen der Eltern (§1666 BGB); Beachtung der Verhältnismäßigkeit; Vorrang öffentlicher Hilfen (§1666a BGB)

8 Der Kinderrechtsansatz in der Arbeit mit Kindern

Eine systematische Orientierung des fachlichen Handelns an den Rechten der Kinder steht in Deutschland weiterhin aus. Einen solchen Kinderrechtsansatz zu verwirklichen bedeutet, sämtliche Aspekte der Arbeit in der Kinder- und Jugendhilfe mit Bezug zu Kindern – u. a. Leitbild und Konzept, Gestaltung des Alltags, pädagogische Angebote, Umgang mit Konflikten und Beschwerden, Zusammenarbeit mit den Eltern – an den Rechten der Kinder zu orientieren. Ziel des Kinderrechtsansatzes ist es, dass jedes Kind darauf vertrauen kann, dass seine anerkannten Rechte respektiert und umgesetzt werden.

Wie jeder Menschenrechtsansatz beruht der Kinderrechtsansatz auf bestimmten Prinzipien (siehe Tabelle 3), die sich aus dem Charakter von Menschenrechten ergeben. Vor allem vier grundlegende Prinzipien können unterschieden werden: Universalität, Unteilbarkeit, Kinder als Träger eigener Rechte sowie Erwachsene als Verantwortungsträger.

Das Prinzip der Universalität der Kinderrechte: Die Kinderrechte gelten weltweit in gleicher Weise für alle Kinder, unabhängig davon, in welcher Kultur oder Tradition sie leben, unabhängig auch davon, unter welchen Lebensumständen die Kinder aufwachsen. Alle Kinder sind hinsichtlich ihrer Rechte gleich. Nicht-Diskriminierung gehört zum Kernbestand der Menschen- und Kinderrechte.

Das Prinzip der Unteilbarkeit der Kinderrechte: Alle Rechte, die Kindern zustehen, sind gleich wichtig und untrennbar miteinander verbunden. Das »Gebäude der Kinderrechte« ist als ganzheitliche Einheit zu verstehen. Keine Gruppe von Rechten ist wichtiger als eine andere. Quer zu allen Bereichen können Schutz-, Förder- und Beteiligungsrechte gleiche Geltung beanspruchen. So sind Kinder beispielsweise besser vor Gefahren geschützt, wenn sie ihre Rechte kennen und an den sie betreffenden Entscheidungen beteiligt werden. Umgekehrt ist Partizipation auf ausreichenden Schutz angewiesen. Kinder haben das Recht sich zu beteiligen, sind dazu aber nicht verpflichtet und müssen davor geschützt werden, zur Beteiligung gedrängt zu werden.

Das Prinzip der Kinder als Träger eigener Rechte: Kinder sind Träger eigener Rechte. Diese Rechte müssen von ihnen nicht erworben oder verdient und sie können von ihnen auch nicht abgelegt oder veräußert werden. Sie stehen ihnen allein deshalb zu, weil sie Kind sind.

Das Prinzip der Erwachsenen als Verantwortungsträger: Dem Prinzip der Kinder als Träger eigener Rechte korrespondiert die Pflicht der Erwachsenen, Verantwortung für die Umsetzung der Kinderrechte zu übernehmen. Erwachsene sind Pflichtenträger, von denen die Kinder die Umsetzung ihrer Rechte erwarten können. Für das Wohl des einzelnen Kindes sind in erster Linie die Eltern verantwortlich. Aber auch Staat, Wirtschaft, Kultur, Sport, Medien, Verbände und Religionsgemeinschaften sowie die verschiedenen mit Kindern tätigen Institutionen und darüber hinaus alle in einer Gesellschaft lebenden Erwachsenen tragen Verantwortung für Kinderrechte.

Tabelle 3: Prinzipien des Kinderrechtsansatzes

Universalität	Alle Kinder sind hinsichtlich ihrer Rechte gleich.
Unteilbarkeit	Alle Rechte sind gleich wichtig und untrennbar miteinander verbunden.
Kinder als Rechtsträger	Kinder sind Träger eigener Rechte.
Erwachsene als Verantwortungsträger	Erwachsene sind Pflichtenträger und tragen die Verantwortung für die Umsetzung der Kinderrechte.

Kennzeichnend für den Kinderrechtsansatz ist, dass nicht nur nach den Bedürfnissen, sondern gleichermaßen nach den Rechten von Kindern gefragt wird. Während Bedürfnisse subjektiv und situationsabhängig sind, handelt es sich bei den Rechten der Kinder um objektive, von einzelnen Situationen unabhängige Ansprüche. Der Kinderrechtsansatz bildet den Rahmen zur Ausrichtung des Handelns von Personen und Organisationen an den Prinzipien der UN-KRK. Damit ist er ein auf die besonderen Bedürfnisse und spezifischen Rechte von Kindern ausgerichteter Menschenrechtsansatz.

Insgesamt ist die Orientierung an den Kinderrechten und die Umsetzung des Kinderrechtsansatzes ein zentraler Baustein guter Qualität aller mit Kindern und für Kinder tätigen Fachkräfte und Organisationen. Dienste und Einrichtungen, die für sich in Anspruch nehmen, qualitativ hochwertige Arbeit mit Kindern zu leisten, müssen sich daran messen, inwieweit sie zur Verwirklichung der Rechte von Kindern beitragen.

9 Perspektiven für die Zukunft

Trotz beachtlicher Verbesserungen insbesondere in den letzten drei Jahrzehnten ist im Bereich der Kinder- und Jugendhilfe weiterhin eine mangelhafte Berücksichtigung von Kinderrechten sowohl in rechtlicher Hinsicht als auch auf der Ebene der Umsetzung von Rechten festzustellen. Vor diesem Hintergrund bestehen vor allem die folgenden rechtlichen und fachlichen Reform- bzw. Veränderungsbedarfe:

1. Der Vorrang des Kindeswohls bei allen Maßnahmen, die Kinder betreffen, sollte an zentraler Stelle im Kinder- und Jugendhilfegesetz verankert werden.
2. Der Anspruch auf Hilfen zur Erziehung sollte als Recht des Kindes – in Ergänzung zum Recht der Eltern – ausgestaltet werden.
3. Im jugendamtlichen Verfahren sollte in den Fällen, in denen die Interessen des Kindes im Gegensatz zu den Interessen der Eltern stehen, dem Kind ein Verfahrensbeistand (Anwalt des Kindes) zur Seite gestellt werden.
4. Quer zu sämtlichen Arbeitsbereichen der Kinder- und Jugendhilfe sollte der Kinderrechtsansatz zum fachlichen Standard erhoben werden.
5. In den Aus- und Weiterbildungen sollte eine Kinder- und Menschenrechtsbildung systematisch verankert werden.
6. Die Kinder und Eltern als Nutzer*innen von Leistungen der Kinder- und Jugendhilfe sollten systematisch über die Rechte der Kinder aufgeklärt werden.
7. Kinder sollten systematisch an allen sie betreffenden Entscheidungen öffentlicher und freier Träger der Kinder- und Jugendhilfe beteiligt werden; besondere Herausforderungen bestehen für junge Kinder und Kinder mit Behinderungen.
8. Für Kinder in Einrichtungen und in Pflegefamilien sollten flächendeckend einrichtungsinterne wie auch externe unabhängige Ombuds- und Beschwerdestellen leicht zugänglich zur Verfügung stehen.

Ergänzend hierzu sind weitere kinderrechtliche Verbesserungen notwendig, die sich positiv auf die Kinder- und Jugendhilfe auswirken würden und zugleich weit über dieses Feld hinausweisen. Hierzu gehört insbesondere die Aufnahme der Kinderrechte in das Grundgesetz. Durch eine ausdrückliche Verankerung der Kernprinzipien der UN-KRK in der Verfassung käme Deutschland mehrfachen Aufforderungen des UN-Kinderrechtsausschusses nach und würde darüber hinaus Vorgaben der EU-Grundrechtecharta in nationales Recht umsetzen. Dieser Schritt

»wäre in besonderer Weise geeignet, das allgemeine Bewusstsein für die Rechte der Kinder zu stärken und ein klares Signal an Staat und Gesellschaft zu senden, das Wohlergehen der Kinder als bereichsübergreifende Kernaufgabe anzusehen. Die Verankerung von Kinderrechten in der Verfassung würde die elterliche Verantwortung dafür stärken, die Rechte des Kindes tatsächlich zur Geltung zu bringen und die Berücksichtigung von Kindesinteressen im politischen Raum fördern. Nicht zuletzt würde Deutschland durch die Aufnahme von Kinderrechten in das Grundgesetz international dokumentieren, welchen hohen Rang auch in verfassungsrechtlicher Hinsicht die Gesellschaft hierzulande dem Wohl und den Rechten der Kinder beimisst« (Maywald 2013, S. 3).

Die Zeit ist reif für starke Kinderrechte im Grundgesetz und eine kinderrechtliche Stärkung des Kinder- und Jugendhilfegesetzes. Jetzt braucht es politischen Druck, um dieses wichtige Vorhaben Realität werden zu lassen. Im Interesse der Kinder, der Eltern und der gesamten Gesellschaft.

Literatur

Coester, M. (2015): Autonomie der Familie und staatliches Wächteramt. frühe Kindheit, 3, 12–21.
Korczak, J. (2005): Wie man ein Kind lieben soll. Göttingen.
Lorz, R. A. (2010): Nach der Rücknahme der Deutschen Vorbehaltserklärung: Was bedeutet die uneingeschränkte Verwirklichung des Kindeswohlvorrangs nach der UN-Kinderrechtskonvention im deutschen Recht? Expertise. National Coalition für die Umsetzung der UN-Kinderrechtskonvention in Deutschland. Berlin.
Maywald, J. (2012): Kinder haben Rechte! Kinderrechte kennen – umsetzen – wahren. Weinheim.
Maywald, J. (2013): Stellungnahme anlässlich der öffentlichen Anhörung des Rechtsausschusses des Deutschen Bundestages am 26.06.2013 in Berlin zur Verankerung der Kinderrechte im Grundgesetz. https://www.bundestag.de/dokumente/textarchiv/2013/45426229_kw26_pa_recht_kinderrechte-212880 (Zugriff am 08.06.2023).
Maywald, J. (2016): Kinderrechte in der Kita. Kinder schützen, fördern, beteiligen. Freiburg.
Maywald, J. (2020): Kindeswohlgefährdung. https://www.socialnet.de/lexikon/Kindeswohlgefaehrdung (Zugriff am 25.08.2023).
Schmahl, S. (2013): Kinderrechtskonvention mit Zusatzprotokollen. Baden-Baden.
UN-Ausschuss für die Rechte des Kindes (2013): Allgemeine Bemerkung Nr. 14 zum Recht des Kindes auf Berücksichtigung seines Wohls als ein vorrangiger Gesichtspunkt (Art. 3 Abs. 1). https://www.institut-fuer-menschenrechte.de/fileadmin/Redaktion/PDF/Sonstiges/UNCRC_Allgemeine_Bemerkung_Nr_14.pdf (Zugriff am 08.06.2023).
Wiesemann, C./Peters, S. (2013): Kindeswohl und Kindeswille in der Medizin. frühe Kindheit, 6, 23–29.

Von der Jugendpflege der schulentlassenen Jugend zur sozialpädagogischen Kinder- und Jugendarbeit: zur rechtlichen Entwicklung der außerschulischen Pädagogik für Kinder und Jugendliche

Werner Thole / Julian Sehmer

1 Einführung

Angebote der Kinder- und Jugendarbeit haben sich heute weitgehend als flächendeckende und bunt ausdifferenzierte Infrastruktur für Kinder und Jugendliche etabliert. Nach Berechnungen des Statistischen Bundesamtes erreichen die öffentlich geförderten Angebote der Kinder- und Jugendarbeit 2019 circa 8,6 Millionen Kinder und Jugendliche (Destatis 2021). Was heute als etabliertes sozialpädagogisches Handlungsfeld und Ort vielfältigen Engagements gelten kann (Thole/Lindner/Pothmann 2021), ist ein historisch gewachsenes Feld mit teilweise sehr unterschiedlichen Entwicklungslinien und Strömungen.

Die Kinder- und Jugendarbeit, wie sie im Achten Sozialgesetzbuch, in dem die Bedingungen, Aufgaben und Angebote der Kinder- und Jugendhilfe seit dem 3. Oktober 1990 für die östlichen und seit dem 1. Januar 1991 für die westlichen Bundesländer verbindlich gefasst werden, wird am 7. Juli 1922, also vor gut einhundert Jahren, erstmals in einem alle Regionen und Gebiete Deutschlands betreffenden Gesetz als Jugendpflege rechtlich kodifiziert.

In diesem Beitrag werden die Entstehungsgeschichte und die Reformen des Reichsjugendwohlfahrtsgesetzes nachgezeichnet. Vorgestellt und diskutiert werden zunächst Regelungen zur Jugendpflege vor dem Inkrafttreten des Reichsjugendwohlfahrtsgesetzes. Eingegangen wird auf den im Januar 1911 veröffentlichten »Jugendpflegeerlass des preußischen Ministers der geistlichen Unterrichts- und Medizinalangelegenheiten« und auf den am 30. April 1913 vorgelegten Erlass zur »Pflege der heranwachsenden weiblichen Jugend« (2)[1] sowie auf die in dem Jahrzehnt zuvor erlassenen Regeln und Verordnungen zur Jugendpflege (1). Anknüpfend an diese Regelungen wird auf die Bestim-

---

[1] Die Bezeichnung des Erlasses stützt sich auf den originalen Abdruck in dem »Quellenbuch zur Geschichte der Evangelischen Jugendpflege« (Cordier 1925). In späteren Publikationen (vgl. u. a. Naudascher 1990) wird der Titel des Erlasses mit »Pflege der schulentlassenen Jugend angegeben.

mungen zur Jugendpflege im »Reichsjugendwohlfahrtsgesetz« eingegangen (3) und die in den darauffolgenden Jahrzehnten vorgenommenen Veränderungen und Entwicklungen bis zum »Kinder- und Jugendhilfegesetz« in den 1990er Jahren referiert (4). Im abschließenden Fazit wird eine knappe Würdigung der Geschichte der Regelungen und Gesetze zur Jugendpflege respektive zur Kinder- und Jugendarbeit bis zum Inkrafttreten des Achten Sozialgesetzbuches versucht (5)[2].

2 Die (Selbst-)Entdeckung der Jugend als Geburtsstunde der Jugendpflege – Erlasse zur Jugendpflege von 1901 und 1908

Das als Jugendpflege und heute als Kinder- und Jugendarbeit firmierende Aufgabenfeld innerhalb der Kinder- und Jugendhilfe adressiert in den Anfängen fast ausschließlich Jugendliche ab dem 14. Lebensjahr. Historisch wird die Entstehung eines sozialen, außerfamilial institutionalisierten Feldes neben der Schule erst durch die Herausbildung einer Generationsphase Jugend ab der zweiten Hälfte des 19. Jahrhunderts möglich. In Europa werden Jugendliche erstmals zu Subjekten eines klar geregelten Bildungs- und Ausbildungssystems. Parallel kann Jugend sich als soziale Gruppe selbst entdecken. Waren es zuerst nur Teile der bürgerlichen Jugend, die in der bündischen Jugendbewegung einen Ort der Selbstbeschreibung und -artikulation finden, suchen gegen Ende des 19. Jahrhunderts zunehmend auch Jugendliche aus nicht bürgerlichen Milieus nach Formen, sich zu artikulieren, zu engagieren und zu organisieren (Dudek 1990). Auch wissenschaftlich findet Jugend als eigenständige Lebenslaufphase erst ab dem Übergang zum 20. Jahrhundert Beachtung. Kinder und jüngere Jugendliche werden explizit ab Mitte der 1970er Jahre im Rahmen jugendpädagogischer Projekte erwähnt, obwohl sie auch schon in den Anfängen partiell von den Angeboten der Jugendpflege angesprochen werden und sich unter dem Dach der Jugendpflege Angebote und Organisationen für Kinder finden.

»Wer der Jugend helfen will, der gebe ihr Gelegenheit zu eigener Tat«, schreibt 1912 Otto Gantzer in einer der ersten Einführungen in die Jugendpflege. Aus seiner Sicht soll die Jugendpflege »ein weites Feld der Tätigkeit abstecken, auf dem jeder tun darf, wozu ihn seine Liebe treibt, weil das der einzige und sichere Antrieb des Wollens ist« (Gantzer 1912, S. 31).

---

2 Passagen dieses Beitrages knüpfen an bereits publizierte Ausführungen (Thole 2000) an.

Eine Teilnahme an den Angeboten der Jugendpflege soll nach Gantzer für die Jugendlichen keine »aufgenötigte, mit Unlust geübte Tätigkeit sein«, weil »nur der freie Entschluss« der Jugendlichen der Jugendpflege einen »bildenden Wert« verleiht. Nur indem »der Jugendpfleger [...] die Arbeiterbewegung in ihren Ursachen und Wirkungen durch eigenes Erfahren und tätiges Erleben zu verstehen« sucht, wird es der Jugendpflege möglich, »dem einzelnen in seiner besonderen Not zu helfen« (Gantzer 1912, S. III). Gantzer gesteht den Jugendlichen eigene Interessen und Bedürfnisse zu und konzipiert die Jugendpflege in ihrer Entstehungsphase als einen bildungsorientierten Sozial- und Erfahrungsraum. Damit greift er Sichtweisen und Intentionen auf, die sich im »Preußischen Ministerialerlaß zur Förderung der Jugendpflege« vom 24. November 1901 andeuten und sich dann im »Erlaß des preußischen Handelsministers« vom 25. Juli 1908 erweitert formuliert finden.

In dem Erlass von 1901 wird konstatiert, dass »bereits in weiten Kreisen als eine wichtige Aufgabe erkannt worden« ist, die »gewerbliche männliche Jugend tunlichst vor den mancherlei Gefahren zu bewahren, die ihr heute drohen, wenn sie sich selbst überlassen bleibt« (Ministerialerlaß 1901, S. 187). Reklamiert wird eine staatliche Verantwortung für »die aus der Schule entlassenen Knaben«, die noch nicht Mitglied in einem der diversen Jugendvereine sind oder »Jugend-, Lehrlings- und Kaufmannsheime« (Ministerialerlaß 1901, S. 188) besuchen. Auch in der Perspektive des Ministeriums geht es damit zunächst ausschließlich um männliche Jugendliche. Aus Sicht des Ministeriums schienen lediglich 10 % der gewerblich tätigen Jugendlichen einem konfessionellen Verein und lediglich weitere 10 % an den für Jugendliche angebotenen Veranstaltungen teilzunehmen und demzufolge ein »Bedürfnis nach besonderen Veranstaltungen zur Sammlung und Unterhaltung der schulentlassenen gewerblichen Jugend« (Ministerialerlaß 1901, S. 188) zu bestehen. Diese Beschreibung kann überraschen, denn anderen historischen Quellen zufolge organisiert der 1895 gegründete »Verband der katholischen Jünglingsvereine« zu Beginn des 20. Jahrhunderts schon 300.000 männliche und 400.000 bis 500.000 weibliche Mitglieder. 125.000 männliche und 40.000 weibliche Jugendliche notieren die evangelischen Jugendvereinigungen als Mitglieder. In den sportlichen Vereinen sind im selben Zeitraum 320.000 Jugendliche unter 18 Jahre organisiert und eine nicht näher ausgewiesene Anzahl von Jugendlichen aktiviert sich um die Jahrhundertwende in den diversen nicht-konfessionellen, freien oder von Wohlfahrtsvereinigungen gegründeten Jugendbünden. In den politischen Vereinigungen, insbesondere Arbeiterjugendorganisationen, finden sich ebenfalls Jugendliche zusammen, allein in den vorwiegend sozialdemokratisch orientierten Institutionen und Verbänden 1903 über 12.000 Jugendliche. Nochmals ungefähr ebenso viele aktivieren sich in gewerkschaftlichen Jugendorganisationen. Anders als die konfessionellen und freien Jugendvereinigungen und Verbände können sie auf keine staatliche Förderung hoffen. Im Gegensatz zu diesen verstehen sie sich als Interessenvertretung der proletarischen Jugendlichen und erheben sozialpolitische Forderungen, und deutlicher als andere Jugendorganisationen treten sie dafür ein, dass die Jugend ihre Anliegen und Interessen selbstständig artikulieren sollte (Naudascher 1980; Saul 1971; Zwerschke 1963).

In dem Erlass des für die gewerbliche Jugend und das Berufsschulwesen zuständigen preußischen Handelsministers von 1908 werden die Ausführungen von 1901 mit Blick auf die Beteiligung der Fortbildungsschulen an der Gestaltung von Jugendpflegeangeboten konkretisiert. Interessant ist, dass nicht nur Gantzer (1912) in seinen programmatischen Überlegungen eine aktive Beteiligung der Jugendlichen an den Maßnahmen der Jugendpflege anregt, sondern sich diese Idee auch schon in dem Erlass des preußischen Handelsministers formuliert findet. Notiert wird in dem Erlass, dass Ziel der Jugendpflege sein sollte, »eine willig aufgenommene innere Beeinflussung der Jugend zu erreichen« und von den Jugendlichen »jeder äußere Zwang ferngehalten werden sollte« (Ministerialerlaß 1908, S. 190). Um dieser Intention zu entsprechen, so wird herausgestellt, wird für förderlich angesehen, wenn die Jugendlichen an den Veranstaltungen und »ihrer Verwaltung selbst beteiligt werden«, die Organisation »ohne Engherzigkeit und mit verständigen Eingehen auf die Art und Weise der Jugend erfolgt«, auf »jedes Streben nach Uniformität und jedes bürokratische Schema« verzichtet wird und sich die Angebote »in weitgehender Mannigfaltigkeit den örtlichen und gewerblichen Besonderheiten der Jugend anpassen« (Ministerialerlaß 1908, S. 191).

Den Hintergrund für beide Erlasse bilden umfängliche Diskussionen in verschiedenen preußischen Ministerien. Initiiert von Beobachtungen, dass es den freien, christlichen und »patriotischen« Jugendvereinigungen nicht zu gelingen scheint, alle Jugendlichen anzusprechen und zur Mitwirkung zu motivieren, sozialistische Vereinigungen zunehmend mehr Jugendliche für ihre sozialen, sportlichen und naturbezogenen Vereinigungen gewinnen können, die Wehrfähigkeit der männlichen Jugend nicht mehr gewährleistet scheint und keineswegs alle schulentlassenen Jugendlichen eine Fortbildungsschule besuchen, beteiligten sich neben dem preußischen Kultus- und Handelsministerium das Staats-, Heeres- und Kriegs-, Innen- und Justiz-, das Landwirtschafts- und Finanzministerium mit eigenen Voten, Stellungnahmen und Erlassen. Überlegungen des Kultusministeriums, die Fortbildungsschulen für die schulentlassenen Volksschüler obligatorisch einzuführen, um dem Einfluss der Sozialdemokratie zu begegnen und die männliche Jugend für die Erfüllung ihrer militärischen Dienstpflichten vorzubereiten, scheitern ebenso am Einspruch des Finanzministeriums wie Vorschläge, die Beteiligung an Maßnahmen der Jugendpflege verpflichtend für alle Jugendlichen zu regeln (Saul 1971).

3 In Sorge um das »sittliche Gedeihen« der Jugend »einem neuen Frühling entgegen«[3] – der Jugendpflegeerlass von 1911 und der Erlass »zur Pflege der heranwachsenden weiblichen Jugend« von 1913

Nachdrücklicher als in den Erlassen zur Jugendpflege des ersten Jahrzehnts des 20. Jahrhunderts werden im »Jugendpflegeerlaß des preußischen Ministers der geistlichen, Unterrichts- und Medizinalangelegenheiten« von 1911 der Wandel der Jugendphase und die davon ausgehenden »nachteiligen Einflüsse auf das Leben in Familie und Gesellschaft« herausgestellt. Die Veränderung »hat einen großen Teil unserer heranwachsenden Jugend in eine Lage gebracht, die ihr leibliches und noch mehr ihr sittliches Gedeihen auf schwerste gefährdet. Immer ernster wird daher die allgemeine Durchführung von Maßnahmen gefordert, welche dem heranwachsenden Geschlecht ein fröhliches Heranreifen zu körperlicher und geistiger Kraft ermöglichen« (Ministerialerlaß 1911, S. 192 f.). Angesichts des drei Jahre später beginnenden Ersten Weltkrieges und der Entwicklung der sozialistischen Arbeiterjugendbewegung soll über den Erlass sicherlich der sich verändernden ökonomischen und politischen Situation sowie der schleichenden Umorientierung der Produktion auf eine Kriegswirtschaft entsprochen werden. Zugleich spiegelt der Jugendpflegeerlass von 1911 aber auch einen veränderten Blick auf die Jugend. Jugendliche, die ihren Alltag nicht an die wilhelminisch-bürgerliche »Plüschkultur« anzupassen suchen, werden deutlicher als zuvor adressiert. Da »ihr leibliches und sittliches Gedeihen aufs schwerste gefährdet« sei, betrachtet die »Staatsregierung […] die Jugendpflege wegen ihrer hohen Bedeutung für die Zukunft unseres Volkes als eine der wichtigsten Aufgaben der Gegenwart« (Ministerialerlaß 1911, S. 193).

Die staatlichen, konfessionellen und »nationalen«, »paramilitärischen Vereine und Angebote der Jugendpflege sprechen zu Beginn der 1910er Jahre mehr Jugendliche an als je zuvor. Doch auch die von diesem Spek-trum der Jugendpflege und den Ministerien als Gegenangebot angesehenen Organisationen der sozialistischen Sport- und Jugendpflege bauen ihre Angebote aus. Keineswegs werden alle Jugendlichen angesprochen und beispielsweise Jugend-

---

3 Ministerium für Volkswohlfahrt 1919 (Preußischer Erlaß 1919, S. 210).

szenen, wie die von dem Hamburger Jugendpfleger Clemens Schultz (1912, S. 34) beschriebenen, halten sich von den jugendpflegerischen Angeboten und Vereinen weitgehend fern. An ihrer Charakterisierung dokumentiert sich in besonderer Weise der sich zunehmend wandelnde Blick auf die Jugend: Insbesondere »diese Halbstarken, die aus allen Kreisen der menschlichen Gesellschaft kommen«, und einen, »Mob« bilden,

> »eine furchtbare, grauenerregende Macht, zumal im großstädtischen Leben; ein Schlamm, der immer nach unten sinkt, wenn das soziale Leben in ruhigen Gleisen fortfließt, sich am Boden der Gesellschaft festsetzt. Dieser Mob ist viel schlimmer und verderblicher als einzelne sogenannte Verbrecher. Gegen sie kann man sich schützen, jene Kräfte der Finsternis aber wirken vernichtend, verpestend, viel schlimmer als alle ansteckenden Seuchen. Es ist [...] Pflicht des Staates, gegen diese furchtbaren Elemente einzuschreiten; wenn der Staat weiter hier gleichgültig bleibt, so duldet er seine allerschlimmsten Feinde.«

Auch derartige Beobachtungen mögen die Formulierungen des Erlasses von 1911 inspiriert haben. In der Anlage zum Erlass schimmern die Intentionen noch prägnanter durch als in diesem selbst. Im ersten Passus des zwanzig Punkte umfassenden Erlasses wird das Ziel prägnant formuliert: »1. Aufgabe der Jugendpflege ist die Mitarbeit an der Heranbildung einer frohen, körperlich leistungsfähigen, sittlich tüchtigen, von Gemeinsinn und Gottesfurcht, Heimat- und Vaterlandsliebe erfüllten Jugend. Sie will die Erziehungstätigkeit der Eltern, der Schule und Kirche, der Dienst- und Lehrherrn unterstützen, ergänzen und weiterführen« (Ministerialerlaß 1911, Anlage, S. 199 ff.; vgl. auch Giesecke 1971, S. 48). Zur Verwirklichung dieser Ziele sollen Räume zur Einrichtung von Jugendheimen bereitgestellt, Wanderfahrten, Lese-, Theater- und Musikabende durchgeführt, Werkstätten errichtet, »Gelegenheiten zum Baden, Schwimmen, Schlittschuhlaufen« und, wo angebracht, Jugendpflegeausschüsse gegründet werden. Hervorgehoben wird in den Ausführungen weiterhin, dass »zu einer aufbauenden Einwirkung auf die schulentlassene Jugend [...] es neben der zielbewußten Gewöhnung und Übung vor allen der Erweckung eines selbsttätigen Interesses der Jugend für die Zwecke der zu ihren Gunsten getroffenen Veranstaltungen bedarf« und »der Jugend möglichst weitgehenden Anteil an der Leitung der Vereine zu geben und ihr allerlei Ämter im Vereinsleben zu übertragen« seien (Ministerialerlaß 1911, Anlage, S. 202 f.).

Der lediglich die männliche Jugend adressierende Jugendpflegeerlass von 1911 wird 1913 durch den »Preußischen Ministerialerlaß zur Pflege der heranwachsenden weiblichen Jugend« ergänzt. Waren Thematisierungen der Jugendpflege bis dahin deutlich auf männliche Jugendliche fokussiert, werden nun erstmals explizit auch Mädchen als Zielgruppe in die Überlegungen einbezogen und in Bezug auf ihnen angedachte spezifische Rollenerwartungen adressiert. Inspiriert von der Erkenntnis, »daß auch die Pflege der weiblichen schulentlassenen Jugend einer weiteren Ausdehnung und Vertiefung dringend bedarf«, wird der Auf- und Ausbau der weiblichen Jugendpflege für erforderlich erachtet. Wer »ein körperlich und sittlich starkes, gottesfürchtiges und vaterlandstreues Geschlecht« herausbilden will, so das Ministerium, »muß dafür sorgen helfen, daß die weibliche Jugend an Leib und Seele gesund, innerlich gefestigt und mit dem Willen und Können ausgerüstet wird, das für ihren zukünftigen Beruf als Helferinnen des Mannes, als Erzieherinnen der Kinder, als Pflegerinnen des Familienglückes, als Trägerinnen und Hüterinnen guter Sitte unentbehrlich ist« (Ministerialerlaß 1913, S. 205 f.). Freundlich ausgestattete Aufenthaltsräume sollen »mannigfaltige Gelegenheit bieten zur Sammlung, Erbauung, religiösen und sittlichen Einwirkung, Belehrung, wirtschaftlichen Förderung, Pflege des Gesanges, zu guter Lektüre« und weiblichen Jugendlichen Gelegenheiten bereit stellen, »ihre Kleidung und Ausstattung in Ordnung zu halten, [...] also Möglichkeit bieten, Näh-, Strick- Flick-, Bügel- und Handarbeiten aller Art tunlichst unter sachverständiger Leitung vorzunehmen« (Ministerialerlaß 1913, S. 207 f.). Die über den Ministerialerlass von 1911 angeregte Organisation der Jugendpflege, also die Orts-, Gemeinde-, Kreis- respektive Bezirksausschüsse für Jugendpflege, sollten um die weibliche Jugendpflege erweitert werden und den nebenamtlich tätigen Kreis- und Bezirksjugendpflegern sollte auch die Verantwortung für die weibliche Jugend übertragen werden.

Deutlich schimmern in dem Erlass die geschlechterbezogenen Intentionen durch, die in dieser nachdrücklichen Form herauszustellen auch für notwendig angesehen werden, um zu den geschlechteremanzipatorischen Ideen der sozialistischen Jugendvereinigungen ein Gegenangebot zu formulieren. In beiden Ministerialerlassen wird darauf verwiesen, dass »der Ausdruck Jugendfürsorge besser zu vermeiden ist, da unter dieser im Volke vielfach irrtümlich nur Zwangserziehung verstanden wird« (Ministerialerlaß 1911, S. 195 f.) und die Beteiligten »durch »Kurse usw. für ihre Aufgabe noch besonders auszubilden seien« (Ministerialerlaß 1911, S. 195 f.). Staatlich verantwortet werden 1912 beispielsweise 434 zehntägige Kurse für vor allem männliche Jugendpfleger. 1919 sind vier Bezirksjugendpfleger, eine Bezirksjugendpflegerin, 325 Kreisjugendpfleger und 62 -pflegerinnen tätig (Hirtsiefer 1930).

Im Kontrast zu dem Erlass für die männliche wird in dem Erlass für die weibliche Jugend zudem darauf verzichtet, die Selbsttätigkeit von Frauen zu erwähnen oder diese sogar herauszustellen (Ministerialerlaß 1911, S. 195 f.). Die Frage der Selbsttätigkeit und -ständigkeit der Jugend bleibt insgesamt weiterhin umstritten. So merkt der Initiator von Jugendheimen und Jugendherbergen Karl Hemprich 1914 an, dass »es unter dem großen Heere der jungen Leute gewiss manchen gibt«, der von der ihm angetragenen Selbsttätigkeit »nur im besten Sinne Gebrauch macht«, jedoch »die Selbständigkeit große Gefahren in sich« birgt.

»Wir müssen somit Veranstaltungen treffen, durch die wir unsere Jugend wieder an uns ziehen, sei es beim fröhlichen Spiele auf grünem Rasen, in belehrender Unterhaltung oder in heiterer, unschuldiger Geselligkeit. Wir müssen und wollen Einrichtungen treffen zum Schutze derer, die unseres Volkes Zukunft sind« (Hemprich 1914, S. 4 ff.).

»Begleitet von den Kassandrarufen völkischer Kulturkritiker« und einem in den Vorkriegsjahren vermehrten Beklagen der Abnahme »der Wehrtauglichkeit der großstädtischen Arbeiterschaft« (Saul 1971, S. 97) wird in den Folgejahren weiterhin insbesondere die arbeitende Jugend von der Jugendpflege adressiert, um in Fortsetzung der Schulerziehung diese vor dem Eintauchen in den »Großstadtsumpf« zu bewahren. Dazu beitragen sollten Kriegsspiele, Exerzier- und andere vormilitärische Übungen. Eine pädagogische Begründung und implizite Rechtfertigung der patriotisch-militärischen Jugendpflege lieferte insbesondere Hanno Bohnstedt (1914, o. S.). Die Nivellierung der monarchistisch-klerikalen Autoritätsverhältnisse durch einen demokratisch-bürgerlichen Individualismus beklagend, propagiert H. Bohnstedt die Gewinnung von »gefährdeten«, schulentlassenen jungen Menschen als Ziel der durch eine dem Christentum verpflichtete sittliche Erziehung und diskutierte gegen Positionen, die prononciert für eine Distanz der Jugendpflege gegenüber militärischen Übungen und votierten.

Gegen eine Verknüpfung von pädagogischen und militärischen Intentionen opponiert, wenn auch vorsichtig, der Berliner Pastor Günther Dehn (1919). Er betont die Differenz von pädagogischen und militärischen Prinzipien und warnt vor der Illusion, durch jugendpflegerisch-militärische die jugendpflegerisch-erzieherische Jugendarbeit absorbieren zu können. Die »Militärische Jugendvorbereitung«, so Dehn, bewusst den Begriff Erziehung vermeidend, verdrehe den Gedanken der Jugendpflege, indem sie vorgibt, der Staat diene der Jugend, drehe in Wahrheit das Verhältnis jedoch um, und verlange autoritär von der Jugend, dem Staat zu dienen. Dehn, der seine 1919 publizierte Arbeit »Großstadtjugend« als Kriegsgefangener in einem holländischen Internierungslager – ergänzt durch schon vor 1914 veröffentlichte Aufsätze – schreibt, denkt keineswegs daran, die andernorts proklamierten Ideen zur Jugendarbeit zu hinterfragen. Auch er steht »patriotischen Ideen« durchaus nahe. Doch außer Frage ist für ihn die Trennung von Militär und Erziehung. Er interpretiert den Standpunkt der Jugendpflege patriotisch-pädagogisch und betont das Desinteresse der Jugendpflege, »sich um die Einführung der militärischen Jugendpflege besonders zu kümmern« (Dehn 1919, S. 18). Und noch in einem weiteren Punkt akzentuiert er Differenz zu der patriotisch-militärischen Position. Für Dehn gehört, im Gegensatz zu Bohnstedt und Hemprich, auch die sozialistische Jugendbewegung zum Kreis der Jugendpflege.

Auch hier ist festzuhalten, dass keineswegs alle Jugendlichen an den Angeboten der Jugendpflege teilnehmen. Nicht wenige betonen ihre sozialkulturelle Eigensinnigkeit und artikulieren ihre Distanz zu den jugendpflegerischen Ansprachen und Absichten. Den Runderlassen und Berichten des preußischen Kriegsministers in den Jahren 1914 bis 1918 wie auch den Erlassen des Ministeriums für Wissenschaft, Kunst und Volksbildung 1918 (Preußischer Erlaß 1918) sowie des Ministeriums für Volkswohlfahrt 1919 (Preußischer Erlaß 1919) ist zu entnehmen, dass Überlegungen, Jugendliche zur Teilnahme an den Angeboten der Jugendpflege zu verpflichten, weiterhin diskutiert werden.

4 »Maßnahmen für die normale Jugend« – das Reichsjugendwohlfahrtsgesetz von 1922 und dessen Umbau ab 1933

Nach Beendigung des Ersten Weltkrieges waren nicht mehr die Kultus- und Wissenschaftsministerien oder gar das Heeres- beziehungsweise Kriegsministerium für die Jugendpflege zuständig, sondern jetzt die Ministerien für Volkswohlfahrt in den Ländern der Weimarer Republik. Doch weder der Ressortwechsel noch das 1922 im Reichstag verabschiedete und im April 1924 mit Einschränkungen in Kraft getretene, bis 1990 mehrfach novellierte Reichsjugendwohlfahrtsgesetz (RJWG) änderten die strukturellen und rechtlichen Bedingungen der Jugendpflege, also der Kinder- und Jugendarbeit grundlegend (Naudascher 1990). Erwartungen allerdings, die davon ausgehen, dass das Reichsjugendwohlfahrtsgesetz die bisherigen Erlasse und Bestimmungen zur Jugendpflege vereinheitlicht und in einem umfassenden Jugendrecht verbindlich formuliert, erfüllen sich nicht.

Angesichts der unterschiedlichen Interessen der staatlich öffentlichen und der freien, wohlfahrtsstaatlichen Verbände, von sozialdemokratischen und sozialistischen einerseits und vom Katholizismus geprägten Ideen andererseits, sowie den weiterhin bestehenden Interessen der unterschiedlichen Ministerien, erfahren Fragen bezüglich der Formen und Inhalte der Jugendpflege keine besondere Bedeutung (Hasenclever 1978). In der Begründung für die Passagen zur Jugendpflege des RJWG wird zwar betont, dass die Jugendpflege als »ein umfangreiches und überaus wichtiges Gebiet sozialer Tätigkeit« anzusehen ist und zum Aufgabenspektrum dieser gehört, das körperliche, geistige und sittliche Gedeihen des Menschenlebens vom Mutterleibe an bis zur Volljährigkeit zu fördern« (Begründung zur Einführung des RJWG 1920). Abweichend von den zuvor gültigen Erlassen und Regeln wird »die Förderung der Jugendwohlfahrt« jedoch nicht umfänglich und eigenständig formuliert, sondern die »Jugendwohlfahrt« als ein Feld angesehen, das sowohl die »Jugendfürsorge, die heilenden Maßnahmen für die gefährdete Jugend, als auch die Jugendpflege, die vorbeugenden und stärkenden Maßnahmen für die normale Jugend« (Begründung zur Einführung des RJWG 1920), umfasst.

Gänzlich verzichtet wird auf eine explizite Erwähnung der Selbsttätigkeit, aber die vermeintliche Gefährdung der Jugend ist ausdrücklich und umfassend beschrieben:

»Der Krieg hat aber die Verwilderung und die Verwahrlosung der Jugend in sittlicher und körperlicher Beziehung nach Grad und Umfang so gesteigert, daß daraus die schwersten sittlichen Schäden und Gefahren für die Jugend und damit für Deutschlands Zukunft und Wiederaufrichtung erwachsen könnten, wenn nicht schnellstens die notwendigen Gegenmaßnahmen in die Wege geleitet werden. Bei der Jugend muß daher nach der Beendigung des Krieges der körperliche und sittliche Wiederaufbau Deutschlands einsetzen, alle öffentlichen und privaten Kräfte müssen sich zu gemeinsamem Wirken zum Wohle unserer Jugend die Hände reichen, jede Verschwendung von finanziellen Mitteln und jede Zersplitterung persönlicher Hilfeleistung infolge unzureichender Organisation muß vermieden werden« (Begründung zur Einführung des RJWG 1920).

Im verabschiedeten Gesetz wird zunächst allgemein festgehalten, dass »jedes deutsche Kind [...] ein Recht auf Erziehung zur leiblichen, seelischen und gesellschaftlichen Tüchtigkeit« (Reichsjugendwohlfahrtsgesetz 1922) hat. Im § 4 werden anschließend die Aufgaben des Jugendamtes – und damit die Aufgaben des Staates bezüglich der Angebote und Maßnahmen der Kinder- und Jugendhilfe insgesamt – ausdifferenziert aufgelistet. In Bezug auf die Jugendpflege wird lediglich unter fünftens die »Wohlfahrt der im schulpflichtigen Alter stehenden Jugend außerhalb des Unterrichts« und unter sechstens die »Wohlfahrt der schulentlassenen Jugend« (Reichsjugendwohlfahrtsgesetz 1922) genannt, aber nicht weiter spezifiziert. Die in dem vierten Paragrafen angeregte Konkretisierung der Aufgaben und Formen durch landesrechtliche Bestimmungen erfolgt in keinem der 24 Länder der Weimarer Republik (Hasenclever 1978, S. 107). Dennoch existieren in fast allen Gebietskörperschaften der Weimarer Republik Orts-, Kreis- und Bezirksausschüsse für Jugendpflege, es werden Orts-, Stadt-, Kreis- und Bezirksjugendpfleger*innen eingestellt und der seit der Jahrhundertwende begonnene Bau von Jugendheimen wird intensiviert. 1927 existieren 838 städtische und 287 ländliche staatliche sowie 282 von Jugendverbänden unterhaltene Jugendheime (Mewes 1929, S. 174 f.), wobei vieles dafürspricht, dass nicht alle Einrichtungen statistisch erfasst werden konnten. So gibt es allein in Düsseldorf und Essen 1925 jeweils 15 städtische Jugendfreizeiteinrichtungen, im Stadtbezirk Duisburg-Hamborn acht, in Mülheim neun und in Oberhausen zwei. Mitte der 1920er Jahre werden für den Regierungsbezirk Düsseldorf über 300 öffentliche und vereinsgebundene Jugendheime verzeichnet (Thole 1989). In Preußen finden in den Jahren 1919 bis 1929 7612 Jugendpflegelehrgänge mit insgesamt 567.078 Teilnehmer*innen statt. Allerdings werden ab 1930 die Aufwendungen und Maßnahmen für die Jugendpflege aufgrund der ökonomischen und politischen Krisenlage deutlich sowie die Aufwandsentschädigungen für die ehrenamtlich aktiven Jugendpfleger*innen von 300 auf 100 Reichsmark reduziert (Naudascher 1990, S. 219).

Doch auch weiterhin verzichten viele Jugendliche auf den Besuch von Veranstaltungen der Jugendpflege und von Jugendheimen und versuchen, ihren Alltag vor staatlichen und pädagogischen Reglementierungen zu bewahren. Ein Großteil der Jugend zeigt wenig Neigung, die Straße, das Kino und die Wirtshäuser gegen die formelle Geselligkeit eines Jugendheims oder Jugendverbandes einzutauschen. Der Selbstbehauptungs- und Selbstbestimmungswillen vieler Jugendlicher sperrt sich weiterhin gegen die Annäherungsversuche der staatlichen Jugendpflege. Wohlwollend werden daher Anträge und Forderungen der organisierten, nicht nur bündischen und bürgerlichen Jugendbewegung um Unterstützung ihrer Bestrebungen zur »geistig-seelischen Vertiefung des jugendlichen Gemeinschaftslebens« (Jugendrat der Stadt Düsseldorf 1926) von den kommunalen Jugendpflegeausschüssen und Jugendringen registriert. Ihre Aktivitäten – Tanz, Spiel und Sport, Sing- und Musikabende, Gesprächs- und Diskussionsveranstaltungen, aber auch Wanderungen und Ferienfahrten – versprechen, renitente, verwahrloste Jugendliche in die Palette jugendfürsorgerischer Maßnahmen zu integrieren. Doch Teilnehmer*innen an diesen Veranstaltungen bleiben vornehmlich die ohnehin schon in Jugendvereinigungen und -verbänden Organisierten. Die Hoffnung, mit dem jugendpflegerischen

Dienstleistungsnetz endlich die bisher der Jugendpflege Ferngebliebenen über das RJWG zu erreichen, erfüllt sich in der Weimarer Republik nicht (Hirtsiefer 1930). Jugendliche aus sozial und materiell marginalisierten Milieus, arbeitslose Jugendliche, aber auch die städtische »Jugendbohême« nehmen an den Angeboten der Jugendarbeit auch weiterhin nicht teil. Auch die Tatsache, dass in den zeitweise zirka hundert Jugendverbänden, die seit Beginn der 1920er Jahre reichsweit ihre Anliegen in einem zentralen Ausschuss koordinierten, verschiedenen Quellen zufolge bis zu fünf Millionen Kinder und Jugendliche organisiert waren, verändert diese Situation nicht grundlegend. Die auf soziale Integration setzende Vergesellschaftungspolitik der Weimarer Republik schafft kein Netz, das die gesellschaftlichen Desintegrationsprozesse von Kindern und Jugendlichen aufzufangen vermag. So müssen und wollen viele Kinder und Jugendliche in der Zwischenkriegszeit weiterhin auf die »flüchtigen Netze informeller Solidarität« (Peukert 1986a) vertrauen. Trotz aller Modernisierungen kann die außerschulische Pädagogik mit Jugendlichen in den Jahren zwischen 1918 und 1933 insgesamt wenig dazu beizutragen, jugendliche Lebenswelten am Ausgang der Weimarer Republik zu stabilisieren, sodass diese bereit und fähig gewesen wären, den ideologischen, autoritär-ordnungspolitischen Erlassen, Maßnahmen und Vereinheitlichungsversuchen der Generationsgestalt Jugend ab 1933 zu widerstehen.

Nach der Regierungsübernahme der Nationalsozialisten 1933 bleibt das RJWG von 1922 wie viele andere Gesetze auch in Kraft. Ergänzende Gesetze, Verordnungen und Erlasse modifizieren, respektive verändern die Intentionen des RJWG jedoch grundlegend. In den größeren Städten tätige, verbeamtete Jugendpfleger*innen werden schon ab April 1933 auf Grundlage des »Gesetzes zur Wiederherstellung des Berufsbeamtentums« entlassen. Betroffen sind nach dem Gesetz »Beamte, die nicht arischer Abstammung sind« sowie »Beamte, die nach ihrer bisherigen politischen Betätigung nicht die Gewähr dafür bieten, daß sie jederzeit rückhaltlos für den nationalen Staat eintreten« werden. Mittels eines Erlasses von Juli 1933 werden die Zuständigkeiten für die Jugendpflege neu geregelt: »Nachdem in den letzten Jahren in ständig wachsendem Maße neben Elternhaus, Schule, Kirche und Beruf als neuer bedeutsamer Faktor der Jugenderziehung die organisierte Jugendbewegung getreten ist, erwächst dem Staate die Aufgabe, eine vertrauensvolle Zusammenarbeit mit den Jugendorganisationen herzustellen, ohne den Grundsatz der Freiwilligkeit, auf dem sie beruhen, anzutasten, und ohne in ihr Eigenleben einzugreifen« (zit. nach Naudascher 1990, S. 69). Ausgehend von dieser Beschreibung der Situation der Jugend wird angeordnet, »einen Reichsjugendführer zu bestellen, der, ohne behördlichen Charakter und nicht eingegliedert in den staatlichen Behördenapparat, im Einvernehmen mit dem für die Jugenderziehungsfragen zuständigen Reichsministerium des Innern den Neuaufbau der vaterländischen Jugendarbeit leitet und fördert« (zit. nach Naudascher 1990, S. 70). Mittels dieses Erlasses des Reichsministers des Innern verschafft sich der nationalsozialistische Staat die Macht, unabhängig von weiter bestehenden Gesetzen die Jugendpflege grundsätzlich neu zu ordnen und bestimmte Aufgaben an vermeintlich freie Vereinigungen und Organisationen zu delegieren. Im Kern werden die bis dahin bestehenden Jugendpflegestrukturen zerschlagen, die Aktivitäten der Jugendverbände und -bünde eingeschränkt und sukzessive verboten, um schrittweise die Aufgaben und die Praxis der Jugendpflege an nationalsozialistische Organisationen und insbesondere die Hitlerjugend zu übertragen.

Sowohl die staatliche Jugendpflege als auch die Mehrzahl der großen Jugendverbände sind zu diesem Zeitpunkt nicht durchgängig bereit, in der Lage oder willens, sich den nationalsozialistischen Erziehungsvorstellungen zu widersetzen. Die in der Weimarer Republik aufgebaute staatliche Jugendpflege wird fast gänzlich aufgelöst, viele Jugendverbände und Teile der bündischen Jugendbewegung lösen sich selbst auf, treten in nationalsozialistische Organisationen über oder werden zwangsaufgelöst wie die kommunistischen und sozialistischen Kinder- und Jugendorganisationen. Lediglich die katholischen Jugendverbände wahren noch eine kurze Zeit ihre Unabhängigkeit. Vollendet wird die Umstrukturierung der Jugendpflege über das am 1. Dezember 1936 erlassene »Gesetz über die Hitlerjugend«. Nach dem verkündeten Gesetz ist »die gesamte deutsche Jugend innerhalb des Reichsgebietes [...] in der Hitlerjugend zusammengefaßt« und »körperlich, geistig, und sittlich im Geiste des Nationalsozialismus zum Dienst am Volk und zur Volksgemeinschaft zu erziehen« (zit. nach Naudascher 1990, S. 73). Angeknüpft wird insgesamt an die Erlasse und Begründungen von 1918 und 1919, aber auch an die allgemeine Bestimmung des RJWG, wonach »jedes deutsche Kind [...] ein Recht auf Erziehung zur leiblichen, seelischen und gesellschaftlichen Tüchtigkeit« (zit. nach Naudascher 1990, S. 58) hat. Über die Einfügung »jedes deutsche Kind« wird eine Einschränkung des Gesetzes formuliert, an welche die selektiv ausgerichtete, »arische« Idee der nationalsozialistischen Ideologie und die darüber komponierten Erlasse nahtlos anknüpfen können.

Konnten 1933 schon knapp über 30 % und 1936 gut 64 % der Jugendlichen in der Hitlerjugend und im Bund Deutscher Mädel organisiert werden, so sind es zum Jahresbeginn 1939 dann weit über 90 %. Auch den nationalsozialistischen Kinder- und Jugendorganisationen gelingt es allerdings nicht, alle Heranwachsenden zu erreichen, die sie zu erreichen versuchen. Neben den ausgeschlossenen »nicht-arischen« Kindern und Jugendlichen finden sich ab 1936 immer wieder Jugendliche in oppositionellen Gruppen und Szenen zusammen, wandern verbotenerweise außerhalb der organisierten Hitlerjugend in Gruppen von mehr als drei Jugendlichen, hören gemeinsam nicht erlaubte Musik, lesen nicht erlaubte Literatur und finden sich partiell in Gruppen wie der Swing-Jugend, den Edelweiß- oder Kittelbachpiraten zusammen.

5 Die Reformen der gesetzlichen Bestimmungen zur Jugendpflege nach 1945 in der BRD und DDR

Die Hoffnungen, insbesondere der nationalsozialistischen Opposition, dass die staatliche wie die verbandliche, die politische wie die kulturelle, soziale wie sportliche Jugendpflege nach dem 8. Mai 1945 an die schmalen Spuren jugendlichen Antinationalsozialismus anknüpfen kann, erfüllen sich lediglich partiell in den heutigen östlichen, nicht jedoch umfänglich in den westlichen Bundesländern. Bis zum Inkrafttreten des Achten Sozialgesetzbuches sind zwei vollends unterschiedliche Wege der außerschulischen Pädagogik zunächst in der »Sowjetisch Besetzten Zone«, dann in der Deutschen Demokratischen Republik, und den westlichen Zonen und dann in der Bundesrepublik Deutschland zu erkennen.

5.1 Jugendpflege in der Bundesrepublik Deutschland

Drei Bezugspunkte prägen die Geschichte der Jugendpflege in der Anfangsphase nach dem Zweiten Weltkrieg in der Bundesrepublik Deutschland. Erstens werden die Erfahrungen der Jugendpflege der Weimarer Republik reaktiviert, zweitens erleben die Formen und Gestaltungen der nationalsozialistischen Zeit eine entpolitisierte Renaissance und drittens wird vereinzelt an internationale Formen der Jugendpflege anzuknüpfen versucht. Die Neukonstituierung der Jugendarbeit wird in den ersten eineinhalb Jahrzehnten nach 1945 federführend von Personen getragen, die vor oder sogar während der nationalsozialistischen Zeit in der staatlichen Jugendpflege, der Jugendverbandsarbeit und in der bündischen Jugendbewegung aktiv waren, auf die Initiierung von formellen Jugendgruppen setzten und hierzu einem Jugendbild den Vorrang gaben, nach dem die Jugend trotz ihrer prekären Lebenslage zu dieser Zeit als Hoffnungsträger für eine bessere Zukunft auserkoren blieb (Münchmeier 1995). Im Kern prägt demnach eine nur leicht modernisierte Traditionspflege die Phase der Neukonstitution der Jugendarbeit auf allen Ebenen. Die Ideen und die Praxis der jugendlichen Opposition gegen den Nationalsozialismus finden nur wenig

Anerkennung (vgl. u. a. Klönne 1991). »Das Problem, mit dem sich die Jugendarbeit der Nachkriegsjahre [...] herumschlagen musste, lag darin, dass die von der Jugendbewegung entwickelten Inhalte kanonisiert, heilig gesprochen wurden« (Faltermaier 1983, S. 21).

Auch die Initiativen der Alliierten Besatzungsmächte ändern hieran wenig. Nachdem sie anfänglich insbesondere die Kriminalitätsrate unter Kindern und Jugendlichen zu senken versuchten, steht schließlich die Aktivierung demokratischer Impulse in den ersten Jahren im Zentrum. Auf Initiative der Alliierten, insbesondere der Vereinigten Staaten von Amerika, hin werden bis Anfang der 1950er Jahre über 300 »German Youth Activity-Heime«, quasi offene Jugendzentren, in den amerikanischen und britischen Besatzungszonen gegründet. Allein bis zum August 1946 entstehen in der amerikanischen Besatzungszone 186 Jugendausschüsse und 2.866 lizenzierte Gruppen mit knapp einer halben Million jugendlichen Mitgliedern. Die öffentliche Jugendpflege findet zunehmend Verbreitung und Ende 1948 wird die Zahl der in die verschiedenen Programme involvierten Jugendlichen bereits auf 2,5 Millionen geschätzt. Mehr als 1.300 kleinere Jugend- und Gemeinschaftsräume werden errichtet (Füssl 1995).

Unter Fortbestand sozialer Probleme und Belastungen orientieren sich viele Jugendliche im Zuge der ökonomischen Konsolidierung in den 1950er Jahren neu. Schneller als die Jugendarbeit dies vermag, finden viele Jugendliche neue normative Orientierungen und entwickeln Karrierepläne, erobern neue soziale und kulturelle Handlungs- und Artikulationsformen. Bis Ende der 1950er Jahre zeigt sich die Jugendarbeit, insbesondere die Jugendverbandsarbeit, hiervon wenig erschüttert. Erst zu Beginn der 1960er Jahre deuten sich erste Verunsicherungen an. Diskussionen beginnen, die die Jugendarbeit bis zu Beginn der 1980er mitbestimmen werden, ihre Verberuflichung einleiten und sie von autoritär-normativen Diktionen entlasten. In den Jugendverbänden wird über eine Öffnung der Arbeit nachgedacht, die politische Bildung experimentiert mit neuen Themen und Veranstaltungsformen, die Jugendhäuser geben »Rockern« und »Halbstarken« Raum zum Treffen und die Jugendkulturbewegung verabschiedet sich langsam von ihrem musischen »Laienspielhabitus«.

Das zunächst weiterhin noch gültige RJWG wird erstmals 1953 novelliert. Die im vierten Paragrafen notierte Auflistung der Aufgaben bleibt jedoch unverändert. Maßnahmen der Jugendpflege werden jetzt weitgehend über die von den jeweiligen Bundesregierungen erlassenen Bundesjugendpläne initiiert und mittels länderspezifischer Regelungen konkretisiert. Dies betrifft in den 1950er Jahren insbesondere den angesichts der gravierenden Jugendarbeitslosigkeit Auf- und Ausbau von berufsqualifizierenden Angeboten der Jugendsozialarbeit und in diesem Zusammenhang die Einrichtung und Förderung von zentralen Ausbildungsstätten. Die Bestimmungen zur Jugendpflege erfahren dann erstmals 1962 im Zuge der Reform des Jugendwohlfahrtsgesetzes (JWG) eine Novellierung. Festgehalten wird jetzt, dass zu den Aufgaben des Jugendamtes auch gehört, die

> »für die Wohlfahrt der Jugend erforderlichen Einrichtungen und Veranstaltungen [...] für allgemeine Kinder- und Jugenderholung sowie die erzieherische Betreuung von Kindern und Jugendlichen im Rahmen der Familienerholung, Freizeithilfen, politische Bildung und internationale Begegnung, Erziehungshilfen während der Berufsvorbereitung, Berufsausbildung und Berufstätigkeit einschließlich der Unterbringung außerhalb des Elternhauses, erzieherische Maßnahmen des Jugendschutzes und für gefährdete Minderjährige« anzuregen, zu fördern und gegebenenfalls zu schaffen. Darüber hinaus wird festgehalten, dass die Jugendämter für »die Ausbildung und Fortbildung ihrer Mitarbeiter, die Errichtung und Unterhaltung von Jugendheimen, Freizeitstätten und Ausbildungsstätten« verantwortlich sind (Bundesgesetzblatt Nr. 64, 1961, Teil 1, S. 1207 f.).

Parallel zu den Diskussionen bezüglich der Novellierung des JWG finden vielfältige Veränderungen in der Praxis der Jugendarbeit ab dem Ende der 1950er Jahre statt. Im gewollten Kontrast zur geschlossenen und verregelten verbandlichen Jugendarbeit finden sich unter dem Dach »Offene Jugendarbeit« jene Angebote und Konzepte der Kinder- und Jugendarbeit zusammen, die neue soziale Milieus und Zielgruppen für die außerschulische Pädagogik zu gewinnen hoffen. In der Erklärung von »St. Martin« fassen Protagonist*innen einer »neuen« Jugendarbeit ihr modifiziertes Verständnis von Jugendarbeit zusammen. Nach Hermann Giesecke wird hierüber das »ursprünglich vor allem politische Selbstverständnis [...] mit einem pädagogischen zu einem politisch-pädagogischen verbunden [...]. Jugendarbeit übernimmt ausdrücklich die Funktion, den Übergang von der Kindheit in die Erwachsenenwelt pädagogisch zu gestalten« und der Jugendarbeit wird die Funktion einer dritten »Erziehungsinstitution neben Elternhaus und Schule bzw. Betrieb« (Giesecke 1971, S. 81) zugewiesen.

Die autonome Jugendbewegung und mit ihr die musisch-kulturelle Tradition, die Jugendverbandsarbeit sowie die Jugendpflege und staatliche Jugendarbeit realisieren ab Mitte der 1950er Jahre mit zunehmender Dynamik umfangreiche Reformen. Allerdings beziehen sich die Veränderungen lediglich auf strukturelle Fragen, diskutieren nicht den ebenfalls von den Protagonist*innen der »Offenen Kinder- und Jugendarbeit« angemahnten Modernisierungsbedarf hinsichtlich der grundsätzlichen Orientierungen der pädagogischen Arbeit mit

Jugendlichen. Diese scheinen sich erst über die ab Ende der 1960er Jahre initiierten, auch politisch explosiven sozial-kulturellen Projekte und Experimente zu verändern, die teils vehement grundsätzliche Reformen anmerken und sich bisweilen explizit als Gegenpraxis positionieren. Mit der voranschreitenden Akademisierung der Sozialen Arbeit und der Gründung sozialpädagogischer Studiengänge und Hochschulen beginnt in dieser Zeit auch ein verstärkter Austausch zwischen wissenschaftlicher und pädagogischer Praxis, der sich teilweise auch in gemeinsame Projekte übersetzt.

Ab Beginn der 1970er Jahre flammen die Diskussionen um das JWG erneut und intensiv auf. Vorgeschlagen wird, das JWG in ein umfassendes Sozialgesetzbuch zu integrieren, nicht jedoch die Regelungen, die die Jugendpflege betreffen. Die Jugendpflege, so Vorschläge, soll aus dem Gesetz ausgelagert und in einem eigenen Gesetz geregelt werden, um deren Finanzierung nicht verpflichtend im Sozialgesetz festschreiben zu müssen. Wäre diese Idee realisiert worden, wäre eine dauerhafte Abtrennung der Jugendpflege respektive Kinder- und Jugendarbeit aus dem Kanon der Jugendwohlfahrt die Folge gewesen (Hasenclever 1978, S. 194). Ungeachtet der politischen Diskussionen entstehen in den 1970er Jahren neben staatlich oder wohlfahrtsstaatlich verantworteten Jugendheimen selbstverwaltete Jugendzentren und Kommunikationszentren, später dann auch die kommunalen Kulturzentren.

5.2 Jugendpflege und Jugendverbandsarbeit in der Deutschen Demokratischen Republik

In der Deutschen Demokratischen Republik (DDR) wird bereits 1947 die über das RJWG hergestellte Einheit von Jugendpflege und -fürsorge aufgegeben. 1950 wird zwar die Jugendförderung als gesellschaftliche Aufgabe höchster Priorität gesetzlich fixiert, jedoch nicht als Teil der Jugendhilfe. Unter Verzicht auf die im RJWG fixierte Vielfalt an Jugendpflegeangeboten entsteht die Freie Deutsche Jugend (FDJ) als einheitliche Jugendorganisation. Sie entwickelt sich zum zentralen Ort der außerschulischen Pädagogik und der knapp 40 Jahre überdauernden DDR-Jugendpolitik. Der Organisationsgrad der DDR-Jugend steigt kontinuierlich von 42,2 % im Jahr 1950 bis zum Höchststand 1987, wo über 86 % der Kinder und Jugendlichen in eine der FDJ-Organisationen eingebunden sind (Zilch 1992). Die Kinder- und Jugendarbeit in den Pionierorganisationen und der FDJ ist durchgehend eng an die Schulen gebunden. Neben Schule, Familie und dem nach Altersstufen getrennt organisierten Mitwirken bei den Jungpionieren, den Thälmannpionieren oder bei der Freien Deutschen Jugend sind die Jugendclubs für die Kinder- und Jugendgenerationen ab 1970 ein wesentliches Sozialisationsfeld. Die breite Jugendclublandschaft der DDR am Ende der 1980er Jahre basiert auf einem, auch von jugendlichen Selbstinitiativen mitgetragenen expansiven Aus- und Neubau von Jugendfreizeiteinrichtungen, partiell auch von Kinderfreizeiteinrichtungen, ab Mitte der 1970er bis Mitte der 1980er Jahre. Die Ausweitung realisiert sich demnach mit einer leichten zeitlichen Verzögerung in demselben Jahrzehnt, in dem in den alten Ländern der Bundesrepublik die Kinder- und Jugendarbeit personell und räumlich ihre bisher intensivste Expansionsphase erlebt.

Die Angaben über die tatsächliche Anzahl der Jugendclubeinrichtungen in der DDR variieren leicht. Ausgegangen wird allgemein von ca. 10.000 Jugendclubhäusern, Mehrraumjugendclubs und Jugendclubzimmern (Lindner 1991; Müller 1990). Die offizielle Statistik des Amtes für Jugendfragen der DDR erfasst 1988 nur 9.499 Jugendclubeinrichtungen in der Trägerschaft von Betrieben, Schulen, Universitäten und Hochschulen, von staatlichen Organisationen und Kommunen. Allein 6.797 ehrenamtlich verwaltete Jugendclubeinrichtungen befinden sich in kommunaler Trägerschaft. Die 823 hauptamtlich geleiteten Jugendclubs unterstehen zumeist den kommunalen Räten (Weicht/Weicht 1992). Allein in Berlin-Ost können im Zeitraum zwischen 1981 und 1985 2.356 neue Plätze für ältere Kinder und Jugendliche in Clubeinrichtungen geschaffen werden. Die Schaffung dieser Plätze erfolgt im Rahmen eines damals neuen Wohnungsbauprogramms und stützte sich auf Meinungsumfragen, die festhielten, dass die qualitative Ausgestaltung und Beschaffenheit von Wohnumfeldern im starken Maße die Wohnzufriedenheit und das familiale Zusammenleben, aber auch die Art der kulturellen Aktivitäten beeinflusst (Aßmann/Winkler 1987). Die sozialistische Idealvorstellung, der zufolge mit der Aufhebung des Privateigentums an Produktionsmitteln die entfremdende Differenz von Arbeit und Freizeit sich gleichfalls negiert und die Verwirklichung der individuellen Bedürfnisse zur gesellschaftlichen Aktivität avanciert, befördert in diesem Zeitraum die Idee des Ausbaus von staatlichen und halbstaatlichen Dienstleistungsangeboten. Die Etablierung eines breitflächigen Freizeitangebots entspricht somit der programmatischen Intention, die Entwicklung der sozialistischen Lebensweise durch »sinnvolle« kulturelle Gestaltungen der Freizeit und »gesellschaftlich nützliche« Tätigkeiten zu fördern und zu sichern (Aßmann/Winkler 1987, S. 138 f. vgl. auch Akademie der Pädagogischen Wissenschaften 1978).

Neben den Jugendfreizeiteinrichtungen bestehen in nahezu allen größeren Kommunen Volkshochschulen. Musikschulen sind an 89 Orten zu finden. Die vom für die Kulturarbeit zuständigen Kulturbund, aber auch von den Kommunen, Betrieben und Gewerkschaften betriebenen 670 Kulturhäuser bilden eine eigene Kulturraumlandschaft neben den Kultureinrichtungen der staatlichen

Organisationen Polizei und Armee sowie den sieben kulturellen Zentren des Ministeriums für Staatssicherheit. Zusammen mit den 1.663 Volks-, Kinder-, Gewerkschafts- und Betriebsbibliotheken, den 66 Theatern und 450 Museen konstituieren sie das räumlich-institutionalisierte Tableau der Kulturarbeit in der DDR (Groschopp 1991). Und auch die quantitativ durchaus beachtliche »Kleingärtner-, Siedler- und Kleintierzüchterkultur« mit eigenen Bildungs- und Kulturhäusern prägte die Spezifik der realsozialistischen Alltagskultur unterhalb der Verlautbarungskultur ebenso mit, wie die kleinen, aber durchaus lebendigen autonomen Jugendkulturen, Literaten- und Künstler*innenszenen.

Über 90 % der Jugendclubgründungen ging eine Initiative von Jugendlichen voraus und annähernd ebenso viele unterstehen einer jugendlichen »Selbstverwaltung« (Müller 1990). Dennoch sind die Jugendclubs bis in die 1990er Jahre keine politikfreien Orte und keineswegs ideologiefreie Zonen, obwohl viele Einrichtungen von Jugendlichen auch als Oasen für selbstorganisierte, autonome sozialkulturelle Artikulationen fungieren.

6 Kinder- und Jugendarbeit als Regelangebot im Kanon der Kinder- und Jugendhilfe – die Kinder- und Jugendarbeit im Achten Sozialgesetzbuch

Mit dem Achten Sozialgesetzbuch (SGB VIII), dem Kinder- und Jugendhilfegesetz (KJHG) tritt 1990 für die neuen und 1991 für die alten Bundesländer – gewissermaßen parallel zum Auflösungsprozess der DDR und dem Ende ihrer bis dahin eigenen Vergesellschaftungsgeschichte von Kindheit und Jugend – eine neue Rechtsgrundlage für die Kinder- und Jugendarbeit in Kraft, die das seit 1924 fast durchgängig gültige, mehrfach novellierte Jugendwohlfahrtsgesetz (JWG) ablöst. Die Kinder- und Jugendarbeit findet sich jetzt zusammen mit der Jugendsozialarbeit, der Jugendverbandsarbeit und dem erzieherischen Jugendschutz im KJHG in einem eigenen Abschnitt platziert. Die Jugendarbeit, die Jugendsozialarbeit und der erzieherische Kinder- und Jugendschutz werden neben den Angeboten zur Förderung der Erziehung in der Familie, in Tageseinrichtungen und in der Tagespflege, den erzieherischen Hilfen sowie den anderen, insbesondere hoheitlich-staatlichen Aufgaben als ein genuiner Bestandteil der Kinder- und Jugendhilfe genannt.

Konkreter als in den gesetzlichen Vorgängern werden die Schwerpunkte der Kinder- und Jugendarbeit beschrieben. Zu ihnen gehören die »außerschulische Jugendbildung mit allgemeiner, politischer, sozialer, gesundheitlicher, kultureller, naturkundlicher und technischer Bildung«, die »Jugendarbeit in Sport, Spiel und Geselligkeit«, die »arbeitswelt-, schul- und familienbezogene Jugendarbeit«, die »innerdeutsche und die internationale Jugendarbeit«, »Kinder- und Jugenderholung« sowie die »Jugendberatung«. Der im Gesetz aufgeführte Kanon von Schwerpunkten hat zum einen beispielhaften Charakter, ist aber zum anderen auch nur konturenhaft gegenüber anderen Leistungs- und Schwerpunktbereichen abgegrenzt. Dies trifft insbesondere auf die Kinder- und Jugendberatung zu, die vielerorts unabhängig von der Kinder- und Jugendhilfe im Verantwortungsbereich der Gesundheitsämter oder psychologischer Beratungsdienste liegt. Die exklusive Erwähnung der Jugendverbände und Jugendgruppen in einem eigenständigen Paragrafen verdeutlicht die Stellung dieser Trägergruppe der Jugendarbeit im Konzert der Freien Träger.

Die Beschreibung der Kinder- und Jugendarbeit im SGB VIII ist wesentlich präziser als im RJWG und in der letzten Fassung der JWG. Angeschlossen wird indirekt an Regelungen zur Jugendpflege in den Verordnungen und Erlassen zur Jugendpflege von 1901, 1908, 1911 und 1913.

7 Fazit – der Status der Kinder- und Jugendarbeit im Kontext aktueller Entwicklungen

Mit der Einführung des SGB VIII wird die Bedeutung der Kinder- und Jugendarbeit formal gestärkt und deren Beitrag zum Erreichen des Gesamtziels der Kinder- und Jugendhilfe herausgestellt. Damit endet aber keineswegs die Entwicklung dieses Feldes. Ist der Status der Kinder- und Jugendarbeit heute anhand der quantitativen Zahl der erreichten Kinder- und Jugendlichen unbestreitbar, lässt sich doch auch feststellen, dass die Angebote deutlicher als andere Leistungen der Kinder- und Jugendhilfe fortdauernd politischen Instrumentalisierungsversuchen und entsprechend formulierter Kritik ausgesetzt sind (vgl. u. a. Schuhmacher/Schwerthelm/Zimmermann 2021). Kontroversen bezüglich der Regelfinanzierung von Einrichtungen und Angeboten der Kinder- und Jugendhilfe insgesamt scheinen inzwischen rechtlich weitgehend geklärt, nicht jedoch bezüglich der Angebote und Initiativen der Kinder- und Jugendarbeit. Als aktueller Scheideweg könnten sich die Einführung des Kinder- und Jugendstärkungsgesetzes (KJSG) und des Anspruchs auf Ganztagsbildung in Grundschulen erweisen. Die Verwirklichung eines Rechtes auf inklusive Kinder- und Jugendhilfe fordert die Einrichtungen nachdrücklich dazu auf, dafür zu sorgen, dass Angebote auch tatsächlich für alle Kinder und Jugendlichen geschaffen werden. Dies bedeutet zum einen, dass vielfach bauliche Veränderungen notwendig werden, um barrierefreie Zugänge zu ermöglichen, insbesondere aber auch, dass konzeptionelle Änderungen notwendig werden. Damit sind zum ersten Mal tatsächlich alle Kinder und Jugendlichen durch die Angebote adressiert.

Mit der Einführung des Anspruchs auf Ganztagsbildung in Grundschulen sind vor allem die Fachkräfte und Vertreter*innen öffentlicher Träger gefordert, gegenüber Schulen und Schulträgern in den kommunalen Zusammenhängen die Bedeutung von Settings des demokratischen Selbstorganisierens und der partizipativen und freien Gestaltung von Freizeit für Kinder und Jugendliche stark zu machen. Gelingt es so, den Wert und die Bedeutung sozialpädagogischer außerschulischer Bildung gegenüber schulischer Bildung herauszustellen, kann es möglich werden, Ganztagsschulen als gemeinsam adressierte Orte zu entwickeln, die sich tatsächlich an den Kindern und Jugendlichen und deren Bedürfnissen ausrichten und diese in den Mittelpunkt stellen. Dies birgt Potenzial, über die Kooperation von Schulen und Institutionen der Kinder- und Jugendarbeit Verbesserungen für den Alltag junger Menschen zu erreichen und gleichzeitig eine Konkurrenz von Ganztagsschulangeboten am Nachmittag und Angeboten der Kinder- und Jugendarbeit zu verhindern (Sauerwein 2021).

Insgesamt zeichnet der Blick auf die rechtlichen Kodifizierungen der Jugendpflege respektive der Kinder- und Jugendarbeit in den zurückliegenden gut einhundert Jahren ein diffuses Bild. Auch in den betrachteten Verordnungen, Erlassen und Gesetzen dokumentiert sich insgesamt eine Ausdifferenzierung von geschlossenen zu offeneren, aktions- und themenorientierten Angebots- und Organisationsformen, die Standardisierung hin zu einem gesellschaftlichen Normalangebot, die Verberuflichung und Pädagogisierung der Jugendpflege hin zur heutigen Kinder- und Jugendarbeit (Münchmeier 1992). Jedoch verlief die Entwicklung spröder und weniger linear als zuweilen angenommen. Der im Übergang zum 20. Jahrhundert erstmals öffentlich von Jugendlichen beanspruchte Selbstverwaltungsanspruch und der sich darin artikulierende Wunsch nach Autonomie wird in den gesetzlichen Regelungen zur öffentlich verantworteten, außerschulischen Pädagogik sehr unterschiedlich aufgegriffen. Eine Selbstverwaltung der Angebote und Einrichtungen der Kinder- und Jugendarbeit sehen auch die aktuellen rechtlichen Bestimmungen nicht vor. Heranwachsenden Jugendlichen wird weiterhin nicht zugetraut und zugestanden, ihre Jugendphase autonom und selbstverantwortet in Rahmen der Kinder- und Jugendarbeit zu gestalten.

Literatur

Akademie der Pädagogischen Wissenschaften (1978): Wie Ernst Thälmann treu und kühn – Handbuch Freundschaftspionierleiter. Berlin.
Aßmann, G./Winkler, G. (1987): Zwischen Alex und Marzahn. Studie zur Lebensweise in Berlin. Berlin.
Begründung zur Einführung des RJWG 1920 (Amtliche Begründung zum Entwurf eines Einführungsgesetzes zum Reichjugendwohlfahrtsgesetz) (1921): In: B. Naudascher (Hg.) (1990): Freizeit in öffentlicher Hand. Behördliche Jugendpflege in Deutschland von 1900–1980 (S. 55–57). Düsseldorf.
Behler, Ph. (1928): Psychologie des Berufsschülers. Köln.
Bohnstedt, H. (1914): Jugendpflegearbeit. Leipzig/Berlin.
Bühler, Ch. (1923): Tagebuch eines jungen Mädchens. Jena.
Bundesministerium der Justiz (1961): Bundesgesetzblatt Nr. 64 vom 16. August 1961: Bekanntmachung der Neufassung des Reichsgesetzes für Jugendwohlfahrt vom 11. August 1961 (S. 1205–1219). Bonn.
Cordier, L. (1925): Quellenbuch zur Geschichte der Evangelischen Jugend. Schwerin.
Dehn, G. (1919): Großstadtjugend. Berlin.
Dehn, G. (1929a): Jugendpflege. In: H. Nohl/L. Pallat (Hg.): Handbuch der Pädagogik (Bd. 5; S. 97–113). Langensalza.
Dehn, G. (1929b): Proletarische Jugend. Lebensgestaltung und Gedankenwelt der großstädtischen Proletarierjugend. Berlin.
Destatis (2021): Statistiken der Kinder- und Jugendhilfe. Öffentlich geförderte Angebote der Jugendarbeit 2019. Wiesbaden.
Dinse, R. (1932): Das Freizeitleben der Großstadtjugend. 5000 Jungen und Mädchen berichten. Berlin.
Dudek, P. (1990): Jugend als Objekt der Wissenschaft. Opladen.
Duensing, F. (Hg.) (1913): Handbuch der Jugendpflege. Langensalza.
Faltermaier, H. (1983): Nachdenken über Jugendarbeit. Zwischen den fünfziger und achtziger Jahren. München.
Füssl, K.-H. (1995): Erziehung im Umbruch. Zeitschrift für Pädagogik, 41 (2), 225–243.
Gantzer, O. (1912): Die Jugendpflege. Grundsätze und Ratschläge zur Gründung und Leitung von Jugendvereinen. Leipzig.
Giesecke, H. (1971): Die Jugendarbeit. München.
Groschopp, H. (1991): Kulturpolitikstrukturen in der DDR. In: C. Bühning/H. Pietsch (Hg.): Kultureller Wandel bei den Deutschen (= Mitteilungen aus der kulturwissenschaftlichen Forschung 29, S. 36–61). Berlin.
Hasenclever, C. (1978): Jugendhilfe und Jugendgesetzgebung seit 1900. Göttingen.
Hemprich, K. (1914): Handbuch und Wegweiser für die Arbeit der Jugendpflege. Osterwieck/Leipzig.
Hirtsiefer, H. (Hg.) (1930): Jugendpflege in Preußen. Eberswalde.
Hoernle, E. (1929, 1971): Grundfragen proletarischer Erziehung. Frankfurt a. M.
Klönne, A. (1991): Zur Traditionspflege nicht geeignet. In: W. Breyvogel (Hg.): Piraten, Swings und Junge Garde. Jugendwiderstand im Nationalsozialismus (S. 295–310). Bonn.
Krafeld, F. J. (1984): Geschichte der Jugendarbeit. Weinheim u. Basel.
Krieger, W./Mikulla, J. (1994): Offene Jugendarbeit und die Krise der Moderne. Berlin.
Lindner, B. (1991): Jugend und Freizeit/Medien. In: W. Friedrich/H. Griese (Hg.): Jugend und Jugendforschung in der DDR. Opladen.
Mählert, U./Stephan, G.-R. (1996): Blaue Hemden – Rote Fahnen. Opladen.

Mayer, H. (1909): Die Fürsorge für die schulentlassene männliche Jugend. Die Jugendfürsorge. Zentralorgan für die gesamten Interessen der Jugendfürsorge, 2, 48–56.

Mennecke, C. (1930): Erfahrungen der Jungen. Potsdam.

Mewes, B. (1929): Die erwerbstätige Jugend. Eine statistische Untersuchung. Berlin/Leipzig.

Minister der geistigen, Unterrichts- und Medizinalangelegenheiten (1914): Ministerialerlass betreffend Fürsorge für die schulentlassene gewerbliche männliche Jugend. In: K. Hemprich (Hg.): Handbuch und Wegweiser für die Arbeit der Jugendpflege (S. 199–201). Osterwieck/Leipzig.

Ministerialerlaß (1901): Preußischer Ministerialerlaß zur Förderung der Jugendpflege. In: L. Cordier (Hg.) (1925): Quellenbuch zur Geschichte der Evangelischen Jugend (S. 187–190). Schwerin.

Ministerialerlaß (1908): Erlaß des preußischen Handelsministers. In: L. Cordier (Hg.) (1925): Quellenbuch zur Geschichte der Evangelischen Jugend (S. 190–192). Schwerin.

Ministerialerlaß (1911): Jugendpflegeerlaß des preußischen Ministers der geistlichen, Unterrichts- und Medizinalangelegenheiten. In: L. Cordier (Hg.) (1925): Quellenbuch zur Geschichte der Evangelischen Jugend (S. 192–205). Schwerin.

Ministerialerlaß (1913): Preußischer Ministerialerlaß zur Pflege der heranwachsenden weiblichen Jugend. In: L. Cordier (Hg.) (1925): Quellenbuch zur Geschichte der Evangelischen Jugend (S. 205–208). Schwerin.

Mischok, A. (1985): »Wild und frei«. In: Berliner Geschichtswerkstatt e. V. (Hg.): Vom Lagerfeuer zur Musikbox (S. 47–78). Berlin.

Mitterauer, M. (1986): Sozialgeschichte der Jugend. Frankfurt a. M.

Müller, M. (1990): Jugendfreizeit in der DDR. In: G. Burkart (Hg.): Sozialisation im Sozialismus (S. 70–76). Weinheim.

Münchmeier, R. (1992): Institutionalisierung pädagogischer Praxis am Beispiel der Jugendarbeit. Zeitschrift für Pädagogik, 38 (3), 369–384.

Münchmeier, R. (1995): Die Vergesellschaftung von Wertgemeinschaften. In: Th. Rauschenbach/C. Sachße/Th. Olk (Hg.): Von der Wertgemeinschaft zum Dienstleistungsunternehmen (S. 201–227). Frankfurt a. M.

Naudascher, B. (1990): Freizeit in öffentlicher Hand. Behördliche Jugendpflege in Deutschland von 1900–1980. Düsseldorf.

Pagel, F. (1911): Die Fürsorge für die schulentlassene Jugend: Die Jugendfürsorge, (9), 513–566.

Peukert, D. J. K. (1986): Grenzen der Sozialdisziplinierung. Aufstieg und Krise der deutschen Jugendfürsorge von 1878 bis 1932. Köln.

Sauerwein, M. (2021): Vom Außerschulischen zum Schulischen. Überlegungen zu einer subjektorientierten Ganztagsbildung. neue praxis, 51 (2), 85–105.

Saul, K. (1971): Der Kampf um die Jugend zwischen Volksschule und Kaserne. Ein Beitrag zur »Jugendpflege« im Wilhelminischen Reich 1890–1914. https://doi.org/10.1524/mgzs.1971.9.1.97 (Zugriff am 15.06.2023).

Scherber, A. (1929): Jugendpflege der nicht organisierten Jugend. Rheinische Jugend, 17 (10), 429–438.

Schuhmacher, N./Schwerthelm, M./Zimmermann, G. (2021): Stay with the trouble. Politische Interventionen im Arbeitsfeld der Offenen Kinder- und Jugendarbeit. Tübingen.

Schultz, C. (1912): Die Halbstarken. Leipzig.

Thole, W. (1989): Ziele und Aufgaben – Was will die Kinder- und Jugendkulturarbeit? In: LKJ NRW (Hg.): Jugend – Kultur – Arbeit (S. 36–52). Unna.

Thole, W. (2000): Kinder- und Jugendarbeit: Eine Einführung. Grundlagentexte Sozialpädagogik, Sozialarbeit. Weinheim/Basel.

Thole, W./Pothmann, J./Lindner, W. (2021): Die Kinder- und Jugendarbeit. Einführung in ein Arbeitsfeld der sozialpädagogischen Bildung. Weinheim/Basel.

Weicht, I./Weicht, T. (1991): Kulturelle Jugendarbeit in der DDR. Problemlagen vor der Wende. In: C. Bühning/H. Pietsch (Hg.): Kultureller Wandel bei den Deutschen (= Mitteilungen aus der kulturwissenschaftlichen Forschung 29, S. 79–86). Berlin.

Zilch, D. (1992): Die FDJ – Mitgliederzahlen und Strukturen. In: Jugendwerk der Deutschen Shell (Hg.): Jugend '92 (S. 61–80). Opladen.

Zwerschke, M. (1963): Jugendverbände und Sozialpolitik. München.

Der Kindergarten im Spiegel ideologischer Positionierungen – zwischen RJWG und heutigen Selbstverständlichkeiten

Hilmar Hoffmann

1 Einführung[1]

Das Reichjugendwohlfahrtsgesetz (RJWG) wurde als erstes reichseinheitliches Gesetz zur Einheit von Fürsorge 1922 verabschiedet. Der Bereich des Kindergartens spielt dort auf den ersten Blick explizit nur eine marginale Rolle. Auf den zweiten Blick offenbaren sich aber gerade im Bezug zu diesem Arbeitsfeld Ordnungen und Normierungen, die bis heute wirken und sich jeweils wieder neu konstituieren und im gesetzten Rahmen auch nicht unwesentlich reformieren. Sie betreffen insbesondere die Steuerungsmechanismen des Verhältnisses Familie mit Kindern und Gesellschaft sowie denen des Kindergartens zu öffentlichen und privaten Institutionen, letztlich also das Steuerungsverhältnis zwischen Staat und privaten Organisationen. Diese Regelungen wiederum sind bereits in der Weimarer Reichsverfassung von 1919 und infolge in den Beschlüssen der Reichsschulkonferenz von 1920 angelegt. Juristisch fixiert sind sie infolgedessen im Reichsjugendwohlfahrtsgesetz. Diese wirken bis heute, obwohl das Gesetz 1924 in weiten Teilen nicht wie geplant in Kraft gesetzt worden ist. Umso wichtiger ist es daher, noch einmal die ideologischen Hintergründe in der Genese des RJWG bezogen auf den Kindergarten zu beschreiben. Dies geschieht an dieser Stelle anhand eines oft zitierten, aber nahezu nicht analysierten Artikel von Karl Neundörfer (1923) zu den »Widerstreitenden Mächte(n) zwischen Katholizismus und Sozialismus«, der sich wie aufzuzeigen sein wird, nicht historisch schematisch, aber konsequent relevant und auch in der deutschen Teilung und ihrer darauffolgenden Politik bis heute hin explizit sichtbar machen

---

1 Dieser Beitrag ist gegenüber den in diesem Band beschriebenen weiteren Handlungsfeldern der Kinder- und Jugendhilfe weniger umfangreich, da bereits der Eingangsbeitrag von Reinhard Wiesner die Bedeutung des Kindergartens im Rahmen der Entwicklung vom Reichsjugendwohlfahrtsgesetz bis zum heutigen SGB VIII in differenzierter Weise beschreibt. Das zeigt auch noch einmal die rein quantitativ herausgehobene Stellung der Tageseinrichtungen für Kinder in der gesamten Kinder- und Jugendhilfe.

lässt. Es geht also in der ausführlichen Auseinandersetzung mit diesem Artikel vor allem darum, den dort beschriebenen Dissens der Positionen von »Sozialismus und Katholizismus« und der damit verbundenen Kompromisse in seiner historischen Bedeutung deutlich zu machen.[2]

Dieses wird hier zunächst vor dem Hintergrund des aktuell bestehenden Status quo des Kindergartens und der damit verbundenen strukturellen Selbstverständlichkeiten erörtert. Dabei werden curriculare und inhaltliche zugunsten einer strukturellen Betrachtung zurückgestellt. Folgend richtet sich der Blick dann auf die Jahre zu Beginn der Weimarer Republik, um die Rolle des Kindergartens in der damaligen Zeit zu beschreiben und mit Bezug zum Artikel von Karl Neundörfer eine exemplarische Beschreibung der ideologischen Motive in der Genese des RJWG vorzunehmen. Ohne weiter auf die Geschichte des Gesetzes bis heute einzugehen, wird in einem Vergleich »gestern und heute« das RJWG in seiner Entwicklung aus den vorab beschriebenen heutigen »Selbstverständlichkeiten« heraus betrachtet und bewertet. Die DDR hingegen wird an dieser Stelle nicht thematisiert, weil sie bereits früh den Kindergarten in das Volksbildungssystem integrierte und das RJWG insofern keine Bedeutung hatte.

2 Der Kindergarten – heutige strukturelle Selbstverständlichkeiten

Der Begriff des Kindergartens ist von Fröbel erfunden worden, ein Garten für Kinder. Da damit nicht nur an die Bildung und Erziehung der Kinder gedacht war, sondern auch an die Erziehung vor allem der Mütter sowie die Ausbildung von Kindergärtnerinnen, lag also auch damals schon ein bildungs-, frauen- und gesellschaftspolitisches Konzept vor, das nicht wie die meisten seiner Vorgänger in erster Linie sozialfürsorgerisch motiviert war. Dies gilt umso mehr, als Fröbel dies mit einem Bildungssystem vom Kindergarten bis zur Hochschule verknüpfte, was wahrscheinlich eben wegen der Bedeutung des Kindergartens in seinem Werk und in seiner Rezeption heute kaum noch wahrgenommen wird. Später wurde der Begriff des »Kindergartens« dann nahezu für alle Kleinkindereinrichtungen genutzt und auch international übernommen. Heute bezeichnet man in Deutschland unter diesem Begriff in der Regel eine Einrichtung nach §§ 22 SGB VIII für drei- bis sechsjährige Kinder, die häufig im Rahmen von Tageseinrichtungen für Kinder für unterschiedlichste Altersgruppen organisiert ist. Rein quantitativ fristete der Kindergarten allerdings lange Zeit vor

---

2   In dem Begriff des Sozialismus beschreibt Neundörfer die gesamte Strömung, die sich auf den Begriff berufen; im parteipolitischen Spektrum damals vor allem SPD, USPD und KPD.

allem in der Bundesrepublik Deutschland strukturell eher ein Schattendasein. Bis in die 1970er Jahre hinein war ein Drittel Versorgungsgrad zumeist ohne Übermittagbetreuung der Normalfall. Das heißt, die Kinder mussten z. B. um 12 Uhr abgeholt werden und konnten dann wieder z. B. um 14 Uhr gebracht werden. Und auch curricular zeigten sich erst Anfang der 1970er Jahre erste flächendeckende Reformversuche.

Dies änderte sich fundamental in den 1990er Jahren, unter anderem auch mit dem Rechtsanspruch auf einen Kindergartenplatz. Zwar ist der Kindergarten mit dem SGB VIII bundesweit verankert, seine inhaltliche und formale Ausgestaltung obliegt aber den Bundesländern. Für die Ausführung ist in erster Linie der öffentliche Träger der Kinder- und Jugendhilfe verantwortlich, auch wenn er dies anderen Trägern übertragen kann.

Betrachtet man die Anzahl der Kinder in der Kindertagesbetreuung von drei Jahren bis zum Schuleintritt, dann sind das Stand 2020 über 2,5 Millionen Kinder, von denen zudem über die Hälfte in einer Tageseinrichtung ganztags betreut werden (vgl. Autorengruppe Kinder- und Jugendhilfestatistik 2021, S. 16). Letztlich bedeutet das, dass knapp 93 % der in Deutschland lebenden Kinder eine Einrichtung dieser Art besuchen, wobei immer mehr altersgemischte Kitas überwiegen und der klassische Kindergarten tendenziell auf dem Rückzug ist. Hinsichtlich der Öffnungsdauer sind erhebliche Unterschiede zu erkennen. So ist die Quote der Einrichtungen mit über 10 Stunden Öffnungszeit in Ostdeutschland mit 74,7 % (2020) fast elfmal so hoch wie in Westdeutschland mit 6,9 % (Autorengruppe Kinder- und Jugendhilfestatistik 2021, S. 17).

Konzeptionell sind die Einrichtungen relativ frei. Obgleich es seit 2004 erstmalig Bildungspläne für Tageseinrichtungen gibt, ist ihr Verbindlichkeitsgrad von Bundesland zu Bundesland verschieden. Mit welchem pädagogischen Konzept die Pläne umgesetzt werden, obliegt weitestgehend dem Träger, der wiederum die Aufgabe nicht selten an die Einrichtungen selbst delegiert. Differenzierte Evaluationen der Erreichung der Ziele sind eher die Ausnahme. Die Differenz oder Übereinstimmung zwischen Wunsch und Wirklichkeit unterliegt also keiner gesetzlich geregelten und empirisch haltbaren Überprüfung.

Ungeachtet der jeweiligen Organisationsform übernehmen traditionell besonders freie Träger die Verantwortung für die Durchführung der Tageseinrichtungen für Kinder. Insgesamt sind Stand 2020 zwei Drittel der Einrichtungen in freier Trägerschaft (Autorengruppe Fachkräftebarometer 2021, S. 23), was sich auch in der Personalverteilung nachzeichnen lässt. Noch immer dominieren fachschulisch ausgebildete Kräfte; eine umgreifende Akademisierung des Bereiches hat auch trotz des Ausbaus kindheitspädagogischer Studiengänge nur marginal stattgefunden (Fuchs-Rechlin/Rauschenbach 2021).

Fasst man das unter heutigen Selbstverständlichkeiten zusammen, liest sich das verkürzt dargestellt so: Es gibt heute einen Rechtsanspruch auf einen Platz in einer Tageseinrichtung für jedes in Deutschland lebende Kind vom ersten bis zum sechsten Lebensjahr. Diese Einrichtungen haben einen eigenen Bildungsauftrag. Die Durchführung obliegt öffentlichen und freien Trägern, wobei der Anteil der letzteren überwiegt. Die Mitwirkung der Eltern ist gesetzlich fixiert, nicht jedoch eine Mitbestimmung. Insgesamt schreitet Institutionalisierung und Vergesellschaftung weiter voran, was sich auch an dem Rechtsanspruch auf Nachmittagsbetreuung in der Grundschule ab 2026 zeigt.

3 Das Reichsjugendwohlfahrtsgesetz im Spiegel der »Widerstreitenden Mächte«

Die strukturelle Ausgangslage
Die Entwicklung des Reichsjugendwohlfahrtsgesetzes in seiner Bedeutung für Tageseinrichtungen für Kinder wurde im Eingangsbeitrag von Reinhard Wiesner und auch im Beitrag von Johanna Mierendorff ausreichend und differenziert beschrieben. Ich reduziere daher absichtlich auf einen stärker an der Institution entlang argumentierten ideologisch-moralischen Zugang zur Genese des Gesetzes. Dabei wird deutlich, dass die vorab für heute beschriebenen »Selbstverständlichkeiten«, also Rechtsanspruch und damit verbunden nahezu flächendeckende Versorgung, längere Öffnungszeiten, Curriculare Konzeption durch Bildungspläne und Regelung der Zuständigkeit vor der Einführung des Reichsjugendwohlfahrtsgesetzes ebenso wenig vorhanden waren und sie es auch nicht direkt danach gab wie ein Mitwirkungsrecht der Eltern. Die Forderungen hierzu bestanden allerdings auch damals schon, die Realität sah aber anders aus: Öffentliche Erziehung war der Familienerziehung nachgeordnet und durch die rechtlich kodifizierte väterliche Gewalt patriarchalisch strukturiert (vgl. Sachße 2018, S. 13). Entsprechend klein war die Anzahl an Betreuungseinrichtungen für Kinder.

Statistisch lässt sich nachzeichnen, dass es Ende des 19. Jahrhunderts gerade einmal für 6 % der Kinder Einrichtungen meistens unter den Namen »Kinderbewahranstalten« oder »Kleinkinderschulen« gab, die seit dem frühen 19. Jahrhundert gegründet wurden (Franke-Meyer 2022, S. 114). Sie waren in erster Linie als Fürsorgeinstitutionen für Kinder gedacht, die in der Gefahr standen, zu »verwahrlosen«. Ein Kindergarten als Bildungsinstitution für alle Kinder war also konzeptionell, von den Fröbel'schen Kindergärten abgesehen, nicht vorgesehen und auch in der öffentlichen Diskussion kaum präsent.

Ob es also überhaupt Kleinkindereinrichtungen gab und wenn ja, wo, hing stark von den Bedingungen vor Ort ab und war auch nicht reichseinheitlich geregelt. Das hatte selbstverständlich auch Auswirkungen auf Öffnungszeiten, die ebenso vor Ort entschieden worden sind und damit nahezu beliebig waren. Da es also keine kodifizierte rechtliche Verantwortung des Staates gab, oblag es letztlich privaten Organisationen, hier Hilfsangebote anzubieten. Sie traten also einerseits nachgeordnet dem Staat und auch der Eltern ein, um Kinderbetreuung für gefährdete Kinder abzusichern. Andererseits schufen sie sich damit selbst im Staat eine Sonderstellung, da sie zwingend benötigt wurden. Fürsorgerische und machtpolitische Motivationen, nämlich zumindest die schlimmsten Folgen von Armut partiell abzumildern und die eigenen ideologischen Grundsätze an die Kinder heranzutragen, lassen sich also kaum voneinander trennen.

Insofern ist kaum erstaunlich, dass sich der Großteil der Einrichtungen in kirchlicher Trägerschaft befand und der Kindergarten im Sinne Fröbels sich quantitativ noch nicht durchgesetzt hatte, zumal er auch zeitweise aus politischen Gründen verboten war. Franke-Meyer (2022, S. 117 f.) beschreibt zudem in konzeptioneller und alltagsbezogener Perspektive eine Polarisierung zwischen Sozialdisziplinierung in kirchlicher Trägerschaft und Menschenbildung im Sinne Fröbels. Unabhängig davon, ob diese Polaritäten unbedingt in jedem Fall christlichen oder den Einrichtungen, die stärker an den Gedanken Fröbels anschlossen, zugeschrieben werden können, war ein Dissens zwischen diesen ideologischen Positionen offensichtlich. Strukturell wurde dieser Konflikt aber spätestens seit dem Ersten Weltkrieg insofern überdeckt, als die Armut in erheblichem Maße zunahm und institutionelle Hilfe durch Kinderbetreuung nahezu alternativlos war. Durch die Folgen des Ersten Weltkriegs spitzte sich die Situation dermaßen zu, dass für immer mehr Kinder die Gefahr bestand, nicht ausreichend von ihren Eltern versorgt werden zu können. Der Titel des Aufsatzes von Uwe Spiekermann macht das auch semantisch deutlich: »Als sich der Hunger in die Körper der Kinder fraß« (Spiekermann 2021). Das war nicht nur bildlich gemeint: Die körperliche Entwicklung der Kinder stagnierte, sie wuchsen nicht mehr wie in früherer Zeit, legten weniger Gewicht zu, blieben klein.

Polarisiert formuliert: Deutschland hat zum ersten Mal eine demokratische Verfassung. Das Volk war im Kaiserreich sozialisiert worden. Massenarmut war vor allem in Großstädten durch den Ersten Weltkrieg überall offensichtlich. Hoffnungen nach Reformen und Unerfahrenheit mit demokratischen Prinzipien standen direkt nebeneinander bei gleichzeitig enormen Problemen hinsichtlich der Existenzsicherung der Bevölkerung.

Es bestand also akuter Regelungs- und Handlungsbedarf, um sowohl die Folgen des Krieges als auch die Festigung demokratischer Prinzipien voranzubringen. Die Weimarer Reichsverfassung nahm in Artikel 122 somit auch den Schutz der Jugend ausdrücklich in die Verfassung auf: »Die Jugend ist gegen Ausbeutung sowie gegen sittliche, geistige oder körperliche Verwahrlosung zu schützen. Staat und Gemeinde haben die erforderlichen Einrichtungen zu treffen« (Die Verfassung des Deutschen Reiches 1919, o. S.).

Insofern hat die Weimarer Reichsverfassung bereits Veränderungen eingeleitet, die dann im Reichsjugendwohlfahrtsgesetz mit dem formulierten Recht des Kindes auf Erziehung kodifiziert worden sind. Das bedeutete aber eben nicht nur auch eine Reaktion auf die Nachkriegsumstände, sondern zumindest konzeptionell eine Wende, da zumindest semantisch das Kind selbst als »berechtigt« beschrieben wird, Leistungen des Staates zu erhalten. Darüber hinaus beschreibt das Gesetz den Kindergarten auf den ersten Blick nur marginal, nämlich in § 4, der es als eine Aufgabe der Jugendämter definierte »Einrichtungen und Veranstaltungen anzuregen, zu fördern und gegebenenfalls zu schaffen« (Reichsgesetz für Jugendwohlfahrt 1922, S. 634), u. a. für die Wohlfahrt der Säuglinge und der Kleinkinder. Damit ist ein Dreierschritt deutlich. Die zu schaffenden Jugendämter sollten Personen oder Institutionen anregen, überhaupt Einrichtungen zu schaffen, dies dann fördern und nur, wenn keine Einrichtungen geschaffen würden, diese selbst einrichten. Damit ist ein Kompromiss angelegt, der wiederum auch Ausdruck eines seit dem Kaiserreich schwelenden Konfliktes, vor allem zwischen der damals aufkommenden Sozialdemokratie und dem Katholizismus (Hoffmann 1992, S. 17 f.) war. Dieser betraf letztlich das Verhältnis von Familie, Kindergarten – und damit öffentlicher und institutioneller Erziehung –, die Rolle privater und freier Träger sowie die des Staates und seiner ungeklärten Regelungskompetenz. Diesen Konflikt auf der Basis ideologisch unterschiedlicher Positionen nannte Karl Neundörfer 1923 im Spiegel von Katholizismus und Sozialismus die »widerstreitenden Mächte«.

Weil dort dezidierter als an anderen Stellen ein Konflikt deutlich wird, der hier mit zwei ideologischen Strömungen quasi nominalisiert wird, hinter dem unterschiedliche privatrechtliche, kulturelle und bildungspolitische Ordnungsversuche stehen, die bis in die heutige Zeit hineinreichen, wenngleich nicht mehr zwangsläufig unter den gleichen ideologisch benannten Gruppen zu fassen sind, ist es sinnvoll, Neundörfers Ausführungen genauer zu betrachten und sie mit historischen Hinweisen anzureichern.

Neundörfer (1923) versucht, den Einfluss des Katholizismus und des Sozialismus auf das Reichsjugendwohlfahrtsgesetz als zwei Gegensätze zu untersuchen. Als katholischer Priester und Jurist sowie Caritasdirektor der Diözese Mainz war er direkt in die Verhandlungen zum Reichsjugendwohlfahrtsgesetz eingebunden und beschäftigte sich intensiv mit Ehe- und Familienfragen. Das ist an dieser Stelle besonders wichtig, als sich Sozialdemokratie und Katholizismus eben bezogen auf eine zukünftige Gesellschaftsform in Fragen der Rolle der Frau, der Familie, der Rechte des Kindes und der Verantwortung für die Kinder schon im Kaiserreich diametral gegenüberstanden. Worauf bezog sich die Kritik Karl Neundörfers?

Karl Neundörfer (1923) bezieht seine Kritik explizit auf die Rolle der Kirche und die der Familie im Besonderen. So betont er die Bedeutung der Fachleute, die am RJWG beteiligt gewesen sind, stellt aber bei der Vorstellung der Fachlichkeit explizit Wissenschaftsdisziplinen und die Ideologie des Karitativen, was sich ausschließlich auf religiöse Gemeinschaften bezieht, gleichwertig nebeneinander: »Die in den Fragen der Jugendwohlfahrt erfahrenen Fachleute – und zwar Fachleute juristischer, pädagogischer, medizinischer und karitativer Art – haben bei diesem Gesetz eine ausschlaggebende Rolle gespielt« (Neundörfer 1923, S. 509). Bereits hier ist zu erkennen, dass auch aus der Perspektive des Berichtenden, kirchliche Gemeinschaften einen Sonderstatus für sich beanspruchen. Dabei darf nicht vergessen werden, dass auch die Arbeiterwohlfahrt als damals noch sozialdemokratische Organisation seit Gründung der Weimarer Republik Kindergärten betrieb und es auch bereits seit Mitte der 1870er Jahre insbesondere Frauenvereine gab, die die Einrichtung Fröbel'scher Kindergärten forcieren wollten. Es ist nicht auszuschließen, dass Neundörfer diese Personen in die Gruppe der karitativen Fachleute subsummierte, lässt sich der Begriff doch nicht ausschließlich im Kontext von Kirche begründen, sondern steht eben auch für humanitäre Hilfe ohne Selbstzweck der einzelnen Menschen. Dies wiederum impliziert allerdings eher einen Fürsorge- als einen Anspruchscharakter der Betroffenen.

Im Gegensatz zur Sozialdemokratie betonte Neundörfer im Sinne des karitativen Gedankens das Prinzip der Fürsorglichkeit für diejenigen, die »schwach, gefährdet, misshandelt oder mißgeleitet sind« (Neundörfer 1923, S. 510 f.). Damit zeigten sich zwei Gesellschaftskonstrukte, die nahezu alle Lebensformen, aber auch rechtlich jeden Bereich für Kinder betrafen. Dabei beschreibt Neundörfer ganz im Sinne der Gegensatzlehre, die er mit Romano Guardini begründete, beide als durchaus wertzuschätzende Positionen:

»Katholizismus und Sozialismus offenbaren sich ja auch in unserem übrigen öffentlichen und geistigen Leben immer mehr als die beiden Mächte, die – sei es durch Kampf, sei es durch Verständigung – unserer Zukunft ihre Gestalt geben« (Neundörfer 1923, S. 510 f.). Damit konstatiert er einerseits ein Potenzial an Verständigung, andererseits zeigen sich aber enorme Vorbehalte. Dies gilt insbesondere für die von ihm befürchtete Vergesellschaftung der Erziehung und der Familie (Neundörfer 1923, S. 512). In diesem Kontext wird dann der Kindergarten ganz besonders relevant, wenn er sozialdemokratischen Grundsätzen entsprechend in ein einheitliches, obligatorisches, unentgeltliches Bildungswesen integriert worden wäre (Schulz 1911). Einheitlich bezog sich in diesem Kontext auf die Struktur des Bildungswesens und nicht des Bildungsergebnisses, was sich horizontal, also alle Kinder gehen in die gleiche Einrichtungsform vom Kindergarten bis zur Hochschule,[3] und nicht vertikal aufbaut, also Kinder werden nach Einrichtungsformen, z. B. Sekundarschule, Realschule, Gymnasium, getrennt, was bis heute Teil wissenschaftlicher Diskussion um Chancengerechtigkeit ist (Helsper/Krüger/Bloch/Mitterle 2019). Obligatorisch hingegen bedeutet hier, bezogen auf den Kindergarten, einen verpflichtenden Besuch ähnlich der Schule. Unentgeltlichkeit betont darüber hinaus die grundsätzliche Kostenfreiheit für Kinder, Jugendliche und junge Erwachsene.

Insofern lassen sich erste Polarisationen der Positionen festhalten, nämlich einerseits hinsichtlich des Verhältnisses zwischen Gesellschaft, Familie und institutioneller Erziehung und andererseits hinsichtlich des Zusammenspiels von Gesellschaft, institutioneller Erziehung und Trägerschaft – insbesondere kirchliche Trägerschaften –, auf die es hier noch einmal differenziert einzugehen gilt:

Erstens: Gesellschaft – Familie und institutionelle Erziehung
Hier forderte die katholische Bewegung ein Primat der Familie aus katholischer Sicht gegenüber Vergesellschaftung von Erziehung. Primat der Familie bedeutet in diesem Sinne das Recht der Familie auf die Erziehung des Kindes. Der Staat oder nachgeordnete Institutionen hätten also erst zu intervenieren, wenn die Erziehung und Versorgung des Kindes durch die Familie nicht gewährleistet sei. Das würde dann auch die Einrichtung von Kinderbetreuungseinrichtungen betreffen.

Folglich fasst Neundörfer das Recht auf Erziehung auch vornehmlich als Recht durch Eltern und nicht als Garantie durch den Staat auf. So vermutet Neundörfer, dass der Sozialismus die Familie für überflüssig erkläre und stattdessen die Kommune oder kommunale Einrichtungen die Erziehung übernehmen sollten (Neundörfer 1923, S. 512). Hierbei ist allerdings festzuhalten, dass an dieser Stelle nicht zwischen sozialistischen und kommunistischen Strömungen unterschieden wird.

---

3   Die Sozialdemokratie behandelte entsprechend dieser Grundsätze den Kindergarten als Teil der Schulpolitik im Kontext eines einheitlichen Bildungssystems vom Kindergarten bis zur Hochschule.

Dies ist insofern relevant, als es ja nicht nur um »sozialistische Positionen« ging, sondern auch um die Frage, wer diese dann umsetzt bzw. die Macht dazu hatte. Löst man die Thematik in dieser Hinsicht auf, also der Frage folgend, wer eigentlich wirklich mehrheitsbildend am Reichsjugendwohlfahrtsgesetz beteiligt war, dann zeigt sich, dass dies aus dem von Neundörfer zitierten sozialistischen Spektrum ausschließlich die Mehrheitssozialdemokratie (SPD) war. Weder USPD, KPD oder andere Gruppierungen hatten größeren Einfluss auf die Gesetzgebung und in den Koalitionen bis 1923 hatte die SPD gar keine Mehrheit und regierte in unterschiedlichen Koalitionen, an denen immer auch die katholisch orientierte Zentrumspartei beteiligt gewesen ist. Und auch die Gesamtheit der sozialistischen Parteien besaß zu keinem Zeitpunkt eine regierungsfähige Mehrheit. Letztlich bedeutete das, dass die Anfangskoalitionen in der Weimarer Republik nahezu immer auch von den zitierten »widerstreitenden Mächten« mitgetragen worden sind, die aber auch wiederum zusammen keine eigene Mehrheit hatten.

Dennoch erscheint es noch einmal wichtig, die Position der sozialistischen Bewegung zur Familie zu betrachten. Bei allen Forderungen der Gleichberechtigung von Mann und Frau war das Familienbild der Sozialdemokratie auch schon in der Opposition im Kaiserreich durchaus von dem Gedanken geprägt, dass Erziehung Frauensache sei (Hoffmann 1992, S. 41 f.) und man einer öffentlichen Erziehung im Dienste des Sozialismus durchaus kritisch gegenüberstand (Hoffmann 1992, S. 47 f.). Festzuhalten ist aber auch, dass vor allem Frauen in der SPD eine verstärkte Beteiligung der Männer an der Erziehungsarbeit auch schon im Kaiserreich forderten (Duncker 1914, S. 38). Insgesamt war die Skepsis gegenüber der Familie nicht eine grundsätzliche gegenüber der Institution, sondern eine eher gesellschaftspolitisch begründete, dass die Familie im industriellen Zeitalter, in der Mann und Frau beide am Einkommen beteiligt seien, die Erziehung der Kinder allein gar nicht leisten könne. Betont z. B. August Bebel, einer der Führer der Sozialdemokratie, auch stark den Gedanken der Gleichberechtigung der Frau und ihre Eigenständigkeit als einen Grund für öffentliche Kindergärten, so stand daneben eben auch das ökonomische Motiv, dass es ohne öffentliche Erziehung nicht einlösbar sei, eben weil 6-Tage-Woche bei 12–14 Stunden und schlechte Wohnbedingungen Familienerziehung kaum möglich machten (Bebel 1985, S. 144 f.). Dies wurde auch von späteren kommunistischen Führerinnen wie Clara Zetkin so betont (Hoffmann 1992, S. 40 ff.).

Insofern ist kaum zu leugnen, dass jenseits ideologisch riesiger Unterschiede allein auf der Basis der Reaktion auf eine Verwahrlosungstendenz ein ähnlicher Handlungszwang bestand. Während die katholische Seite allerdings eher der Auffassung war, es gehe nur um Kinder, die von Verwahrlosung betroffen seien, prognostiziert die Sozialdemokratie, dass aufgrund der gesellschaftlichen Entwicklung immer mehr Kinder bis nahezu alle auf öffentliche Erziehung angewiesen sein werden. Das wiederum wäre vielleicht sogar harmonisch zu klären gewesen, wenn es nicht auch um machtpolitische Fragen, um die Trägerschaft und damit verbunden um die ideologische Hoheit in Bildungsfragen gegangen wäre.

Zweitens: Gesellschaft – Institutionelle Erziehung und Trägerschaft
Folgt man also dem Blick in dieser Richtung, dann zeigen sich sowohl auf der Seite des Katholizismus als auch auf sozialistischer Seite machtpolitische und bildungspolitische Interessen. So fordert Neundörfer den absoluten »Vorrang der Freien Liebestätigkeit als Fürsorgeinstitution, vor allem der Kirche für Kinder gegenüber jeglichem staatlichen Einfluss« (Neundörfer 1923, S. 517). Das bedeutet auch eine kritische Haltung gegenüber dem Jugendamt, durch das man eine zu starke demokratische Kontrolle der kirchlichen Kindergärten befürchtete (Neundörfer 1923, S. 522).

Insofern fordert Neundörfer mit Verweis auf das Gesetzbuch der Kirche bezogen auf die Jugend, dass diesen der Besuch »akatholischer« Schulen verboten sein solle und darüber hinaus die Aufsicht dieser Institutionen allein der Kirche obliege. Gleiches solle für alle Institutionen der Jugendfürsorge also auch für den Kindergarten gelten. Zudem sollte »in erster Linie die Religion als Bildungsinhalt und die Kirche als Bildungsfaktor stehen« (Neundörfer 1923, S. 526).

Dies lag wiederum diametral zu den Forderungen der Sozialdemokratie und auch kommunistischer Positionen. Bereits die beiden Führer der Sozialdemokratie August Bebel und Wilhelm Liebknecht waren für zusätzliche öffentliche Erziehung unter demokratischer Kontrolle und unter Mitbestimmung der Eltern in Form von Erziehungsausschüssen eingetreten und forderten unter anderem auch eine Hinwendung zur Pädagogik Fröbels (vgl. Hoffmann 1992, S. 14 ff.). Damit standen sich hier einerseits die Forderungen nach kirchlicher Kontrolle und andererseits eine eher auf Partizipation und demokratische Legitimation ausgerichtete institutionelle Erziehung gegenüber.

Ein Zwischenschritt zur Befriedung der unterschiedlichen Positionen war die Reichsschulkonferenz, in der es auch um Regelungen zum Kindergarten ging. Dort wurde vorgeschlagen, den Kindergarten dem Fürsorge- und nicht dem Bildungssystem zuzuordnen, was sicherlich eher die Position der Kirchen stärkte. Gleichzeitig sollte staatliche Kontrolle gesichert sein, was wiederum eher den Positionen sozialistischer Kräfte folgte wie ebenso der Hinweis darauf, dass es sich um familienergänzende Einrichtungen unter Aufsicht von ausgebildeten Kräften handeln sollte, die für alle Kinder zu schaffen wären, deren Eltern es wünschten. (Reichsministerium des Innern 1921, S. 695). Zudem sollten die Einrichtungen der Träger in der Fürsorge und Wohlfahrtspflege den gleichen Standards unterliegen wie die öffentlichen Einrichtungen. Überdies sollten die privaten Einrichtungen bis 1930 den Kommunen und Landgemeinden übergeben werden.

Dieser vielleicht noch von einer unklaren Situation hinsichtlich zukünftiger Mehrheitsverhältnisse im Reichstag gefasste Kompromiss wurde mit den Regelungen des Reichsjugendwohlfahrtsgesetzes genauso bestätigt wie auch modifiziert. Die Kindergärten blieben im Fürsorgesystem. Die Position der freien Träger wurde insofern gestärkt, als der Verweis, bis 1930 alle Einrichtungen in öffentliche Trägerschaft zu überführen, keine Anwendung mehr fand. Und auch für die Verpflichtung, für alle Kinder, deren Eltern es wünschten, Kindergartenplätze einzurichten, wurde keine einklagbare Lösung gefunden. Insofern passt auch hier Karl Neundörfers Hinweis, dass der Kampf weitergehe und es seine Hoffnung sei, dass die Finanzen dem weiteren Ausbau öffentlicher Erziehung im Wege stünden (Neundörfer 1923, S. 527 f.). Was bleibt also vom Reichsjugendwohlfahrtsgesetz 1922?

4 Das RJWG und heutige Selbstverständlichkeiten

Pointiert formuliert ist das Reichsjugendwohlfahrtsgesetz durchaus auch als ein Kompromiss zwischen den von Neundörfer beschriebenen »widerstreitenden Mächten« des Katholizismus und Sozialismus zu sehen. An dieser Stelle unberücksichtigt blieben – weil in diesem Buch schon ausführlich behandelt – die Rolle der bürgerlichen Frauenbewegung, auch in der Tradition des Liberalismus, sowie das Engagement der unterschiedlich ideologisch verantwortlichen kommunalpolitisch Agierenden, ohne die der Beschluss, der schließlich einstimmig gefasst worden ist, gar nicht zustande gekommen wäre. Warum also die gewählte Pointierung auf die »widerstreitenden Mächte«? Dies begründet sich darin, dass es sich explizit um die Auseinandersetzung zweier Gesellschaftskonstrukte in der neu gewählten Demokratie handelte. Unbestritten ist, dass die Bedeutung des Liberalismus hier viel zu kurz gekommen ist und eigener neuer Studien bedürfte. Die »widerstreitenden Mächte« lassen sich aber, ohne sie auf die damaligen Nominalisierungen von Katholizismus und Sozialismus festzulegen, als Lösungsversuche für gesellschaftspolitische Entscheidungen beschreiben, die bis heute virulent sind und für die das Reichsjugendwohlfahrtsgesetz und seine Reformierungen ebenso bis heute Spielräume in den Grenzen der jeweiligen Verfassungen schuf.

So bestätigte das Gesetz den Verbleib der Kindergärten im Fürsorge- und Wohlfahrtssystem. Wenngleich sich das SGB VIII von heute nicht mehr als reines Fürsorgegesetz fassen lässt, schon allein, weil es ein Angebot für alle in Deutschland lebenden Kinder ist, bleibt es doch vom schulischen Bildungssystem strukturell abgekoppelt und damit durchaus mit Folgen: Einerseits hat sich die Kinder- und Jugendhilfe und damit auch der Kindergarten als eigenständiges außerschulisches Bildungsangebot etabliert. Damit zeigt sich schon ein erster wesentlicher Befund an, nämlich wie gestaltbar das Gesetz seit seiner Gründung war und ist. Die nach und nach entstandenen Rechtsansprüche, zunächst den auf einen Kindergartenplatz (1996), dann auch auf einen Platz für ein- bis dreijährige Kinder (2013) und bis 2026 auch für Kinder im Grundschulalter, sind weitere Indizien dafür. Obgleich: Festzustellen ist auch, dass externe und nicht zwingend die Faktoren Erziehung und Bildung, sondern dann doch eher Betreuung, die Rechtsansprüche maßgeblich forciert haben, z. B. durch die Neuregelung des Schwangerschaftskonfliktgesetzes oder die Notwendigkeit, Frauen – und zwar nicht primär aus emanzipatorischen Gründen –, sondern angesichts Fachkräftemangels, eine Teilhabe am Arbeitsmarkt attraktiver zu machen. Dennoch bleibt festzuhalten, dass diese Reformen innerhalb der Struktur möglich waren und weiter sind. Dies gilt allerdings nicht für alle Aspekte gleichermaßen. Denn mit der Abkoppelung vom schulischen Bildungssystem ist auch verbunden, dass der Kindergarten nicht überall grundsätzlich gebührenfrei ist, die Akademisierungsquote trotz kindheitspädagogischer Studiengänge sehr gering ist und die Fachkräfte vom Gehalt und vom Status her dem Lehrpersonal in Schulen nicht annähernd vergleichbar sind. Wenngleich zu konstatieren ist, dass auch bei den letzten Aspekten in den letzten Jahren Bewegung zu erkennen ist und sich im Rahmen der vorgegebenen Strukturen Veränderungen zeigen, ist das angesichts einer hundertjährigen Geschichte vorsichtig ausgedrückt doch eher als stark zeitverzögert zu bezeichnen. Die Frage, wo der Kindergarten zu verorten sei, bleibt auch als nun schon hundertjähriger Streit widerstreitender Mächte virulent (Reyer/Franke-Meyer 2012).

Dies gilt kaum noch für den Bereich Trägerschaft. Hier scheint das Nebeneinander von freien und öffentlichen Trägern nicht mehr infrage zu stehen. Und die sozialdemokratischen Positionen aus der Weimarer Zeit, ausschließlich öffentliche Träger zuzulassen, hat sich durch die Beteiligung eigener Organisationen, wie z. B. der Arbeiterwohlfahrt, gewandelt. Zu überprüfen wäre allerdings, inwieweit dies insgesamt die Steuerung des gesamten Systems der Tageseinrichtungen in ihrer Effektivität, nicht Effizienz beeinflusst. Pluralismus und Föderalismus im Zusammenhang mit einem Gesetz, sei es damals RJWG und heute das SGB VIII, das selbst nur Rahmungen vorgeben kann, müssten also in ihren Möglichkeiten und Hemmnissen für das Gesamtfeld genauer untersucht werden.

Und auch im dritten Thema bleiben Fragen von damals bestimmend, nämlich inwieweit Eltern mitbestimmen dürfen. Eine wirkliche Mitbestimmung gibt es bis heute nicht, aber Mitwirkungsrechte von Kindern und ihren Familien sind weiter ausgebaut worden. Insofern zeigt sich in der Rückschau, dass das RJWG und seine Nachfolgegesetze gleichermaßen resistent wie auch reformfähig waren. Was dabei die wirklichen Motoren für die Reformen und gleichzeitige Reformresistenz waren, ist kaum untersucht. Die nur normativ zu beantwortenden Fragen, wie viel Erziehung in der Familie eigentlich unterstützt werden soll, wie viel öffentliche Erziehung als sinnvoll erachtet wird und wie sie eigentlich demokratisch organisiert werden soll und von wem, stehen weiter auf der Tagesordnung. Lösungen und Reformen, die allein die Kinder- und Jugendhilfegesetzgebung bemühen, greifen sicher zu kurz, wenn nicht intensiver auch der Arbeitsmarkt mit seinen rechtlichen Verankerungen in die Diskussion einbezogen wird.

Literatur

Autorengruppe Fachkräftebarometer (2021): Fachkräftebarometer Frühe Bildung 2021. Weiterbildungsinitiative Frühpädagogische Fachkräfte. München.
Autorengruppe Kinder- und Jugendhilfestatistik (2021): Kinder- und Jugendhilfereport 2021. Eine kennzahlenbasierte Kurzanalyse. Dortmund.
Bebel, A (1985): Die Frau und der Sozialismus (2. Aufl.). Berlin/Bonn.
Berger, M. (2000): Friedrich Fröbel. https://www.kindergartenpaedagogik.de/fachartikel/geschichte-der-kinderbetreuung/weitere-historische-beitraege/131/ (Zugriff am 15.06.2023).
Duncker, K. (1914): Sozialistische Erziehung im Hause. Berlin.
Franke-Meyer, D. (2022): Institutions- und berufsgeschichtliche Zugänge zur Pädagogik der frühen Kindheit. In: R. Braches-Chyrek/D. Franke-Meyer/D. Kasüschke (Hg.): Zugänge zur Geschichte der Pädagogik der Frühen Kindheit. Eine Einführung (S. 111–165). Opladen/Berlin/Toronto.
Fuchs-Rechlin, K./Rauschenbach, T. (2021): Erzieher*innen – ein Qualifikationsprofil in der Zwickmühle. Seitenwege, Irrwege, Auswege. Bildung und Erziehung, 74 (2), 200–218.
Helsper, W./Krüger, H.-H./Bloch, R./Mitterle, A. (2019): Horizontale und vertikale Differenzierungsprozesse im deutschen Bildungssystem. Neue Formen sozialer Gratifikation als Ausdruck von Elitebildung? In: W. Helsper/H.-H. Krüger/J. Lüdemann (Hg.): Exklusive Bildung und neue Ungleichheit. Ergebnisse der DFG-Forschergruppe »Mechanismen der Elitebildung im deutschen Bildungssystem« (Zeitschrift für Pädagogik, Beiheft 65, S. 252–266). Weinheim/Basel.
Hoffmann, H. (1992): Sozialdemokratische und kommunistische Kindergartenpolitik und -pädagogik in Deutschland. Eine Untersuchung zur Theorie und Realpolitik der KPD, SED und SPD im Bereich institutionalisierter Früherziehung. Dortmund.
Neundörfer, K. (1923): Widerstreitende Mächte in dem Reichsgesetz für Jugendwohlfahrt. Hochland, 20, 509–529.

Sachße, Ch. (2018): Die Erziehung und ihr Recht – Vergesellschaftung und Verrechtlichung von Erziehung in Deutschland 1870–1990. Weinheim/Basel.
Reichsgesetz für Jugendwohlfahrt (1922): Reichsgesetzblatt Nr. 54 vom 29. Juli 1922, Teil 1. https://www.stuttgart.de/medien/ibs/reichsjugendwohlfahrtsgesetz-9-juli-1922.pdf (Zugriff am 16.06.2023).
Reichsministerium des Inneren (Hg.) (1921): Die Reichsschulkonferenz 1920. Ihre Vorgeschichte und Vorbereitung und ihre Verhandlungen. Amtlicher Bericht, erstattet vom Reichsministerium des Innern. Leipzig.
Reyer, J./Franke-Meyer, D. (2012): Geschichte des Kindergartens im Bezug zur Grundschule (Vorlesung). https://www.youtube.com/watch?v=4HxIUk5qe8E (Zugriff am 16.06.2023).
Schulz, H. (1911): Die Schulreform der Sozialdemokratie. Dresden.
Spiekermann, U. (2021): Als sich der Hunger in die Körper der Kinder fraß. Entwicklungsrückstände im Gefolge des Ersten Weltkriegs. https://uwe-spiekermann.com/2021/05/15/als-sich-der-hunger-in-die-korper-der-kinder-fras-entwicklungsruckstande-im-gefolge-des-ersten-weltkriegs/ (Zugriff am 16.06.2023).
Die Verfassung des Deutschen Reiches (»Weimarer Reichsverfassung«) (1919). https://www.verfassungen.de/de19-33/verf19-i.htm (Zugriff am 16.06.2023).

Die rechtlichen Veränderungen des RJWG im Bereich der Fürsorge- und Heimerziehung 1922–2021

Carola Kuhlmann

1 Einführung

Als das Reichsjugendwohlfahrtsgesetz (RJWG) 1922 verabschiedet wurde, gelang damit nicht nur die beabsichtigte Zusammenführung von Jugendpflege und Jugendfürsorge, sondern es wurden im Bereich der Jugendfürsorge in den §§ 4f. und 62f. zwei verschiedene Wege normiert, auf denen Minderjährige in ein Heim, bzw. eine Anstalt kommen konnten. Die Verschiedenheit der Gründe, die für eine Unterbringung außerhalb der Herkunftsfamilie damit weiter aufrecht erhalten blieb, war bis zur Einführung des Kinder- und Jugendhilfegesetzes (KJHG) 1990 mit verantwortlich für den pädagogischen Alltag einerseits in den Kinderheimen, andererseits in den Fürsorgeerziehungsanstalten.

2 Vorgeschichte: rechtliche Regelungen für Waisen, Zwangs- und Fürsorgezöglinge

Für verwaiste Kinder war vor der Gründung der Jugendämter, d.h. im 19. und noch lange ins 20. Jahrhundert hinein, der Gemeindewaisenrat zuständig. Dieser war meist in die Armenverwaltungen der Kommunen eingegliedert. Der Waisenrat brachte neben Waisen auch sogenannte »sozial verwaiste« Kinder in den kommunalen (sofern ehelich) oder konfessionellen Waisenhäusern bzw. Kinderheimen unter (Kuhlmann/Schrapper 2001, S. 290 ff.; Kuhlmann 2021b).

Die Vormundschaft hatten manchmal noch Verwandte, zunehmend aber auch Berufsvormünder (manchmal die Heim- und Anstaltsleiter oder Gemeindewaisenräte) inne. Als sozial verwaist galten Kinder, deren Eltern oder Elternteile z.B. krank oder im Gefängnis waren, die aber selbst noch keine Verhaltensauffälligkeiten zeigten. Auch kamen uneheliche Kinder, deren Mütter aus finanziellen Gründen arbeiten mussten, in diese Heime.

In den Waisenhäusern wurden damals nur Kinder bis zum Alter von 14 Jahren aufgenommen. Neben ihnen waren im 19. Jahrhundert Rettungshäuser bzw. Erziehungsanstalten entstanden, in denen auf Kosten von privaten »Rettungsvereinen« sogenannte verwahrloste Kinder und Jugendliche aufgenommen wurden (Kuhlmann 2018). In diese Anstalten wurden nach 1878 auch Zwangs- bzw. ab 1900 auch Fürsorgezöglinge durch die Fürsorgeerziehungsbehörden der Provinzen und Länder eingewiesen.

Minderjährige, die eine Straftat begangen hatten, wurden im 19. Jahrhundert häufig noch zu Rutenschlägen und kurzen Arresten verurteilt oder gemeinsam mit Erwachsenen in sogenannte Corrigenden-Anstalten oder Provinzialarbeitshäusern untergebracht (Kuhlmann 1985, S. 76). Das Zwangserziehungsgesetz vom 13.3.1878 war der Versuch, durch gesetzliche Regelungen die bettelnden und herumziehenden Minderjährigen längerfristig unterbringen zu können und sie dem Einfluss der Erwachsenen in den Anstalten zu entziehen. Im Zwangserziehungsgesetz wurde im § 1 geregelt, dass Minderjährige zwischen sechs und zwölf Jahren, die eine strafbare Handlung begangen hatten,

»von Obrigkeitswegen in einer geeigneten Familie oder in einer Erziehungs- oder Besserungsanstalt untergebracht werden, wenn die Unterbringung mit Rücksicht auf die Beschaffenheit der strafbaren Handlung, auf die Persönlichkeit der Eltern oder sonstigen Erzieher des Kindes und auf dessen übrige Lebensverhältnisse zur Verhütung weiterer sittlicher Verwahrlosung erforderlich ist« (Stenglein 1881, S. 213).

Im Diskurs um die Verwahrlosung insbesondere der Großstadtjugend spielten neben der Kriminalität schon damals auch die sogenannte Schul- und Arbeitsbummelei wie auch promiskuitives Verhalten eine Rolle. Das Gesetz war aber auch eine Reaktion auf die Einführung des Bürgerlichen Gesetzbuches (BGB), insbesondere der §§ 1666 und 1838 und den darin eröffneten Möglichkeiten, dem Vater die Vormundschaft bei Missbrauch des Sorgerechtes zu entziehen. Mit der Fürsorgeerziehung wurden die Möglichkeiten der Erweiterung von Lebenschancen von Kindern und Jugendlichen der ärmeren Schichten und die Gefahr der unmenschlichen Kolonialisierung dieser Milieus – so der Historiker Detlev Peukert – »unlösbar miteinander verknäult« (Peukert 1986, S. 309).

Zunächst sollte der Begriff »Zwangserziehung« übernommen werden, dies wurde fallen gelassen, da mit dem Wort »Fürsorgeerziehung« der vorbeugende Charakter des Gesetzes deutlicher werden würde. Minderjährige sollten künftig nicht mehr wegen der »Pflichtvergessenheit der Eltern« oder ungünstiger Umstände »auf eine vollständig abschüssige Bahn« geraten: »Die Erziehung ist also ein Akt der Fürsorge. Das berechtigt den Ausdruck Fürsorgeerziehung« (Schmitz 1915, S. 30).

Aber der Wandel der Begriffe verhütete nicht nachhaltig die damit verbundenen negativen Assoziationen: Bei der Verabschiedung des RJWG wurde auch der Begriff der Fürsorgeerziehung diskutiert, weil ihm bereits um 1920 »in manchen Bevölkerungskreisen« ein gewisses »Odium« anhaftete (Drewes 1928, S. 141).

Dazu trug auch bei, dass in § 1 des Fürsorgeerziehungsgesetzes der Tatbestand der Verwahrlosung als Unterbringungsursache aus dem Zwangserziehungsgesetz übernommen wurde. Fürsorgeerziehung (FE) wurde angeordnet (auch unter sechs und über zwölf Jahren) einerseits wie die Zwangserziehung beim Vorliegen einer Straftat, sofern mit »Rücksicht auf die Beschaffenheit der Handlung, auf die Persönlichkeit der Eltern oder sonstigen Erzieher und die übrigen Lebensverhältnisse zur Verhütung weiterer sittlicher Verwahrlosung des Minderjährigen« (Schmitz 1915, S. 30) die FE notwendig schien. Daneben war es möglich, die FE wegen »Unzulänglichkeit der erzieherischen Einwirkung der Eltern oder sonstiger Erzieher oder der Schule zur Verhütung des völligen sittlichen Verderbens des Minderjährigen« anzuordnen (Schmitz 1915, S. 30). Damit war ein Verschulden der Erziehungsberechtigten erforderlich, das des Kindes dagegen nicht mehr.

Für die bestehenden Erziehungsanstalten bedeutete die Einführung der Fürsorgeerziehung eine sicherere finanzielle Basis als die bisherigen Vereinsbeiträge, Spenden und gelegentlichen Zwangsunterbringungen. Das Gesetz führte auch zu vielen Neugründungen (Schrapper/Sengling 1985, S. 130).

Eine Unterbringung in einer anderen Familie im Rahmen der FE war auch möglich: 1913 waren nur 41,8 % in Anstaltspflege und immerhin 50,6 % der »FE-Zöglinge« in Familienpflege untergebracht (Schmitz 1915, S. 57).

3 Die Verabschiedung des RJWG und die Entwicklung in der Weimarer Republik

Auf kommunaler und privater Ebene gab es zur Zeit der Verabschiedung des RJWG eine Vielzahl von Stellen und Personen, die in der Jugendfürsorge tätig waren: Berufs- oder Einzelvormünder, Waisenräte, »polizeiliche Aufsichtsdamen« des Ziehkinderwesens, Säuglingsfürsorgerinnen, Armenpfleger, Geistliche, Vertreter*innen verschiedener Jugendfürsorgevereine, Fürsorgeerziehungsbehörden. »Buntscheckigkeit« nannte dies rückblickend ein Kommentar (Drewes 1928, S. 1). Die mangelnde Einheit in der Zuständigkeit wurde bereits

1910 bei der Königsberger Tagung des »Deutschen Vereins für öffentliche und private Fürsorge« (DV) kritisiert und die Errichtung einer städtischen Zentrale für Jugendfürsorge gefordert. Nach dem Berichterstatter Bürgermeister Schmidt (Mainz) sollte diese Behörde nicht nur für die »armenrechtlich hilfsbedürftige[n]«, unehelichen[n], in Pflege, Krippen oder Ferienkolonien untergebrachte[n] Kinder zuständig sein, sondern auch die Aufsicht über erwerbstätige Kinder und Jugendliche sowie Berufsberatung durchführen, in Zwangserziehungsverfahren Anträge stellen, für Unterbringung und Überwachung sorgen, sowie die »Jugendgerichtshilfe, insbesondere die Schutzaufsicht bei straffälligen Kindern« übernehmen (Polligkeit 1930, S. 33). Bemerkenswert an dieser Forderung des Mainzer Bürgermeisters ist, dass auch »die körperlich oder geistig behinderten, d. h. blinde, blödsinnige, taubstumme, epileptische und verkrüppelte Kinder« (BMFSFJ 2021, o. S.) in den Zuständigkeitsbereich dieser Behörde fallen sollten. Diese damals angestrebte »große Lösung« war ein früher inklusiver Gedanke, der erst über hundert Jahre später im Kinder- und Jugendschutzgesetz (KJSG) von 2021 umgesetzt werden konnte (vgl. im Folgenden).

Die Vereinheitlichung der Gesetzgebung im Kinder- und Jugendbereich wurde neben dem DV auch vom Allgemeinen Fürsorgeerziehungstag (AFET), der Zentrale für Jugendfürsorge sowie vom Archiv deutscher Berufsvormünder gefordert. Aber die Wünsche an dieses Gesetz lagen zum Teil weit auseinander, insbesondere in der Frage zum Verhältnis Staat, »freier Liebestätigkeit« und Familie (Muthesius 1950, S. 9). Auch zur Frage, welche Kompetenzen das Reich bzw. der Bund und welche die Länder beziehungsweise die Kommunen haben sollten, führte zu »starken Meinungsverschiedenheiten«, was im April 1921 zu der Einberufung eines Sachverständigenausschusses zur Vorbereitung der Reichstagsvorlage führte (Drewes 1928, S. 5).[1]

Wilhelm Polligkeit, Geschäftsführer des Deutschen Vereins[2], führte den Vorsitz der Kommission, die mehrere Gutachten und eine abschließende Denkschrift (mit Hilde Eiserhardt) ausarbeitete. Diese Vorschläge beeinflussten die Fassung des RJWG wesentlich. Polligkeit schrieb später, das Gesetz sei »eine der schwierigsten Materien« gewesen, die ein Parlament jemals verabschiedet habe. Es sei von einigen als zu weitgehend kritisiert, von anderen als Torso beschrieben worden (Friedeberg/Polligkeit 1923; vgl. zur Entstehungsgeschichte AGJ 1982; Jordan/Münder 1987). Er prophezeite 1923, dass erst »spätere Geschlechter [...]

---

1 Das RJWG gab auch in der Folge immer wieder Anlass zu Konflikten, wie sie sich bereits in der Geburtsstunde abzeichneten: Immer ging es auch um Kostenfragen zwischen kommunalen und übergeordneten Behörden.
2 Zu der widersprüchlichen Person Wilhelm Polligkeits und seinen in der NS-Zeit getätigten sozialrassistischen Äußerungen siehe Stein (2009).

in vollem Umfang würdigen können, [...] daß ein Volk [...] den entschlossenen Willen bekundet, durch die Sorge für die heranwachsende Jugendliche den Grundstein für eine bessere Zukunft zu legen« (Friedeberg/Polligkeit 1923, S. 1).

Polligkeit gab 1923 gemeinsam mit dem kurz vor der Veröffentlichung verstorbenen Ministerialrat Edmund Friedeberg einen ersten Kommentar zu diesem Gesetz heraus. 1930 erschien er in zweiter Auflage und enthielt in einem Ergänzungsband auch die Ausführungsgesetze der Länder. Das Buch wurde 1955 unverändert nachgedruckt, war bis in die 1960er Jahre in den Jugendwohlfahrtsbehörden gebräuchlich und steht somit für die jahrzehntelange Kontinuität dieses Rahmengesetzes.

Die Hoffnungen, dass das »erste Jugendwohlfahrtsgesetz der Welt« eine Gleichstellung der Jugendhilfe mit der Schule erreichen könnte (AWO 1957, S. 7), erfüllten sich nicht.

3.1 Grundrichtung der Erziehung im §1

Programmatisch brachte der § 1 erstmals das Verhältnis von Staat und Familie unter den Gesichtspunkt der »Förderung oder Beeinträchtigung der Rechte des Kindes«, was als großer Fortschritt gewertet wurde (Polligkeit 1930, S. 58). Er gilt bis heute als Leitnorm für alle folgenden Bestimmungen und war daher in seiner hundertjährigen Geschichte umstritten und mehrfach Änderungen unterworfen. Dieser Paragraf hieß damals im Wortlaut:

> »Jedes deutsche Kind hat ein Recht auf Erziehung zur leiblichen, seelischen und gesellschaftlichen Tüchtigkeit. Das Recht und die Pflicht der Eltern zur Erziehung werden durch dieses Gesetz nicht berührt. Gegen den Willen der Erziehungsberechtigten ist ein Eingreifen nur zulässig, wenn ein Gesetz es erlaubt. Insoweit der Anspruch des Kindes auf Erziehung von der Familie nicht erfüllt wird, tritt, unbeschadet der Mitarbeit freiwilliger Tätigkeit, öffentliche Jugendhilfe ein« (Polligkeit 1930, S. 1).

Der § 1 lehnte sich an die Reichsverfassung (Art. 120) an, in der es heißt, dass »die Erziehung des Nachwuchses zur leiblichen, seelischen und gesellschaftlichen Tüchtigkeit« die oberste Pflicht und das natürliche Recht der Eltern sei (Friedeberg/Polligkeit 1923, S. 22 ff.). Ein zeitgenössischer Kommentar legte das Recht auf Erziehung 1928 wie folgt aus:

> »Jedem Kind soll der Weg zum brauchbaren Menschen gesichert sein (Art. 120 Rverf.). [...] Unter ›Erziehung‹ ist alle Hilfe zu verstehen, die der

Jugendliche für seine Entwicklung zur vollen Leistungsfähigkeit braucht; Nahrung, Kleidung, Schule, Lehrverhältnis usw.« (Drewes 1928, S. 9, 12).

Das Recht auf Erziehung ist aber bis heute kein Recht des Staates auf Erziehung von Kindern, nicht einmal ein Recht, das Kinder unabhängig von den Eltern in Anspruch nehmen könnten. Dem Paragrafen wird eine »streitbefangene Entstehungsgeschichte« bescheinigt und selbst in der letzten Änderung von 2021 gab es im Vorlauf wieder Auseinandersetzungen über das Spannungsverhältnis zwischen dem im Grundgesetz verankerten Elternrecht (Artikel 6) und dem staatlichen Auftrag des Kinderschutzes. Sowohl das Recht auf Erziehung wie auch das Kindeswohl gelten bis heute als Rechtsbegriffe mit »Bestimmtheitsdefiziten« (vgl. § 8 SGB I, Hauck/Noftz 2021, S. 3 f.). Besonders familienunterstützende und -ergänzende Maßnahmen waren immer wieder schwer zu legitimieren und unterblieben so aus Kostengründen, da der Kinder- und Jugendhilfe ein eigenständiger Erziehungsauftrag fehlte und fehlt.

Begrenzt ist das Elternrecht nur durch die seit 1900 im Bürgerlichen Gesetzbuch (BGB) im § 1666 festgelegte Regelung, dass bei Missbrauch des Erziehungsrechtes durch den Vater (Mütter hatten dieses Recht damals noch nicht) das Vormundschaftsgericht Maßnahmen zur Abwendung der Gefahr anordnen kann, insbesondere wenn das »geistige oder leibliche Wohl des Kindes« gefährdet ist. Daneben reichte es, wenn sich der Vater »eines ehrlosen oder unsittlichen Verhaltens schuldig macht«. In diesen Fällen wurde dem Kind sein Recht auf Erziehung durch eine geeignete Familie oder durch eine Unterbringung in einer »Erziehungsanstalt oder einer Besserungsanstalt« gewährleistet (Polligkeit 1930, S. 484).

Polligkeit interpretiert diese Bestimmung zur damals noch »Erziehungsgewalt« genannten Pflicht folgendermaßen:

»Inhalt der Erziehungsgewalt ist allgemein das Recht und die Pflicht des Inhabers, in einer dem Interesse, den Fähigkeiten und Anlagen sowie den sonstigen Verhältnissen des Kindes entsprechenden Weise für die körperliche, geistige und sittliche Ausbildung des Kindes zu sorgen, es zu einem bestimmten Lebensberufe fähig zu machen und zu Erreichung dieser Ziele überhaupt die Handlungen des Kindes zu leiten [...]« (Polligkeit 1930, S. 75).

Die Erziehung zur Tüchtigkeit ist Polligkeit zufolge gleichzusetzen mit dem »pädagogischen Postulat einer harmonischen und allseitigen Heranbildung und Entfaltung der menschlichen Gesamtpersönlichkeit« (Polligkeit 1930, S. 76).

Hiermit bezieht er sich – allerdings nicht explizit, aber in der Wortwahl – auf das Bildungsverständnis Humboldts, der das Ziel der Bildung ebenfalls in der Entfaltung der individuellen Anlagen zu einer harmonischen Persönlichkeit sah (Kuhlmann 2013, S. 47 ff.). Diese liberale Interpretation des Grundsatzparagrafen wurde allerdings in der Folge – insbesondere in der NS-Zeit – (auch von Polligkeit) nicht weitergeführt. In der Praxis der Anstalten wurde der Auftrag der Erziehung zur »Tüchtigkeit« insbesondere in der Fürsorgeerziehung zum Argument für Arbeitszwang. Ausbildung oder gar Bildung wurden vernachlässigt.

Dies galt in einigen Heimen auch noch bis in die 1990er Jahre und es war möglich, sich dabei auf einen renommierten Erziehungswissenschaftler zu beziehen. So schrieb Wolfgang Brezinka dem Wert der Tüchtigkeit eine besondere Bedeutung als Erziehungsziel zu, um den angeblichen Verfallserscheinungen in der Gesellschaft entgegenzutreten (Brezinka 1987). Einzig »Führung« und die »haltgebende Kraft guter Sitten und Gewohnheiten« konnte seiner Meinung nach eine »massenhafte Verwahrlosung« verhüten (Brezinka, zit. nach Kuhlmann 2013, S. 216). Zwar wurde der Begriff der »Tüchtigkeit« aus dem § 1 mit der Einführung des KJHG herausgenommen, aber bis sich die Erziehungsvorstellungen nachhaltig wandelten, dauerte es noch: Dies geschah erst, als eine neue Generation, die nach dem Krieg geboren war, in den Heimen auch leitend tätig wurde (Kuhlmann 2008; 2010).

3.2 Minderjährigenfürsorge und Fürsorgeerziehung im Rahmen des RJWG

Zur Heimerziehung stand der § 1 in einem besonderen Verhältnis, da er sowohl die Normen für die öffentliche Erziehung als auch die Kriterien für den Entzug der elterlichen Gewalt setzte.

Im RJWG gab es im Vorfeld der Fürsorgeerziehung nur die Maßnahme der Schutzaufsicht (§ 56). Auch hier war bis 1961 die Voraussetzung die Notwendigkeit und Möglichkeit der Verhütung der »körperlichen, geistigen oder sittlichen Verwahrlosung«. Die Schutzaufsicht sollte von einem Helfer ausgeführt werden, der die Minderjährigen unterstützt, aber auch überwacht und dem die Eltern gegenüber auskunftspflichtig sind (§ 58, Drewes 1928, S. 132).

Der Begriff der Verwahrlosung hatte eine lange Geschichte und reicht bis zur Rettungshausbewegung der 1820er Jahre (Kuhlmann 2018). Verwahrlost war, wer bestimmte Verhaltensweisen zeigte, die von den gesellschaftlichen Normen abwichen: Frechheit, Trotz, Schule schwänzen, »Arbeitsbummelei« oder vorehelicher Geschlechtsverkehr. In der zeitgenössischen Fachliteratur um 1920 wurden die Ursachen zu einem Großteil in genetisch bedingter Psychopathie gesehen (Kuhlmann 1989, S. 78). Allerdings gab es im Rahmen der von der Jugendbewegung inspirierten sozialpädagogischen und in der sozialistischen Bewegung auch abweichende Interpretationen, bei denen gesellschaftliche Benachteiligungen und familiäre Vernachlässigung im Vordergrund standen.

Im § 63 RJWG wurde 1922 die Regelung zur Fürsorgeerziehung fast wortgetreu aus dem Fürsorgeerziehungsgesetz übernommen, lediglich wurde nur noch von Erziehungsanstalten statt von Erziehungs- und Besserungsanstalten gesprochen. Die FE konnte, wie schon im Fürsorgeerziehungsgesetz möglich, auch in einer Familie durchgeführt werden, was aber zunehmend weniger zur Anwendung kam. Kosten und Aufsicht wurden weiter von Landesbehörden übernommen.

Es ist nicht zu leugnen, dass die FE auch benutzt wurde, um Jugendliche aus der Unterschicht zu disziplinieren, insbesondere wenn »Arbeitsbummelei« die Unterbringungsursache war. Aber daneben sind einige der Voraussetzungen der FE vergleichbar mit dem, was wir heute unter Kindeswohlgefährdung verstehen (»Anstiftung zu strafbaren Handlungen« durch die Eltern, »übermäßige Züchtigung«, »Vernachlässigung«, »übermäßige Ausnutzung der Arbeitskraft des Kindes«, Anstiften zum Schuleschwänzen etc.; Drewes 1928, S. 170). Die Beantwortung dieser Notlagen sollte – so ein zeitgenössischer Kommentar – nicht mehr von der Finanzkraft privater Stiftungen abhängen.

Polligkeit argumentierte weitergehend, dass die Erziehungsfähigkeit der Eltern eine Fiktion sei, insbesondere weil die kulturelle und zivilisatorische Entwicklung so stark vorangeschritten sei, dass damit auch die Forderungen an Erziehung gewachsen seien. Auf diese Weise geschehe es immer häufiger, dass Familien hinter der »als Norm angenommenen Erziehungsleistung« zurückblieben (Polligkeit 1930, S. 60).

Bereits Ende der 1920er Jahre übte die Arbeiterwohlfahrt (AWO) scharfe Kritik an der Übernahme des Fürsorgeerziehungsgesetzes in das RJWG. Unter Vorsitz des Stadtrates Dr. Walter Friedländer verabschiedete die AWO »Richtlinien zur Umgestaltung der Fürsorgeerziehung«. Hier wurde gefordert, was dann erst 60 Jahre später durchgesetzt werden konnte: die Verantwortung der kommunalen Jugendämter für alle in Heimen untergebrachten Minderjährigen. Begründet wurde die Forderung mit dem Verweis darauf, dass Verwahrlosung nicht als individuelle Schuld und Erziehung, nicht als Strafe angesehen werden dürfte. In den Heimen sollte auf eine »innere Bindung zwischen dem Jugendlichen und dem Erzieher, unter Verzicht auf äußeren und geistigen Zwang« geachtet werden (zit. nach AWO 1957, S. 38). Daneben sollte es ein Beschwerderecht und -möglichkeiten außerhalb der Anstalten[3], Nachbetreuung, Freizeitangebote

---
3 Dies wurde erst 2012 im Bundeskinderschutzgesetz rechtlich verbindlich eingeführt.

und Ausbildungsmöglichkeiten auch außerhalb von Land- und Hauswirtschaft geben. Briefzensur und Züchtigungen sollten verboten sein. Teile dieser Forderungen wurden 1929 umgesetzt, in der NS-Zeit aber wieder abgeschafft (vgl. im Folgenden).

4 Fürsorgeerziehung und Minderjährigenfürsorge in der Zeit des Nationalsozialismus

Zwischen 1933 und 1945 blieb das RJWG in Kraft, lediglich das »Gesetz über die Hitlerjugend« von 1936 gliederte die Jugendpflege aus dem Gesetz aus und 1939 wich das kollegial verfasste Jugendamt dem Führerprinzip und wurde abgeschafft. Aber auf dem Weg von knapp vierzig Runderlassen des Reichsinnenministeriums wurde massiv in die Praxis – insbesondere der Heimerziehung – eingegriffen. So wurde z. B. am 4.7.1935 das 1929 aufgehobene Züchtigungsrecht in Fürsorgeerziehungsanstalten wieder eingeführt. Zeitgleich wurde das Beschwerderecht wieder abgeschafft, um die »Aufrechterhaltung von Zucht und Ordnung der Anstalt« zu garantieren. Ein Beispiel für die Veränderung der Normvorstellungen im § 1 RJWG ist der Beschluss des Reichsgerichts vom 11.12.1936, der feststellte, dass die »Verpimpelung« eines Jungen als Verwahrlosungserscheinung zu gelten habe, da das Wohl des Kindes »den nationalsozialistischen Erziehungsidealen« zu entspreche habe (zit. nach Kuhlmann 1989, S. 284).

In den 1930er Jahren wurden immer mehr jüngere Kinder, sogar Säuglinge und Kleinkinder, von Vormundschaftsgerichten in die Fürsorgeerziehungsanstalten eingewiesen. Bisher war bei einer rein körperlichen Gefährdung die kommunale Minderjährigenfürsorge zuständig gewesen. Nun wurde zunehmend ein Zusammenhang zwischen körperlicher und geistig-sittlicher Verwahrlosung angenommen. In zeitgenössischen Fachpublikationen wurde diese Tendenz der Gerichte begrüßt, da nun die Heimerziehung nicht mehr von der »Zufälligkeit größerer oder geringerer Finanzkraft der kleineren öffentlichen Organe« abhängig war (zit. nach Kuhlmann 1989, S. 178).

Dass immer weniger schulentlassene Jugendliche in die Fürsorgeerziehungsanstalten eingewiesen wurden, dazu trugen nach Auffassung der Fachverbände auch die Arbeitsbeschaffungsprogramme bei. In den 1930er Jahren gingen einzelne Fürsorgeerziehungsbehörden auch dazu über, die Aufenthaltsdauer zu verkürzen und alle Jugendlichen zu überprüfen, die länger als drei Jahre in Heimen lebten. Diese sollten dann entweder nach § 73 (Unerziehbarkeit) entlassen, oder in eine (billigere) Bewahranstalt überwiesen werden. Mit diesen weitreichenden Veränderungen im Charakter der Fürsorgeerziehung stellte sich die Frage, was sie noch von der Minderjährigenfürsorge unterschied, da der vorbeugende Charakter des § 63 immer mehr in den Vordergrund rückte.

Zu einem entscheidenden Kriterium wurde in der Folgezeit die der nationalsozialistischen Ideologie entsprechende Scheidung von »erbgesund« und »erbkrank«. Da sich die Fürsorgeerziehungsanstalten fast ausschließlich in Trägerschaft kirchlicher Vereine befanden, sollten sich diese (da die beabsichtigte, umfassende Entkonfessionalisierung nicht gelang) um die »Minderwertigen« kümmern, während die gesunden Kinder und Jugendlichen, die zum »Volksaufbau« beitragen konnten, in die neu gegründeten »Jugendheimstätten« der Nationalsozialistischen Volkswohlfahrt (NSV) eingewiesen werden sollten.

Allerdings blieben diese Pläne, die ab 1936 verstärkt den Ton der Fachdebatte prägten, ohne weitreichende Folgen, denn bereits drei Jahre später – zu Kriegsbeginn – waren die unterbringenden Behörden wegen Personalnot der NSV von den konfessionellen Anstalten wieder abhängig.

Die Fachverbände der Jugendhilfe begrüßten, dass der § 63, Ziffer 1 nicht abgeschafft wurde, da sonst ein Rückfall in das Zwangserziehungsgesetz zu befürchten gewesen wäre. So aber wurden den Fürsorgeerziehungsanstalten weiter auch »erziehungsfähige« und »erziehungsbereite« Kinder und Jugendliche zugewiesen.

Je stärker auf eine vermeintliche Erbkrankheit geprüft wurde, desto stärker rückten die ursprünglichen Unterbringungsgründe in den Hintergrund, vielmehr ging es nun um die Haltung und »Führung« in den Heimen.

In der Zeitschrift »Deutsche Jugendhilfe« schrieb Andreas Mehringer 1938, die Jugendfürsorge habe den Charakter der »Minderwertigenfürsorge« verloren, da man sich durch die Zwangssterilisierung dieser Gruppe und ihrer anschließenden »Bewahrung« seit 1933 auf die »umweltbedingte Abartigkeit« konzentrieren könne, die im Wesentlichen durch geschiedene oder uneheliche Mütter verursacht würde (Mehringer 1938, zit. nach Kuhlmann 1989, S. 181).

Die Fürsorgeerziehung wurde von den Leitern der Fürsorgeerziehungsbehörden in der NS-Zeit als »öffentliche Erziehung« interpretiert, die den staatlichen Erziehungsauftrag besser ausführen könnte als die Herkunftsfamilie. Dazu diente zunehmend auch eine »freiwillige Fürsorgeerziehung«, die in vielen Provinzen und Ländern eingeführt und 1942 durch einen Reichserlass gesetzlich geregelt wurde.

Die Umwandlung der »alten« in die »neue« Fürsorgeerziehung entbehrte nicht einer Anlehnung an reformpädagogisches Gedankengut (vgl. zur Nähe der sozialpädagogischen Bewegung zur NS-Ideologie Kuhlmann 2021a). So schrieb der Leiter der badischen Staatsanstalt Flehingen, Alfred Späth, seine

Zöglinge würden nicht durch Mauern und Wächter, sondern durch stramme Disziplin dort gehalten:

> »Die Wohnräume wurden nach und nach solide und stilvoll eingerichtet. Die Insassen konnten sich nunmehr in ihnen wohl und heimisch fühlen. Sauberkeit wurde Trumpf. Überall helle und frohe Farben. Sportplätze wurden angelegt, Turnhallen errichtet oder ausgebaut. [...]. Niemand wird heute mehr in den vorbildlich ausgestatteten und blitzsauber gehaltenen Gemeinschaftsheimen die alten gefängnisartigen ›Kästen‹ einer vergangenen Zeit wiedererkennen« (Späth 1938, zit. nach Kuhlmann 1989, S. 182).

Doch die »Reformen« entsprachen in keiner Weise dem, was in den Anstaltsrevolten um 1929 gefordert worden war: Es gab keine Selbstbestimmung, sondern im Gegenteil eine Forderung nach einem totalen Gehorsam gegenüber dem »Führer« der Anstalt. Dem Fachdiskurs zwischen 1933 und 1945 ist aber eine reformpädagogische Rhetorik nicht abzusprechen.

5 Die Heimerziehung im Spiegel der Novellen des Jugendwohlfahrtsgesetzes von 1953, 1961 und (in der DDR) 1965

Eine Aufarbeitung der NS-Zeit unterblieb in der Nachkriegszeit und teilweise bis in die 1980er Jahre. Dies verwundert nicht angesichts der personellen Kontinuitäten, um hier nur Wilhelm Polligkeit und Hans Muthesius zu nennen, deren Kommentare zum RJWG einen bedeutenden Einfluss auf die Praxis ausübten (Amthor/Bender-Junker/Kuhlmann 2022). Auch konzeptionell war weiter von der Notwendigkeit der Unterbringung »arbeitsscheuer« oder »asozialer« Jugendlicher die Rede (Kuhlmann 1989, S. 247).

Dies gilt auch für die Entwicklung in der 1949 gegründeten DDR, obwohl dort das RJWG 1965 durch die Jugendhilfeverordnung abgelöst wurde. Die FE wurde im Osten ersetzt durch den Begriff der »Öffentlichen Erziehung«. Sie wurde durch Jugendhilfeausschüsse angeordnet, die im Wesentlichen mit Ehrenamtlichen und Parteifunktionären besetzt waren. Voraussetzung für die Heimerziehung war, dass die »Entwicklung oder die Gesundheit Minderjähriger gefährdet und auch bei gesellschaftlicher und staatlicher Unterstützung der Erziehungsberechtigten nicht gesichert« werden konnte (§ 23 JHVO, zit. nach Wapler 2012, S. 47). In der Praxis wurde auch die Unfähigkeit der Eltern, das Kind zu einem »vollwertigen Mitglied des schaffenden Volkes« zu erziehen, zur Unterbringungsursache (zit. nach Wapler 2012, S. 45).

In der Bunderepublik bescheinigte Hans Muthesius dem RJWG nach 25 Jahren Geltungsdauer, dass es »ungeachtet mancher Mängel und Unklarheiten reiche Möglichkeiten bietet für eine planmäßige zielbewußte öffentliche Jugendhilfearbeit« (Muthesius 1950, S. 9). Das RJWG galt weiter, abzüglich der Veränderungen in der NS-Zeit und sofern es dem Grundgesetz nicht widersprach. Ein neues »Bundesjugendwohlfahrtsgesetz« war Muthesius zufolge noch nicht erforderlich, vielmehr sollte die Bundesrepublik »das alte RJWG wiederherstellen« (Muthesius 1950, S. 11).

Eine erste Anpassung an die Gesetzgebung der Bundesrepublik erfolgte 1953. Neben den Wortänderungen (z. B. statt »Reichverwaltungsgericht« nun »Bundesverwaltungsgericht«; Bundesregierung 1953, S. 1035) wurde im Wesentlichen die Außerkraftsetzung des RJWG von 1924 aufgehoben (S. 1036). Ab 1953 waren damit die Aufgaben der Jugendämter nicht mehr auf andere Behörden übertragbar und die in § 4 genannten Aufgaben wurden zur bedingten Pflicht erklärt. An die Stelle des Jugendamtes als Kollegialbehörde trat das zweigliedrige Jugendamt, das sich aus Verwaltung und Jugendwohlfahrtsausschuss zusammensetzte (Münder/Wiesner 2007, S. 75).

Im Vorfeld einer weiteren Gesetzesänderung griff die AWO ihre Forderungen von 1929 Ende der 1950er Jahre erneut auf: Es sei wieder keine Abkehr vom Verständnis des Fürsorgeerziehungsgesetzes erfolgt und nur bei »krasser Gefährdung« werde Unterstützung gegeben. Und meist sei es vom Zufall abhängig, »in welche der drei möglichen Arten der öffentlichen Erziehung« und in welches Heim ein Kind schließlich käme. Die FE sei eine Maßnahme geblieben, die außerhalb der sonstigen Hilfen durch das Jugendamt stehe und dies bedeute, dass der überörtliche Träger weder Kind noch Familie kenne (AWO 1957, S. 15). Die AWO forderte erneut, was sie bereits 1929 gefordert hatte und was erst 1990 gelang: die Aufhebung von FE und Freiwilliger Erziehungshilfe als Sondermaßnahmen, auch weil die Fürsorgeerziehungsanstalten in veralteten Formen der »Verwahrlostenpädagogik« erstarrt seien (AWO 1957, S. 31).

Kritik an den veralteten Methoden wurde aber auch in anderen Fachverbänden zunehmend lauter (Borchert 1961).

Zu einer umfassenderen Reform des Gesetzes kam es 1961. Der Aufgabenkatalog in § 5 wurde nun deutlich erweitert (von sechs auf acht Punkte). Ergänzt wurde u. a. die Aufgabe der Beratung in Fragen der Erziehung, der Kinder- und Jugenderholung, der Freizeithilfen sowie der Errichtung und Unterhaltung von Jugendheimen. Der Begriff »Wohlfahrt« wurde ersetzt durch »erzieherische Betreuung«. § 6 regelte nun, dass zu den Aufgaben nach § 5 auch gehört, einem Minderjährigen den notwendigen Lebensunterhalt zu gewähren, wenn er »in einer Familie außerhalb des Elternhauses, [...] in einem Heim oder einer sonstigen Einrichtung « untergebracht ist (Bundesregierung 1961, S. 4).

Aus der früheren Schutzaufsicht (§§ 55–61) wurde die auch heute noch existierende Erziehungsbeistandschaft, die gewährt (oder angeordnet) wurde, auch *ohne* das Vorliegen einer Verwahrlosung. Jetzt reichte »Gefährdung« und/oder »Schädigung«. Gleiches galt auch für die bundesweit (wieder) eingeführte Freiwillige Erziehungshilfe (FEH § 62), die eintreten konnte, wenn sie zur »Abwendung der Gefahr oder zur Beseitigung des Schadens geboten ist und die Personensorgeberechtigten bereit sind, die Durchführung der Freiwilligen Erziehungshilfe zu fördern« (Potrykus 1972, S. 24). Die FE wurde davon abgegrenzt, da hier die Voraussetzung weiter der Entzug der elterlichen »Gewalt« (es hieß erst ab 1980 elterliche Sorge) blieb. Leicht wurde der § 64 umformuliert: Fürsorgeerziehung sollte angeordnet werden, wenn »der Minderjährige zu verwahrlosen droht oder verwahrlost ist« und wenn keine »ausreichende andere Erziehungsmaßnahme gewährt werden kann« (Potrykus 1972, S. 24). Sowohl Verwahrlosung wie auch Gefährdung oder Schädigung galten weiterhin als »Kontrastbegriffe« zum § 1 (Münder 1978, S. 275).

Neben diesen neuen Bestimmungen kann die Einführung der Heimaufsicht durch die Landesjugendämter als wichtiger Schritt in Richtung Kinderschutz in Einrichtungen gelten. Zwar führten die Behörden die Aufsicht über einzelne Kinder auch schon vorher aus, nicht aber über ein Heim als Ganzes. In den 1950er Jahren hatten aber einige Skandale in Heimen die Öffentlichkeit aufmerksam gemacht (Kuhlmann 2010, S. 46), sodass nun in § 78 ff. die Heimaufsicht und der Schutz von Minderjährigen unter 16 Jahren in Heimen durch das Landesjugendamt verpflichtend wurden. Untersucht wurde auch, ob die Betreuung im Heim »durch geeignete Kräfte gesichert« ist« (Potrykus 1972, S. 28). Diese Bestimmung führte in vielen konfessionellen Heimen, in denen unausgebildete Ordensangehörige traditionell tätig waren, zu einer Ausbildungs- und Einstellungsoffensive, die die Lebensbedingungen für die Kinder Schritt für Schritt besserte (Kuhlmann 2008, S. 89f f.). Fortan mussten gemeldet werden:

»1. Personalien und Art der Ausbildung des Leiters und der Erzieher der Einrichtung,
2. jährlich die Platzzahl und ihre Änderung,
3. die Änderung der Zweckbestimmung der Einrichtung,
4. unverzüglich unter Angabe der Todesursache der Todesfall eines in einer Einrichtung [...] betreuten Minderjährigen« (Potrykus 1972, S. 29).

Das Landesjugendamt sollte auf Wunsch des Gesetzgebers die Heime nun »regelmäßig an Ort und Stelle überprüfen« und war berechtigt, ihnen die Arbeit zu untersagen, wenn »das leibliche, geistige oder seelische Wohl der in der Einrichtung betreuten Minderjährigen« gefährdet ist »und eine unverzügliche Beseitigung der Gefährdung nicht zu erwarten ist« (Potrykus 1972, S. 29). Allerdings geht aus Interviews mit Zeitzeug*innen hervor, dass die Landesjugendämter aus Personalmangel oft nicht in der Lage waren, dieser Aufgabe gerecht zu werden (Kuhlmann 2021c, S. 85).

Am Wortlaut des § 1 hatte sich weder 1953 noch 1961 etwas geändert (vgl. Polligkeit 1930, S. 1; Potrykus 1972, S. 6 f.). Allerdings wandelte sich ab Mitte der 1960er Jahre die Interpretation dessen, was als Kindeswohl und angemessene Züchtigungsmaßnahmen vonseiten der Eltern gelten konnten. In einem ersten sozialwissenschaftlich orientierten Kommentar des JWG von 1978 forderte Johannes Münder, dass sich das Jugendhilferecht von einem Abwehr- zu einem Leistungsrecht verändern müsse (Münder 1978, S. 60). Insbesondere für schwierige Sozialisationslagen in sozialen Brennpunkten oder bei einer Behinderung sollten Erziehungshilfen und Beratung bereitstehen, um das Recht auf Erziehung wirksam werden zu lassen (Münder 1978, S. 61). Auch weist er darauf hin, dass der Begriff der gesellschaftlichen Tüchtigkeit nicht dazu dienen dürfe, »staatstragende Erziehungsvorstellungen« zu verwirklichen (Münder 1978, S. 63).

Münder argumentierte weiter, dass bei der Idee, Verwahrlosung sei eine Abweichung von der Norm, die Lebensverhältnisse der Mittelschicht als Maßstab genommen und die Verhaltensweisen von Jugendlichen aus der Unterschicht im Bereich von Sexual- und Arbeitsverhalten ungerechterweise als Abweichung definiert würden (Münder 1978, S. 258 f.).

Zwischen 1973 und 1979 gab es sechs Entwürfe für ein neues Jugendhilfegesetz; ein 1980 vom Bundestag eingebrachtes Gesetz scheiterte im Bundesrat. Nach weiteren Entwurfsvorlagen kam es schließlich 1990 zur Verabschiedung des Kinder- und Jugendhilfegesetzes (KJHG). Viele der dort neu geregelten Maßnahmen waren da schon länger praktisch umgesetzt.

6 Die Einführung der erzieherischen Hilfen im Kinder- und Jugendhilfegesetz von 1990 (SGB VIII)

Der Reformprozess zum JWG war von parteipolitischen Konflikten über die Frage des eigenständigen Erziehungsrechtes der Kinder- und Jugendhilfe als dritter Sozialisationsinstanz überschattet. Auch über die Frage nach dem Erziehungsziel wurde gestritten, denn die Leitnorm der Tüchtigkeit wurde nicht nur von der sogenannten 68er-Bewegung zunehmend infrage gestellt. Ein neues Profil der Jugendhilfe als offensive Interessenvertretung von jungen Menschen wurde entworfen. Mitte der 1980er Jahre wurde eine Entbürokratisierung, eine Stärkung der Prävention, Sozialraumorientierung und Demokratisierung gefordert (Münder 1999, S. 77 f.).

Schließlich wurden die Begriffe der Tüchtigkeit und der Verwahrlosung im KJHG fallen gelassen. Die neue Fassung des § 1 sprach jedem »jungen Menschen« das Recht auf »Förderung seiner Entwicklung und auf Erziehung zu einer eigenverantwortlichen und gemeinschaftsfähigen Persönlichkeit« zu. Jugendhilfe wurde in Abschnitt 3 des § 1 darauf verpflichtet, die Verwirklichung dieser Rechte zu befördern, »Benachteiligungen zu vermeiden oder abzubauen«. Darüber hinaus sollte Jugendhilfe auch junge Menschen vor Gefahren schützen und zu positiven Lebensbedingungen beitragen (Münder 1999, S. 20).

Freiwillige Erziehungshilfe und Fürsorgeerziehung wurden abgeschafft, Heimerziehung insgesamt als eine Maßnahme der erzieherischen Hilfen (§ 27 ff.) im § 34 geregelt: nachrangig zu Erziehungsberatung, Erziehungsbeistandschaft, sozialpädagogischer Familienhilfe, Erziehung in der Tagesgruppe und Pflegefamilien. Fallführend wurden jetzt in allen Fällen von Heimunterbringung die örtlichen Jugendämter. Die Unterbringung erfolgte nicht mehr auf unbestimmte Zeit, sondern wurde an regelmäßige Prüfungen im Rahmen eines Hilfeplans gebunden (§ 36), um eine mögliche Rückkehr in die Herkunfts-, eine Unterbringung in einer Pflegefamilie oder ein selbstständiges Wohnen ab 16 Jahren vorzubereiten.

Die Heimkritik um 1970 hatte auf die stigmatisierenden und belastenden Sozialisationsbedingungen in Institutionen mit Schichtdienst und Personalfluktuation hingewiesen. Die Heimreform hatte Alternativen in Form von Wohngemeinschaften und sozialpädagogischen Lebensgemeinschaften geschaffen (Kuhlmann 2022). Die Hoffnung darauf, dass ambulante Maßnahmen und alternative Unterbringungsformen die Heimerziehung überflüssig machen würden, erfüllte sich aber nicht. Sie über die Bestimmungen des § 34 abzubauen, wurde im ersten Änderungsgesetz zum KJHG aufgegeben.

Weiterhin waren auch nach 1990 bis zu 70 % in »klassischen Mehrgruppeneinrichtungen« untergebracht. Daher eröffnete das Änderungsgesetz die Möglichkeit, Heimerziehung nach § 34 auch als eine »auf längere Zeit angelegte Lebensform« durchzuführen.

Heimerziehung wurde – sofern den Erziehungsberechtigten nicht die Sorge entzogen war (was immer seltener vorkam) – wie zuvor die Freiwillige Erziehungshilfe auf Antrag gewährt und wurde nun eine »Leistung« des Jugendamtes (Münder 1999, S. 300 f.). Eingriffe wurden immer zögerlicher durchgeführt, bis um 2005 in der Öffentlichkeit über mehrere gescheiterte Kinderschutzfälle mit Todesfolge berichtet wurde. Im selben Jahr wurde der § 8a mit dem »Kinder- und Jugendhilfeweiterentwicklungsgesetz (KICK) neu eingeführt, der das Jugendamt bei »gewichtigen Anhaltspunkten« verpflichtete, im Zusammenwirken mehrerer, u. a. erfahreneren Fachkräften bei einer vermuteten Kindeswohlgefährdung zu ermitteln. Institutionen und Fachkräfte der Jugendhilfe wurden beauftragt, Verdachtsfälle zu melden. Die Zahl der Heimunterbringungen, die zwischenzeitlich gesunken war, stieg wieder an.

2012 wurde der § 8b durch das Bundeskinderschutzgesetz hinzugefügt, der bestimmte, dass Personen, die beruflichen Kontakt zu Minderjährigen haben, einen Anspruch auf Beratung durch eine im Bereich der Kindeswohlgefährdung »insoweit erfahrene Fachkraft« haben.

7 Veränderungen im Erziehungsziel und Stärkung der Rechte von Kindern in Heimen: das Kinder- und Jugendstärkungsgesetz (KJSG seit 2021)

Durch die Ratifizierung der UN-Behindertenrechtskonvention 2008 entstand ein neuer Anlauf in Richtung einer inklusiven Lösung auch in der Kinder- und Jugendhilfe. Diskutiert wurde jahrelang die »kleine« und die »große« Lösung; letztere sieht vor, dass die Eingliederungshilfe für junge Menschen mit körperlichen, geistigen und seelischen Behinderungen vollständig in die Zuständigkeit der Jugendämter übergeht und wurde 2021 beschlossen, d. h., sie soll in einem längerfristigen Zeitplan bis 2027 und mithilfe von Verfahrenslotsen umgesetzt werden.

Vor dem Hintergrund dieser Zusammenführung ist auch die nun dritte Änderung im § 1 in seiner hundertjährigen Geschichte zu verstehen, denn hier ist dem Recht auf Förderung der Entwicklung und Erziehung zu einer eigenverantwortlichen und gemeinschaftsfähigen Persönlichkeit das Recht auf Förderung zu einer »selbstbestimmten Persönlichkeit« hinzugefügt. Auch der Absatz 3 wurde ergänzt: Die Jugendhilfe soll nun jungen Menschen auch »ermöglichen oder erleichtern, entsprechend ihrem Alter und ihrer individuellen Fähigkeiten in allen sie betreffenden Lebensbereichen *selbstbestimmt* zu interagieren und damit gleichberechtigt am Leben in der Gesellschaft *teilhaben* zu können« (NOMOS 2021, S. 27, Hervorh. C. K.).

Zusätzlich wird im § 9 (Grundrichtung der Erziehung, Gleichberechtigung von jungen Menschen) erstmals gefordert,

»die unterschiedlichen Lebenslagen von Mädchen, Jungen sowie transidenten, nicht-binären und intergeschlechtlichen jungen Menschen zu berücksichtigen, Benachteiligungen abzubauen und die Gleichberechtigung der Geschlechter zu fördern« (§ 9 (3). Auch ist hier zusätzlich geregelt, dass die »gleichberechtigte Teilhabe von jungen Menschen mit und ohne Behinderungen umzusetzen und vorhandene Barrieren abzubauen« sind (§ 9 (4); NOMOS 2021, S. 46).

Inwieweit diese neuen Betonungen von Selbstbestimmung und Teilhabe als Reaktion auf die Veränderung zu einer inklusiven Kinder- und Jugendhilfe auch Wirkungen für inklusive Wohneinrichtungen in der stationären Erziehungshilfe haben, bleibt abzuwarten.

8 Fazit

Trotz der vielfältigen und teilweise massiven Veränderungen von Familienverhältnissen, Regierungsformen und zivilgesellschaftlichen Initiativen in der wechselvollen Geschichte der letzten 100 Jahre, ist eine erstaunliche Kontinuität in Bezug auf die Auseinandersetzungen über Reformen im Bereich der Kinder- und Jugendhilfe feststellbar. Auf der einen Seite betrifft dies den Streit zwischen der Sozialdemokratie und den konservativen Parteien über die Frage, inwieweit der Staat unterstützende Leistungen im Bereich der Familienerziehung anbieten darf oder muss, auf der anderen Seite die Frage nach der Legitimität von Zwang in der öffentlichen Erziehung, die sich auch nach der Abschaffung der Fürsorgeerziehung und des Verwahrlosungsbegriffes nicht erledigt hatte. Sie wurde weitergeführt um die Frage der geschlossenen Unterbringung und um Privilegiensysteme bzw. Verstärkerpläne, die zuvor feste Bestandteile der FE gewesen waren und ihre Abschaffung – wenn sie auch quantitativ in weit geringerem Maße überlebt hatten (Kuhlmann 2021b, S. 108). Auf der anderen Seite standen einer vorbeugenden und inklusiven Kinder- und Jugendhilfe von Beginn an Kostenerwägungen entgegen. Dies hatte schon vor 100 Jahren zur Außerkraftsetzung der beabsichtigten Leistungen des Gesetzes geführt, weil die Behörden, die sie finanzieren und vorhalten sollten, ihr Veto einlegten (Drewes 1928, S. VIII). Gegen die Heimerziehung sind immer wieder gleiche oder ähnliche Argumente ins Feld geführt worden. Auch ist mit unterschiedlichen Maßnahmen versucht worden, ihr vorzubeugen (Schutzaufsicht, Freiwillige Erziehungshilfe, Sozialpädagogische Familienhilfe etc.). Bis heute gelingt dies nicht. Heimerziehung gibt es weiterhin und die Zahl der dort untergebrachten Kinder und Jugendlichen nimmt anteilig zur Bevölkerung seit vielen Jahren nicht ab.

Es sollen nicht die wesentlichen Erfolge, die insbesondere nach der Gesetzesänderung von 1990 erkämpft wurden, geringgeschätzt werden. Sie sind als (verzögerte) Folgen gesellschaftlicher Veränderungsprozesse im Geschlechter- und Generationenverhältnis zwischen 1965 und 1975 zu würdigen (Kuhlmann 2022).

Im Rückblick von 100 Jahren ist aber zu bezweifeln, ob es tatsächlich einen so starken Bruch von einem Eingriffs- zu einem Leistungsgesetz nach 1990 gegeben hat, wie häufig behauptet wird. Denn Eingriffe erfolgen auch heute noch, sind zum Schutz von Kindern auch häufig notwendig. Und Leistungen wurden auch vor 1990 im Rahmen des (Reichs-) Jugendwohlfahrtsgesetzes bereits erbracht. Man sollte vorsichtig sein mit einer vorschnellen Abwertung vergangener Praxen, wenn sie nur als Negativfolie dienen, um die heutige Praxis in ein gutes Licht zu stellen.

Tabelle 4: Synopse der gesetzlichen Bestimmungen zur öffentlichen Erziehung

Zwangserziehungsgesetz 1878	Fürsorgeerziehungsgesetz 1900	RJWG 1922	JWG 1961	JHVO 1965 (DDR)	KJHG 1990	KJSG 2021
§ 1: »Wer nach Vollendung des 6. und vor Vollendung des 12. Lebensjahres eine strafbare Handlung begeht, kann von Obrigkeitswegen in einer geeigneten Familie oder in einer Erziehungs- oder Besserungsanstalt untergebracht werden, wenn die Unterbringung mit Rücksicht auf die Beschaffenheit der strafbaren Handlung, auf die Persönlichkeit der Eltern oder sonstigen Erzieher des Kindes und auf dessen übrige Lebensverhältnisse zur Verhütung weiterer sittlicher Verwahrlosung erforderlich ist.« (Stenglein 1881, S. 213)	§ 1: »Ein Minderjähriger, welcher das 18. Lebensjahr noch nicht vollendet hat, kann der Fürsorgeerziehung überwiesen werden: 1. wenn die Voraussetzungen des § 1666 oder des § 1838 des Bürgerlichen Gesetzbuches vorliegen und die Fürsorgeerziehung erforderlich ist, um die Verwahrlosung des Minderjährigen zu verhüten; 2. wenn der Minderjährige eine strafbare Handlung begangen hat, wegen der er in Anbetracht seines jugendlichen Alters strafrechtlich nicht verfolgt werden kann, und die Fürsorgeerziehung mit Rücksicht auf die Beschaffenheit der Handlung, die Persönlichkeit der Eltern oder sonstigen Erzieher und	§ 62: »Die Fürsorgeerziehung dient der Verhütung oder Beseitigung der Verwahrlosung und wird in einer geeigneten Familie oder Erziehungsanstalt unter öffentlicher Aufsicht und auf öffentliche Kosten durchgeführt.« (Polligkeit 1923, S. 252) § 63: »Ein Minderjähriger, der das 18. Lebensjahr noch nicht vollendet hat, ist durch Beschluss des Vormundschaftsgerichts der Fürsorgeerziehung zu überweisen, 1., wenn die Voraussetzungen des § 1666 oder des § 1838 des Bürgerlichen Gesetzbuchs vorliegen und zur Verhütung der Verwahrlosung des Minderjährigen die anderweitige Unterbringung erforderlich ist, eine	§ 62: »Einem Minderjährigen, der das 20. Lebensjahr noch nicht vollendet hat und dessen leibliche, geistige oder seelische Entwicklung gefährdet oder geschädigt ist, ist freiwillige Erziehungshilfe zu gewähren, wenn diese Maßnahmen zur Abwendung der Gefahr oder zur Beseitigung des Schadens geboten ist und die Personensorgeberechtigten bereit sind, die Durchführung der freiwilligen Erziehungshilfe zu fördern.« (Potrykus 1972, S. 24) § 63 »Das Vormundschaftsgericht ordnet für einen Minderjährigen, der das 20. Lebensjahr noch nicht vollendet hat, Fürsorgeerziehung an, wenn sie erforderlich ist, weil der Minderjährige zu verwahrlosen droht	§ 23 »(1) Sind die Erziehung und Entwicklung oder die Gesundheit Minderjähriger gefährdet und auch bei gesellschaftlicher und staatlicher Unterstützung der Erziehungsberechtigten nicht gesichert, kann der Jugendhilfeausschuß in Wahrnehmung seiner Aufgaben insbesondere [...] f) für den Minderjährigen die Heimerziehung anordnen, g) für jugendliche die Anordnung der Heimerziehung im Spezialheim bedingt unter Festlegung einer Bewährungsfrist bis zur Dauer von 2 Jahren aussprechen.« (Wapler 2012, S. 47)	§ 27 (1) »Ein Personensorgeberechtigter hat bei der Erziehung eines Kindes oder eines Jugendlichen Anspruch auf Hilfe (Hilfe zur Erziehung), wenn eine dem Wohl des Kindes oder des Jugendlichen entsprechende Erziehung nicht gewährleistet ist und die Hilfe für seine Entwicklung geeignet und notwendig ist. (2) Hilfe zur Erziehung wird insbesondere nach Maßgabe der §§ 28 bis 35 gewährt. Art und Umfang der Hilfe richten sich nach dem erzieherischen Bedarf im Einzelfall; dabei soll das engere soziale Umfeld des Kindes oder des Jugendlichen einbezogen werden. (3) Hilfe zur Erziehung umfasst insbesondere die Gewährung pädagogischer und damit	§ 27: (1) »Ein Personensorgeberechtigter hat bei der Erziehung eines Kindes oder eines Jugendlichen Anspruch auf Hilfe (Hilfe zur Erziehung), wenn eine dem Wohl des Kindes oder des Jugendlichen entsprechende Erziehung nicht gewährleistet ist und die Hilfe für seine Entwicklung geeignet und notwendig ist. (2) Hilfe zur Erziehung wird insbesondere nach Maßgabe der §§ 28 bis 35 gewährt. Art und Umfang der Hilfe richten sich nach dem erzieherischen Bedarf im Einzelfall; dabei soll das engere soziale Umfeld des Kindes oder des Jugendlichen einbezogen werden. Unterschiedliche Hilfearten können miteinander kombiniert werden, sofern dies

Zwangserziehungsgesetz 1878	Fürsorgeerziehungsgesetz 1900	RJWG 1922	JWG 1961	JHVO 1965 (DDR)	KJHG 1990	KJSG 2021
	die übrigen Lebensverhältnisse zur Verhütung weiterer sittlicher Verwahrlosung des Minderjährigen erforderlich ist; 3. wenn die Fürsorgeerziehung außer diesen Fällen wegen Unzulänglichkeit der erziehlichen Einwirkung der Eltern oder sonst gen Erzieher oder der Schule zur Verhütung des völligen sittlichen Verderbens des Minderjährigen nothwendig ist.« (Schmitz 1915, S. 30).	nach dem Ermessen des Vormundschaftsgerichts geeignete Unterbringung aber ohne Inanspruchnahme öffentlicher Mittel nicht erfolgen kann. Zur Verhütung lediglich körperlicher Verwahrlosung ist die Überweisung nicht zulässig. 2., wenn die Fürsorgeerziehung zur Beseitigung der Verwahrlosung wegen Unzulänglichkeit der Erziehung erforderlich ist.« (Polligkeit 1923, S. 253)	oder verwahrlost ist. Fürsorgeerziehung darf nur angewendet werden, wenn keine ausreichende andere Erziehungsmaßnahme gewährt werden kann.« (Potrykus 1972, S. 24)		verbundener therapeutischer Leistungen. Sie soll bei Bedarf Ausbildungs- und Beschäftigungsmaßnahmen im Sinne des § 13 Absatz 2 einschließen.« (Münder 1999, S. 260)	dem erzieherischen Bedarf des Kindes oder Jugendlichen im Einzelfall entspricht. (3) Hilfe zur Erziehung umfasst insbesondere die Gewährung pädagogischer und damit verbundener therapeutischer Leistungen. Sie soll bei Bedarf Ausbildungs- und Beschäftigungsmaßnahmen im Sinne des § 13 Absatz 2 einschließen.« (NOMOS Fachredaktion 2021, S. 82)

Literatur

AGJ (Arbeitsgemeinschaft für Jugendhilfe) (Hg.) (1982): 60 Jahre Gesetz für Jugendwohlfahrt 1922–1982. Bonn.

Amthor, R./Bender-Junker, B./Kuhlmann, C. (Hg.) (2022): Kontinuitäten und Diskontinuitäten Sozialer Arbeit nach dem Ende des Nationalsozialismus, Bd. I: Berufsbiografische Verläufe zwischen ideologischen Kontinuitäten, Migration und Reeducation. Weinheim.

AWO (Arbeiterwohlfahrt) Hauptausschuss e. V. (Hg.) (1957): Reform der öffentlichen Erziehungshilfe. Vorschläge und Forderungen der Arbeiterwohlfahrt. Bearbeitet von Dr. Christa Hasenclever. Bonn.

BMFSFJ (2021): Gemeinsam zum Ziel: Inklusive Kinder- und Jugendhilfe gestalten. https://www.bmfsfj.de/bmfsfj/aktuelles/alle-meldungen/gemeinsam-zum-ziel-inklusive-kinder-und-jugendhilfe-gestalten-195938 (Zugriff am 08.08.23).

Borchert, A. (1961): Kritisches zur Durchführung Öffentlicher Erziehung. Eine Studie an 21 Einzelschicksalen. Neue Schriften des AFET, Heft 15. Hannover.

Bundesregierung (Hg.) (1953): Gesetz zur Änderung von Vorschriften des Reichsjugendwohlfahrtsgesetzes vom 29. August 1953. Bundesgesetzblatt Nr. 54, Teil 1 vom 29. August 1953 (S. 1035–1036). Bonn.

Bundesregierung (Hg.) (1961): Gesetz zur Änderung und Ergänzung des Reichsjugendwohlfahrtsgesetzes vom 16. August 1961. Bundesgesetzblatt Nr. 64, Teil 1 vom 16. August 1961 (S. 1193–1204). Bonn.

Brezinka, W. (1987): Tüchtigkeit. Analyse und Bewertung eines Erziehungszieles. München/Basel.

Drewes, P. (1928): Das Reichsgesetz für Jugendwohlfahrt (2. Aufl.). Berlin/Leipzig.

Friedeberg, E./Polligkeit, W. (Hg.) (1923): Das Reichsgesetz für Jugendwohlfahrt. Kommentar. Berlin.

Hauck, K./Noftz, W. (2021): Sozialgesetzbuch (SGB) VIII: Kinder- und Jugendhilfe. Kommentar. Bd. 1. München.

Jordan, E./Münder, J. (Hg.) (1987): 65 Jahre Reichsjugendwohlfahrtsgesetz. Münster.

Kuhlmann, C. (1985): Von der christlichen Initiative zur kirchlichen Institution – der Kampf gegen die Verwahrlosung und die Entstehung der westfälischen Erziehungsanstalten. In: C. Schrapper/D. Sengling (Hg.): Waisenhäuser und Erziehungsanstalten in Westfalen. Werkstattberichte zur Wanderausstellung »Geschichte der Kinder- und Jugendfürsorge« (S. 59–126). Münster.

Kuhlmann, C. (1989): Erbkrank oder erziehbar? Jugendhilfe zwischen Zuwendung und Vernichtung in der Fürsorgeerziehung in Westfalen 1933–1945. Weinheim/München.

Kuhlmann, C. (2008): »So erzieht man keinen Menschen!« Lebens- und Berufserinnerungen aus der Heimerziehung der 50er und 60er Jahre. Wiesbaden.

Kuhlmann, C. (2010): Expertise »Erziehungsvorstellungen in der Heimerziehung der 50er und 60er Jahre«. https://sehka.org/wp-content/uploads/2022/04/RTH_Expertise_Erziehungsvorstellungen.pdf (Zugriff am 19.06.2023).

Kuhlmann, C. (2013): Erziehung und Bildung. Einführung in die Geschichte und Aktualität pädagogischer Theorien, Wiesbaden.

Kuhlmann, C. (2018): Die Bewegung zur Rettung sittlich verwahrloster Kinder als soziale Bewegung männlicher Bürger im 19. Jahrhundert. In: D. Franke-Meyer/C. Kuhlmann (Hg.): Soziale Bewegungen und Soziale Arbeit. Von der Kindergartenbewegung zur Homosexuellenbewegung (S. 39–50). Wiesbaden.

Kuhlmann, C. (2021a): Die sozialpädagogische Bewegung und ihr nationalpädagogisches Ende. Zeitschrift für Sozialpädagogik, 19 (4), 397–411.

Kuhlmann, C. (2021b): Geschichte der Familienersatzerziehung. In: E. Matthes/S. Kesper-Biermann, S./J.-W. Link/S. Schütze (Hg.): Studienbuch Erziehungs- und Bildungsgeschichte. Vom 18. Jahrhundert bis zum Ende des 20. Jahrhunderts (S. 93–112). Bad Heilbrunn.

Kuhlmann, C. (2021c): Biografische Erinnerungen an die frühere Heimerziehung aus Perspektive Betroffener, von Mitarbeiter*innen und Leitungskräften. Forum Erziehungshilfen, 27 (2), 83–86.
Kuhlmann, C. (2022): »Heime machen heimfähig, Wohngruppen eben wohngruppenfähig«. Vom Heim zur sozialpädagogischen Lebensgemeinschaft – Konzeptionelle Reformen in der Erziehungshilfe nach 1970. In: W. Rudloff/F.-W. Kersting/M. Miquel/M. von Thießen (Hg.): Ende der Anstalten? Großeinrichtungen, Debatten und Deinstitutionalisierung seit den 1970er Jahren (S. 53–68). Paderborn.
Kuhlmann, C./Schrapper, C. (2001): Wie und warum Kinder öffentlich versorgt und erzogen wurden – Zur Geschichte der Erziehungshilfen von der Armenpflege bis zu den Hilfen zur Erziehung. In: V. Birtsch/K. Münstermann/W. Trede (Hg.) (2001): Handbuch der Erziehungshilfen – Leitfaden für Ausbildung, Praxis und Forschung (S. 282–328). Münster.
Muthesius, H. (1950): Reichsjugendwohlfahrtsgesetz. Stuttgart/Köln.
Münder, J. (1978): Frankfurter Kommentar zum Gesetz für Jugendwohlfahrt. Weinheim/Basel.
Münder, J. (1999): Frankfurter Lehr- und Praxis-Kommentar zum KJHG/SGB VIII (3., vollst. überarb. Aufl.). Münster.
Münder, J./Wiesner, R. (Hg.) (2007): Kinder- und Jugendhilferecht. Handbuch. Baden-Baden.
Peukert, D. J. K. (1986): Grenzen der Sozialdisziplinierung. Aufstieg und Krise der deutschen Jugendfürsorge 1878–1932. Köln.
Polligkeit, W. (Hg.) (1930): Das preußische Ausführungsgesetz zum Reichsgesetz für Jugendwohlfahrt. Kommentar (2. Aufl.). Berlin.
Potrykus, G. (1972): Jugendwohlfahrtsgesetz – nebst den Ausführungsgesetzen und Ausführungsvorschriften der deutschen Länder. Kommentar (2., völlig neu bearb. Aufl.). München.
Schmitz, L. (1915): Die Fürsorgeerziehung Minderjähriger (3., erheblich erweiterte Aufl.). Düsseldorf.
Schrapper, C./Sengling, D. (Hg.) (1985): Waisenhäuser und Erziehungsanstalten in Westfalen. Werkstattberichte zur Wanderausstellung »Geschichte der Kinder- und Jugendfürsorge«. Münster.
Stein, A.-D. (2009): Die Verwissenschaftlichung des Sozialen. Wilhelm Polligkeit zwischen individueller Fürsorge und Bevölkerungspolitik im Nationalsozialismus (Perspektiven kritischer Sozialer Arbeit Bd. 4). Wiesbaden.
Stenglein, M. (Hg.) (1881): Strafgesetzbuch für das Deutsche Reich (3., überarb. Aufl.). Berlin/Leipzig.
Walhalla Fachredaktion (2021): Kinder- und Jugendstärkungsgesetz: Weiterentwicklung des SGB VIII. Regensburg.
Wapler, F. (2012): Rechtsfragen der Heimerziehung in der DDR. In: Beauftragter der Bundesregierung für die Neuen Bundesländer (Hg.): Aufarbeitung der Heimerziehung in der DDR – Expertisen (S. 5–126). Berlin.

Hundert Jahre RJWG – Versuch einer sozialpädagogischen Würdigung

Michael Winkler

1 Einführung: das RJWG und seine Bedeutung für die Sozialpädagogik

Alter schützt vor Weisheit nicht, so hat zumindest einmal eine Studie an der University of Michigan ergeben (Grossmann et al. 2010; vgl. auch Neuenschwander, 2010). Sie hat nun ihrerseits schon wieder ein Jahrzehnt auf dem Buckel. Dennoch bleibt ihre Grundeinsicht im Gedächtnis, als hübscher Kontrapunkt zum Gemeinspruch, nach welchem Torheit droht, wenn man betagt ist. Wer erst einmal ein ganzes Jahrhundert seiner Geschichte zurechnen kann, darf sich nämlich getrost solcher Alternative entziehen und schlicht Bestand für sich reklamieren: Torheit oder Weisheit treten dann zurück hinter dem Vergessen. Oder stellen sich nicht angesichts anhaltender Aktualität.

Für das Reichsjugendwohlfahrtsgesetz gilt nun wohl beides: Als historische Errungenschaft ist es in Vergessenheit geraten, obwohl (oder weil) es nur ganze 78 Paragrafen umfasst. Die könnte man eigentlich im Kopf behalten. Jüngere Fachkräfte, Studierende vor allem, werden sich jedoch kaum ein Bild von den dramatischen Auseinandersetzungen machen, in deren Kontext das Gesetz entstanden ist. Die grausamen Schlachten eines Weltkrieges waren noch allgemein bewusst, der gemeinhin als erster technischer und Maschinenkrieg gilt – mit einem Blutzoll insbesondere an jungen Menschen, den nur ahnen kann, wer einmal die Gedenkstätten von Verdun besucht hat: Bajonette, die aus der Erde ragen, vertreten Menschen, die in sinnlosen Schlachten dahingemetzelt worden sind. In den Heimatländern hätten Hunger, Armut, Elend, Zerstörung auf sie gewartet – aber eben auch ein revolutionärer Aufbruch, der freilich schnell zu Ende gebracht wurde. Weimar, die zuweilen verachtete Republik, stand dann für einen Aufbruch in die Moderne, für eine Explosion der Mitte, für den Versuch vor allem, eine demokratische und soziale Republik zu schaffen, die nicht zuletzt ein pädagogisches Experimentierfeld sein sollte: Die Rückkehrer aus dem Krieg waren in der Fürsorgeerziehung ebenso gefragt wie freilich als Rebellen tätig; zumindest sind diese im Gedächtnis geblieben, wenngleich wohl die Leuteschinder in der Mehrheit waren, die den Krieg in die Heime der Fürsorgeerziehung mitbrachten. Irgendwo mussten sie schließlich beschäftigt werden. Wichtiger wurden dennoch die anderen, die sich gegen den Krieg, gegen das alte Regime setzten, manchmal alles dafür taten, dass »ihre Jungs« eine andere Zukunft wenigstens ahnen konnten. Wie das etwa Karl Wilker getan hat (Wilker 1921).

Nicht wenige von diesen Veränderern machten Ernst mit Vorstellungen, die der Reformpädagogik zugerechnet wurden. Eher freilich eine bunte Mischung, in vielen Ländern anzutreffen, von Amerika bis Russland. Hierzulande kam sie ein wenig bürgerlich esoterisch daher (mit arroganter Ignoranz gegenüber den linken, den sozialistischen Vertretern der Jugendbewegung). Eine Reformpädagogik, die allerdings auch manch seltsame Blüte hervorbrachte. Denn sie zog Menschen an, deren Treiben heute Ablehnung, wenn nicht Abscheu hervorruft. Wobei auch da Differenzierung notwendig ist und sein wird: Körper, Leiblichkeit, Sexualität zeigten sich als Experimentierfeld, Nacktheit etwa wurde zum Ausdruck von Protest gegen Konventionen und Prüderie – und der scheußliche, hinterhältige Übergriff, der Missbrauch waren möglich, weil die Einsicht in die Verletzlichkeit von Menschen selbst noch Jahrzehnte brauchte. Ob wir heute aber wirklich klüger sind?

Das RJWG hat zumindest einen Beitrag geleistet, um diese Klugheit im Umgang mit der jungen Generation zu fördern. Allein schon das darf ihm als Verdienst angerechnet werden. Die besondere, bis heute nachhaltige Bedeutung des RJWG besteht aber wohl darin, dass – erstens – zumindest einer spezifischen Personengruppe ein nahezu subjektives Recht zugesprochen wird, wenngleich vorrangig eher symbolisch, zugleich aber damit deutungs- und auslegungsrelevant. Zweitens aber – im Grunde in dieser, nämlich auf Personen bezogenen – Konstellation erstmals eine Fachbehörde geschaffen wird, national und zugleich in einer hierarchischen Gestalt, die mithin auf Selbstkontrolle und Instanzenwege ausgerichtet war – was mancher als bedenklich einstufen mag, in Wirklichkeit aber zugleich eine Form des Rechtsschutzes darstellt. Drittens wurden die Beziehungen zwischen staatlichen Organen, freien Trägern, Fachkräften und den jungen Menschen sowie ihren Familien zumindest gestaltet, mit einer dann doch wieder beeindruckenden Mischung aus Verbindlichkeit und Offenheit. Nicht zuletzt für die freien Träger der Kinder- und Jugendhilfe war und ist dies wichtig, weil einerseits zwar die Fachlichkeit und Professionalität gefordert wurde, andererseits die unterschiedlichen weltanschaulichen Bezüge dieser Träger nicht ignoriert wurden und werden. Das mag in einer säkularen Gesellschaft eine geringere Bedeutung haben, bleibt aber – bei allen, oft empirisch gestützten Vorbehalten etwa gegenüber kirchlich getragenen Einrichtungen – unter einem Gesichtspunkt nicht unwichtig: Lebenszusammenhänge, die – in welcher Weise auch immer – religiös gefärbt sind, also mit einer weltanschaulich kodifizierten Bindung operieren, sind im sozialisatorischen und pädagogischen Zusammenhang relevant, für die Kinder und Jugendlichen sogar in zweierlei Hinsicht, nämlich als bindend und als Möglichkeit, sich von Weltanschauungen zu trennen und auf diesem Weg Selbstständigkeit zu gewinnen. Aufwachsen in sozialpädagogischen Kontexten ist und bleibt ein Projekt, das nicht einfach laizistisch bewältigt werden kann.

Aber all dies beschreibt noch nicht wirklich, was man als die sozialpädagogische Bedeutung des RJWG und der durch dieses initiierten Nachfolgeregelungen bezeichnen kann. Sie liegt wohl auf fünf Gebieten:

Zunächst – *erstens* – in dem, auf eine durchaus anthropologisch bedingte, soziale, kulturelle Tatsache nicht nur gesellschaftlich und fachlich zu reagieren, wie das Bernfeld so schön in seinem *Sisyphos* als Definition von Erziehung vorgetragen hat – übrigens 1925, möglicherweise dann doch beeindruckt von den deutschen Debatten (Bernfeld 1925/2013; vgl. auch Bernfeld 2016, S. 328–403). Vielmehr wurde diese gesellschaftliche Reaktion auf die Entwicklungstatsache in ein striktes normatives Gefüge gepackt. Was in dieser Form vielfach versucht worden war, aber doch nie so recht gelingen sollte – zumindest, wenn es um all die pädagogischen Tatbestände geht, die über Schule hinausreichen. Regeln für das Aufwachsen waren schon in der Antike formuliert worden, bei Platon etwa. Für die Neuzeit gilt: Schulordnungen, Schulgesetze gab es schon lange, beginnend wohl mit der für Schottland von John Knox entwickelten, über die Schulverfassungen für Gotha, Beckers Bemühungen für eine populäre Aufklärungspädagogik, endlich beim *Preußischen Landrecht*. Seit 1800 hatten sich diese Anstrengungen verstärkt, zumal das pädagogische Denken Gewicht gewonnen hatte. Aber der Anspruch, eine umfassende rechtliche Kodifizierung der Bedingungen des Aufwachsens schlechthin zu formulieren, war noch niemals so eingelöst worden.

Zweitens liegt also die Bedeutung des RJWG auf dem zunächst als Anspruch artikulierten Vorhaben, ein einheitliches, nationales Gesetz zu schaffen, das die Lebenslage aller Kinder und Jugendlichen sowie ihrer Familien thematisch machte und zu gestalten sucht. Es versuchte, lebensweltlich und alltagsweltlich zu denken.

Dabei macht es aber zugleich – *drittens* – die besonderen Bedingungen kindlicher und jugendlicher Entwicklung juristisch thematisch. Das RJWG fasst sie in Rechtsbegriffe, in der schwierigen Gratwanderung von Unbestimmtheit und Programmatik einerseits, Verbindlichkeit andererseits.

Darin deutet sich – *viertens* – an, dass und wie der Versuch gemacht worden ist, die schwierige Balance zwischen Achtung individueller Subjektivität und Anerkenntnis einer sozialen und kulturellen Objektivität zu formulieren, in dem Spagat beidem Gewicht einzuräumen, der Bedürftigkeit des individuellen Subjekts in seinen Autonomieansprüchen und der notwendigen Unterstützung für diese, ebenso aber einer Gesellschaft zuzubilligen, dass sie auf Normeneinhaltung dringt. Aloys Fischer hat dies als die Problematik des Sozialbeamtentums umfassend und differenziert diskutiert (Fischer 1954), in Erinnerung ist nur die Figur des doppelten Mandates geblieben; sie ist heute vielfach erweitert, etwa mit Blick auf die Belange des Menschenrechts und die wohl stärkere Verpflichtung gegenüber den wirtschaftlichen Ansprüchen der Träger der Jugendhilfe. Aber Fischer hat in diesem heute wenig gelesenen Aufsatz vor allem eine Perspektive philosophischer Erörterung entworfen, die vermuten lässt, dass eine solche Nachdenklichkeit eben doch im Gesetz zumindest angestoßen worden ist.

Denn die eigentliche und zentrale Bedeutung des RJWG liegt wohl – *fünftens* – in dem, was man seine ideologische und hegemoniale Funktion nennen kann. Man kann das problematisieren, weil – folgt man Gramsci – so die Zustimmung zu Themen durch Apparate und deren Repräsentanten erzeugt wird; sozial- und wohlfahrtsstaatliche Organisationsmuster gehören dazu, der Sorgende Staat hat eine sanft führende Funktion, die durch Zustimmung zu ihm und durch seine Leistungen erreicht wird. Doch dem steht eine Verbesserung der Bedingungen des Aufwachsens und Lebens für junge Menschen gegenüber, die sich doch erfahren und erleben lässt, bei allen Zweifeln, die es immer wieder an der Kinder- und Jugendhilfe gibt – und vielleicht auch nur geben kann, weil Maßstäbe gesetzt wurden.

2 Dünne Forschungslage

Eine Auseinandersetzung mit dem RJWG als solchem steht allerdings vor dem Dilemma, letztlich nur eine historische Betrachtung vornehmen zu können, möglicherweise vergleichend Änderungen in den Blick zu nehmen, sozusagen Textexegese zu betreiben, die entweder historisch-philologisch ausfällt, aber wenig Informationsgehalt hat. Oder man lässt sich auf das – selbstverständlich – gewagte Unterfangen einer eher philosophisch ausgerichteten sozialpädagogischen Würdigung ein, der allzumal die Praktikerinnen und Forscherinnen in der Kinder- und Jugendhilfe dann doch skeptisch, wenn nicht ablehnend gegenüberstehen. Man könnte insofern festhalten, dass zwar der Anlass wichtig sei, das historisch zu Ehrende aber als solches im Grunde fast belanglos, bedeutsam nur, weil es eine Entwicklung eingeleitet hat, die ihrerseits dann als relevant in ihrer Aktualität beachtet werden muss. Ein bisschen gilt also, was als Schmähwort Henry Ford zugeschrieben wird und von Aldous Huxley in »Brave new world« aufgegriffen wird: »History is bunk« – und zwar, weil die so eingeleitete Wirklichkeit wichtiger ist. Ein schöner Anfang, mehr nicht.

Das könnte übrigens erklären, warum die Forschungslage zum Thema eigentlich eher dünn ist. Meist finden sich eher pauschale Verweise, das RJWG wird als Vorstufe mit embryonalen Zügen zum JWG, JHG, später zum KJHG respektive SGB VIII gesehen (vgl. Forum Erziehungshilfen 2022). Heute steht es im Zusammenhang des Kinder- und Jugendstärkungsgesetzes. Intensiver haben sich Christoph Sachße (2018) und Detlev K. Peukert (1986, 1989) mit ihm auseinandergesetzt, selbstverständlich Uwe Uhlendorff (2003) mit seinen Studien zur Entstehung des Jugendamtes. Maßgebend bleibt aber wohl immer noch Christa Hasenclevers Studie von 1978. Gemeinhin beobachtet man, dass die Literatur seltsam streut, die eigentlich im Zusammenhang mit dem Gesetz gesehen werden kann, etwa die zur Reformpädagogik, zu den Anfängen der Sozialpädagogik, manchmal zu den Anfängen des modernen Wohlfahrtsstaates.

3 Das RJWG als Perspektive auf die Sozialisationsbedingungen junger Menschen

Wer das Gesetz heute betrachtet, muss sich wohl für eine Perspektive entscheiden, aus der Sichtung und Urteil erfolgen sollen. Man wird wohl eine stärker gesellschaftstheoretisch ambitionierte und kritische Perspektive von einer unterscheiden müssen, die eher pragmatisch nach dem fragt, inwiefern dieses Gesetz die Möglichkeiten des sozialpädagogischen Denkens und Handelns begründet und erweitert hat. Wenn das überhaupt der Fall gewesen sein sollte, denn gemessen an der heutigen Ausdifferenzierung kommt das Gesetz ja eher schmal und übersichtlich daher. Die Zeitgenossinnen haben es wohl als einen Meilenstein in der Entwicklung eines öffentlichen Umgangs mit Kindern so gesehen, wie sich nicht zuletzt darin zeigt, dass nur wenige Jahre nach dem Inkrafttreten des Gesetzes (und seiner partiellen Aussetzung) doch ein erstes Handbuch der Sozialpädagogik (Nohl/Pallat 1929) möglich geworden ist, das dann eben auch explizit Bezug auf dieses Gesetz nimmt, sozusagen unmittelbar nach der fachlichen Darstellung von Sozialpädagogik. Man könnte durchaus sagen: ohne das RJWG hätte es eine Sozialpädagogik im heute gebräuchlichen (und leider zunehmend verworfenen) Verstande wohl nicht geben können. Es hatte insofern zwar fundierende, zumindest rahmende Bedeutung allzumal in einem Feld, das von seinen Initiatoren als diffus begriffen worden ist. Die fundierende Bedeutung liegt vor allem darin, dass Öffentlichkeit, dass der Staat sich die Aufgabe zumisst, umfangreich die Sorge für den Nachwuchs zu übernehmen, übrigens bis in die materielle Sicherstellung der jungen Menschen.

Die besondere, auch im internationalen Vergleich herausragende Leistung des Gesetzes besteht wohl darin, *zum einen* ein Gesetz für Kinder und Jugendliche, für junge Menschen zu sein. Man mag das als unzureichend empfinden, angesichts einer inzwischen langen Geschichte des Kampfes sowohl um die prinzipielle Rechtsstellung des Kindes wie auch als Träger von eigenen, subjektiven Rechten. Dass Kinder wie alle Menschen Würde auszeichnet, dass sie substanziell als Menschen anzusehen und nicht einer quasi subhumanen Kategorie zuzuordnen sind, war mit diesem Gesetz – um vorsichtig zu sein – zumindest angedeutet. Man kann sagen: aber immerhin. Denn noch klang im kollektiven Bewusstsein nach, was der Verwahrlosungsbegriff etwa besagte, dem alten Verständnis des Zivilrechts folgend. Dass nämlich Kinder als Sache anzusehen seien, die aber nicht verwahrlost werden dürfe – wie übrigens ebenso wenig die Ehefrauen, denen in dieser Hinsicht dann ein besonderer Schutz durch den Ehemann zukommen soll. Wichtige Güter also, mit denen man alles Mögliche anstellen dürfe, nicht aber einen wertmindernden Umgang. So war die bürgerliche Vorstellung, die übrigens im Familienrecht der Bundesrepublik noch länger faktisch in Geltung blieb, partiell gewiss, aber irritierend, etwa in der Zustimmungsbedürftigkeit einer Berufstätigkeit der Ehefrau. In der allgemeinen Wahrnehmung blieben Kinder jedenfalls unwesentlich, kaum mehr als halbe Portionen, wie der Volksmund so schön sagte und der polnische Pädagoge Janusz Korczak spöttisch zitierte. Nur einen halben Preis wert, wie die öffentlichen Verkehrsmittel noch als freundliche Geste anboten, ohne zu bemerken, wie solche Angebote Menschen herabwürdigen, selbst wenn sie »bloß klein« waren.

Zum anderen nimmt das Gesetz auf, was man als sozialisatorische und (sozial-)ökologische Perspektive bezeichnen kann. Es geht ihm um Lebensbedingungen, um Rahmungen für das Aufwachsen und die Entwicklung junger Menschen. Es zielt auf Daseinsvorsorge, genauer: auf die institutionelle Sorge um die psychische, geistige, soziale und körperliche Entwicklung. Das klingt nach bloßer Formel, aber bedeutet doch viel. Paradoxerweise erweist sich die oft beklagte Unverbindlichkeit des Gesetzes als sein Vorzug und als Grund für seine – nun hundert Jahre währende – Nachhaltigkeit – wie negativ man diese auch beurteilen mag. Dabei ist Peukerts Vorbehalt zwar zuzustimmen, nach dem es kein Leistungs-, sondern eher ein Organisationsgesetz gewesen sei (Peukert 1986, S. 137, vgl. auch Hansbauer/Schone 2022); allein schon der

Aufbau bestätigt diesen Vorbehalt, folgt doch schon im § 2 und erst recht mit dem § 3 die Normierung des Jugendamtes, die dann den Gesetzestext im Weiteren zunächst beschäftigt, ehe er im Abschnitt III sich den Regelungen zu den Pflegekindern zuwendet – und somit die Aufmerksamkeit auf eine vermeintlich geringer belastete Gruppe richtet. Nur: Man vergesse nicht, dass es um die Nachkriegszeit geht, mit vielen zerbrochenen Familien, man denke auch daran, dass und wie die Kinderkreuzzüge noch Wirklichkeit waren, nach denen sich Kinder bei Bauern als Arbeitskräfte verdingten. Die Etymologie sollte die alltagssprachlich erkannte Wirklichkeit nicht verbergen: Kinder waren hier Dinge, Objekte, die dann eben wenigstens pfleglich behandelt sein sollten.

Aber diese Kritik am organisierenden Grundzug des Gesetzes trifft mehr seine institutionell-pragmatische Dimension. Nicht zu unterschätzen ist hingegen, was ihm die Kritik mancher liberal denkenden Juristen eingebracht hat, worin es aber zugleich ein Vorbild für viele Formen einer rechtlich artikulierten Politik geworden ist, übrigens gar nicht so unterschieden von den Konventionen der Vereinten Nationen. Auch diesen gegenüber wird beklagt, dass sie unverbindlich seien. Deshalb hat die UN-Konvention für die Rechte von Menschen mit Behinderung zumindest starke Maßnahmen für ein Monitoring sowie für Sanktionen aufgenommen, für Unterzeichnerstaaten, die dem gesetzlichen Auftrag nicht nachkommen. Das RJWG hat jedoch nicht zuletzt eine Semantik und einen Reflexionshorizont geschaffen, einen – bei aller Vorsicht gegenüber dem Ausdruck – Diskurs etabliert, der nicht mehr wegzudenken ist.

Man darf sich nichts vormachen: Die Sozialpädagogik hat durch dieses Gesetz eine inhaltliche Bestimmung gefunden, ohne die es sie vielleicht gar nicht mehr gäbe, zumindest nicht so, wie sie heute eine professionelle und disziplinäre Ordnung gefunden hat, die längst etwa denen für das scholare Bildungssystem gleichzustellen ist. Wenn sie diesem nicht sogar in mancher – systematischer – Hinsicht überlegen ist, weil die Schulen und ihre systemische wie politische Ordnung ja in der Länderhoheit geblieben sind. Was übrigens – diese persönliche Bemerkung sei erlaubt – wahrscheinliche Vorzüge gegenüber allen zentralstaatlichen Organisationsformen hat. Denn: die stets beschworene Vergleichbarkeit hat weder viel mit dem zu tun, was Schulen leisten sollen – nämlich dem individuellen Lernen von Kindern gerecht zu werden, zugleich auch die nahräumlichen Formen des Weltwissens neben allen umfassenden Bildungsinhalten zu wahren; das Messen und Vergleichen, das Hierarchisieren im Wettbewerb hat wenig mit dem zu tun, was Bildungserfolg eigentlich ausmacht. Es verfolgt eine technokratische und herrschaftstechnische Absicht – nicht mehr. Anders dagegen die Kinder- und Jugendhilfe, die eben von vornherein den Blick auf das Individuum richten muss und richtet.

4 Ein kurzer Blick auf die Entstehungsgeschichte

Aus Anlass des Jubiläums sind schon einige Veröffentlichungen erschienen, die das RJWG in seiner Bedeutung würdigen, manchmal mit eher einführenden Notizen zu seinem historischen Kontext, dann aber meist nur als Anknüpfungspunkt, um die gegenwärtige und mögliche künftige Entwicklung des Kinder- und Jugendhilferechts zu diskutieren. Erstaunlicherweise werden dabei sogar Beziehungen zu dem hergestellt, was seit Katharina Rutschky als »Schwarze Pädagogik« bezeichnet wird (Rutschky 1977; Kuhlmann 2022) – übrigens in dann doch erstaunlicher Ignoranz gegenüber den seltsam unhistorischen Einordnungen, die Rutschky nun auch vorgenommen hat. So wichtig ihr Buch und das damit geprägte Stichwort bis heute geblieben sind, muss es leider als ein Musterbeispiel einer ressentimentgeladenen Polemik verstanden werden, die selbst auf das einfachste Werkzeug hermeneutischer Interpretation verzichtet hat.

Diese kleine Nebenbemerkung mahnt zur Vorsicht gegenüber allzu viel Vereinfachung bei der historischen Einordnung des RJWG, zumal, wenn diese dann aus der Perspektive der Gegenwart erfolgt, um das heute Erreichte oder noch Verfehlte zu thematisieren. Tatsächlich muss man zunächst konstatieren, dass und wie schnell das Gesetz eigentlich auf den Weg gebracht worden ist, im Vergleich mit der Dauer, die für die Entwicklung und Verabschiedung ähnlich gelagerter Sozialgesetze in der Gegenwart der Bundesrepublik in Rechnung gestellt werden müssen – wobei es sich zuweilen, wie etwa bei der Einbettung der UN-Konvention für die Rechte von Menschen mit Behinderung um Verfahren handelt, die gültige Menschenrechte in den bundesdeutschen Gesetzeskanon implementieren. Nur bei der jüngsten Fassung des Kinder- und Jugendhilferechts kann man beides festhalten: einen lang dauernden Vorbereitungsprozess, der dann mit einer Rücknahme eines vielfach angegriffenen Entwurfs endete, und eine überraschend schnell erstellte Fassung als Kinder- und Jugendstärkungsgesetz, die wohl zumindest als künftige Arbeitsgrundlage taugt.

Für das RJWG lohnt sich zunächst ein Blick auf die Rahmenkonstellation, die in ihrer Komplexität eigentlich ein Scheitern hätte erwarten lassen. Schon im Hintergrund zeichnet sich eine kaum zu entwirrende Gemengelage ab, die übrigens stets mit einiger Ambivalenz einhergeht: Mit der zwischen Hilfen, vielleicht sogar sozialen Infrastrukturen, sozialer Sicherheit, die aber eben auch Ordnung und Pazifierung leisten, endlich den Kontrollansprüchen des Staates (besser) genügen soll, der sich eben noch zu einer liberalen Zurückhaltung verpflichtet hat. Der Wahrung von traditionellen Sozialstrukturen und diesen verpflichteten subtilen Machtmechanismen (etwa gegenüber Frauen und Kindern) sowie einer dann doch voranschreitenden Modernisierung, die am Ende selbst wiederum die Handlungsmöglichkeiten des Kapitals gesichert und erweitert hat. Schulbildung für alle etwa bedeutet zwar vorübergehende Einschränkungen des Arbeitskräftepotenzials, geht aber mit einer Verbesserung der workforce einher. Plake hat das als den ungewollten, ökonomischen Kern der Reformpädagogik erkannt (Plake 1991). Dabei übrigens noch gar nicht notiert, wie das Geschehen selbst segmentierend wirkt. Denn den gut Ausgebildeten stehen jene gegenüber, die in den großen Migrationsbewegungen dieser Jahrzehnte eine neue Unterschicht bilden.

Faktisch steht also das Reichsjugendwohlfahrtsgesetz in einer Spannung zwischen der Verbesserung der Lebensverhältnisse, intensivierter, gleichsam in das Innere der Menschen verlegter Sozialdisziplinierung, neuen Formen von Herrschaft und eben einer Veränderung hin zu einer Ökonomie, die zunehmend auf Intensivierung der Arbeit drängt. Dieser Doppelcharakter des Geschehens lässt sich selbst nicht reduzieren: Diese Form von Sozialdisziplinierung geht durchaus mit zivilisatorischen Fortschritten einher, Selbstkontrolle ermöglicht erst komplexe Interaktionen, geht aber mit neuen Verletzungen einher, sogar mit neuen Krankheitsbildern: mit der Nervosität etwa, später dem Stress. Davon abgesehen: Die Verlegung der Kontrolle nach innen, die Modernisierung des Menschen, schon in seinem Auswachsen, erzeugt, was das Versprechen vom neuen Menschen als eine böse Ideologie erweist; es geht um subtile Zurichtung, die später dann, bei Adorno etwa, mit dem Wirken der sogenannten Kulturindustrie verbunden wird. Hans-Ulrich Wehler hat für diese Ambivalenz einer sozialen Steuerung den Begriff der defensiven Modernisierung geprägt (Wehler 1987, bes. S. 347 ff.), meint damit durchaus evolutionäre Wandlungsprozesse, die eine Verbesserung von Lebenslagen bieten – wie illusionär und ideologisch auch immer.

So reicht die Entstehungsgeschichte des RJWG einerseits zurück bis hin zu der 1883 und 1884 durch die Bismarck'sche Sozialgesetzgebung entstandenen realen und ideellen Situation: Zuckerbrot und Peitsche! Es ging darum, angesichts der verheerenden Lage der arbeitenden Klasse wenigstens eine elementare Risikoabsicherung für die Lohnabhängigen zu schaffen, und somit die Soziale Bewegung, insbesondere die Sozialdemokratie, einzuhegen und einzuschränken. Sie sollte ihre Position und Macht verlieren – doch war damals schon übersehen worden, dass und wie sich die Arbeiterbewegung selbst als ein Lernprozess konstituierte. Als Pointe der Sozialgesetzgebung zeichnete sich ab, dass eine Veränderung der politischen Rahmenbedingungen und der gesellschaftlichen Ordnung möglich und denkbar wurde, mit einem Impuls der Sensibilisierung für die Lebenssituation etwa auch der Kinder und Jugendlichen. Die Debatten um die Einführung eines Jugendstrafrechts, von unterschiedlichen Akteuren getragene Bemühungen um eine Ausweitung des Arbeitsschutzes für junge Menschen und eine Durchsetzung der Schulpflicht, regionale Initiativen für gesetzgeberische Maßnahmen und sogar die Einführung erster lokaler Jugendbehörden belegen diese Entwicklung.

Unbestritten freilich ist die empirische Notsituation der Kinder und Jugendlichen schon in den letzten Monaten des Ersten Weltkrieges und dann unmittelbar nach seinem Ende; sie trifft übrigens in ganz Europa die junge Generation, die gleich mehrfach entwurzelt ist. Zur materiellen Not tritt der Verlust des Elternhauses, dann die wachsende, selbst wiederum mehrdeutige Landflucht der jungen Bevölkerung, der wiederum weitreichende Migration zur Seite getreten war: Junge Männer und Frauen flohen geradezu in die Städte, weil sie dort auf Arbeit hofften, weil sie sich eine andere Zukunft versprachen, als sie am Land gegeben war. In den Städten war längst die Kontrolllücke entstanden, so Peukert (1986, 1989, S. 309 ff.), die eine neue Freiheit und Unabhängigkeit bedeutete; mal abgesehen davon, dass das Gerücht sich verbreitete, dass in den Städten ein anderes, anspruchsvolleres, herausforderndes und eben freizügigeres Leben möglich sei. Selbst ohne Facebook, ohne YouTube-Influencerinnen verbreiteten sich Versprechen des Glamourösen, die dann in Hilfsarbeiterdienste und Prostitution endeten. Die Sorge um die moralische Verwahrlosung der Jugend hatte mehr Berechtigung als je zuvor. Es ging um einen umfassenden Zivilisationsbruch, eigentlich nicht im Sinne der moralischen Grundlagen, sondern sehr viel empirischer, nämlich um die steuernden Momente des sozialen Verhaltens, die so etwas Sozialität ermöglichen – und übrigens seit der Jahrhundertwende zunehmend als Thema der Soziologie erkannt worden sind. Durkheim hatte schließlich in einem sehr konkreten Sinne von der zweiten Natur gesprochen, die durch die Gesellschaft in uns eingepflanzt werde (Durkheim 1924/1976). Seine Beobachtungen und Analysen, seine Werke waren wohl weiterverbreitet, als man bislang annehmen konnte.

Das Problembewusstsein reichte also tiefer, überstieg die Dimension der Kompensation oder Bekämpfung von Elend und Armut. Es ging um eine veritable Krise des Sozialen, im umfassenden Sinne des Ausdrucks, nicht bloß beschränkt auf materielle Bedingungen, sondern sehr wohl auch auf kulturelle und ethische Fragen gerichtet. Es ging um eine Welterschütterung, die alle berührte, die vor allem Kinder und Jugendliche berührte. Anders als im Übergang zur bürgerlichen Gesellschaft reichte es nicht mehr zu sagen, dass man nicht so sein wollte wie die alte Generation – was dann zum Modell von Fichte geführt hatte, nach dem die Jugendlichen sich selbst erziehen mussten –, aufgegriffen dann eben von den Reformpädagogen seit der Wende zum 20. Jahrhundert. Die Situation spitzte sich radikaler zu, war aber zugleich mit den Erwartungen auf eine grundlegend neue Zeit verbunden – der Rückgriff auf Vergangenheit und Tradition verbot sich nun nach dem Verlust des Krieges, nach dem Zusammenbruch des Kaiserreiches, nach den Ansätzen einer Revolution.

Sowohl mit den vorangegangenen sozialpolitischen Aktivitäten, mit Umbruch und Revolution, war aber zugleich ein Muster etabliert, das man als Muster für eine andere soziale Ordnung aufnehmen konnte. Man könnte mit Hegel sagen, dass sich eine Idee vernünftiger Gesellschaftlichkeit sogar als realistisch gezeichnet hat, die spätestens mit dem Machtvakuum nach dem Ersten Weltkrieg, dem Zusammenbruch des Kaiserreichs und in der revolutionären Situation 1917 und 1918 als sinnvoll und richtungsweisend zeigen sollte. Wehler, ansonsten ja eher analytisch zurückhaltend, schreibt übrigens: »Mit einem hellen, positiven Kontrast hebt sich die Weimarer Sozialpolitik von den Bürgerkriegserfahrungen und Rüstungsproblemen ab« (Wehler 2003, S. 428). Man darf die Bedeutung solcher Umbruchsituationen für das pädagogische Bewusstsein schon im Grundsatz überhaupt nicht unterschätzen, erst recht nicht, wenn sich umfassend die Frage nach einer neuen Gesellschaft, nach neuen Menschen stellte, die weder von den alten Traditionen verseucht, noch allein in den Traumata der Kriegsereignisse befangen waren, sondern ernsthaft daran dachten, die soziale und kulturelle Welt neu zu gestalten.

5 Kinder als Subjekte im Spannungsfeld zu ihrer Familie

All das umreißt nur flüchtig und oberflächlich, was einer viel tiefer und breiter angelegten Untersuchung bedürfte; die Genese des RJWG ist noch längst nicht umfassend erforscht. Dennoch lässt sich zum einen festhalten, dass es in dieser Form wohl erstmalig und lange einmalig die Anerkennung einer Personengruppe als grundrechtsrelevante Subjekte betrieben hat, die bislang gar nicht so recht als Personen mit Würde begriffen worden sind. Dass nun diesen zugleich auch besondere Bedürfnisse zugesprochen werden, deren Vernachlässigung damit als Problemlage begriffen wird, markiert einen gesetzgeberischen Mut, der schon Bewunderung verlangt – nicht zuletzt übrigens, weil diese Spannung eben bis heute besteht: Wie können wir Kinder und Jugendliche als Menschen anerkennen und zugleich doch festhalten, dass sie aufgrund ihrer Entwicklung einer besonderen Hilfe und Unterstützung bedürfen. Diese Spannung schlägt sich noch in dem fachlichen Alltagsdenken als eigentlich ungelöst nieder, etwa wenn überraschend unkritisch davon gesprochen wird, dass Kinder neben aller

Bildung doch auf Betreuung angewiesen seien. Betreuung kommt – strenggenommen – nur solchen Menschen zu, die unmündig sind oder ihre Fähigkeit zur selbstständigen Lebensführung verloren haben. Bei Kindern scheint dieser dunkle Hintergrund ausgeblendet, mit dem Effekt, dass entsprechende Settings angeboten werden, die – vorsichtig formuliert – in ihrer pädagogischen Qualität befragt werden müssen. Ähnlich könnte man gegenüber dem öffentlich wie fachlich weit verbreiteten naiven Gebrauch des Begriffs der Bildung monieren, dass dieser inzwischen wohl seinen subjektiv produktiven Bedeutungsgehalt zugunsten einer direktiven, curricular geordneten Einwirkung und Gestaltung verloren hat; die Kinder werden zu Objekten der Einflussnahme und Belehrung. Wobei übrigens die Kinder- und Jugendhilfe ebenfalls ziemlich naiv daher redet, wenn sie sogar in ihrer Forschung von Adressatenorientierung spricht. Das taugt, wenn man das System der Jugendhilfe als einen Bearbeitungsapparat versteht und kritisch beobachten will, es wird schon in seinen Grundannahmen hoch problematisch, wenn dies als Einstellung und Haltung gegenüber Familien und jungen Menschen gedacht sein soll.

Zum anderen bewegte sich das RJWG (wie alle ihm folgenden Regelungen) ziemlich mutig auf einem schwierigen Terrain, wenn und sofern das Verhältnis von Staat, Gesellschaft, Familie, Eltern und Kindern in Betracht gezogen wird. Hier vermischen sich die Wahrnehmungen in einem besonderen Maße, weil gern übersehen wird, dass das familiäre Lebensmuster eben nicht einfach mit der Klassenlage verbunden werden kann, sondern eine Eigenheit hat. Wie revolutionäre Lagen entstehen, wenn Menschen Übergriffe der Herrschenden auf ihre Familien und ihre Kinder als maßlos und bedrohlich empfinden, hat sich schon in der Vorgeschichte der Französischen Revolution gezeigt; die Studien von Arlette Farge und Jacques Revel belegen (Farge/Revel 1989), wie Mütter zu Furien werden, wenn ihnen die Kinder genommen werden sollen. Ähnliches kann man für das Gefühl der Ungerechtigkeit sagen, dass als eine eher komplexe Bedrohungslage dann empfunden wird, wenn ein Status verletzt wird – übrigens selbst ein inferiorer (Moore 1982). Angriffe auf Familien werden dabei als bedrohlich empfunden, erst heute, in jüngerer Zeit bildet sich bei manchen ein anderes Muster aus, das mit einem eher technischen Verständnis der Optimierung des Nachwuchses bei Aufrechterhaltung der Möglichkeiten eigener Selbstverwirklichung einhergeht. So ist das wohl zumindest bei modernen Akademikerfamilien, im Kontrast zu traditionell familienorientierten Lebensformen und vor allem häufiger zu Migrationsfamilien. Beide favorisieren die Autonomie der familiären Lebenspraxis und wehren sich gegen mögliche oder vermeintliche Zugriffe der Jugendbehörden – oft genug freilich durch die Erfahrungen und Gerüchte gerüstet, die in den eigenen Heimatländern verbreitet werden.

Faktisch traf und trifft der Vorbehalt gegenüber den Behörden seitens der proletarischen und derjenigen Familien zu, die der Unterschicht zugerechnet werden. Übrigens hat sich darin nicht so viel geändert, die Terminologie wurde korrigiert, hin zu sozial schwachen oder bildungsfernen Familien. Die Diskriminierung bleibt, sie spricht den Bias jener aus, die sich von den Normen der Mittelschicht leiten lassen, in Politik, Sozialbehörden oder vor allem in der Justiz. Letztlich bleibt es Klassenjustiz, in der soziokulturelle Momente eine wichtige Rolle spielen, oftmals auch von jenen nicht erkannt, die sich selbst der politischen Linken zurechnen.

Das Problem könnte – ich formuliere das bewusst zugespitzt – darin bestehen, dass manche den Eingriff des Staates in Familien des Proletariats, der – was auch immer das heißen mag –Familien der Unterschicht, der Familien in prekären Lebenssituationen als sinnvoll und erforderlich betrachten, dabei die Position der Kinder, ihren Schutz, ihre Förderung als vorrangig behaupten. Selbst in den Debatten um Chancengerechtigkeit schwingt ein solches Ressentiment als Unterton mit, wobei eine seltsame Melange anzutreffen ist, in der eine grundsätzliche Familienskepsis anklingt, die explizit dann gegen die bürgerliche Familie gerichtet ist, aber gepaart mit einem nicht minder wirksamen Vorbehalt gegenüber dem auftritt, was als belastete Lebenslage verstanden wird. Das Ganze kippt dann um in eine Familienskepsis, die häufig in einer sich vornehmlich progressiv dünkenden Gruppe anzutreffen ist; wer sich dessen vergewissern will, sollte mal, falls noch auffindbar, einen Blick in das letzte Wahlprogramm der Grünen werfen. Um nicht missverstanden zu werden: das richtet sich nicht gegen die radikale Kritik, die zuletzt unter der Überschrift »Abolish the family« vertreten worden ist (Lewis 2020, 2022). Die hat sich nämlich gegen die Inanspruchnahme von Familie durch staatliche und gesellschaftliche Instanzen insbesondere während der Coronapandemie gewandt. Da war nämlich blitzschnell Familie, da waren blitzschnell vor allem Mütter als Organe der Nothilfe, des Unterrichts etc. gefragt.

Endlich aber nahm dieses im Grunde unscheinbare, knappe Gesetz etwas in den Blick, das sich eben schon bei der sozialgeschichtlichen Einordnung andeutete. Es markiert die eigentliche Problemlage. Das Gesetz ordnet zwar die Struktur der öffentlichen Verwaltung in Sachen Jugend, es thematisiert Hilfebedarfe. Aber in seiner Intention zielt es auf mehr, nämlich auf das Ganze einer Gesellschaft. Es geht um soziale Integration, um die Herstellung eines Gemeinsinns, durchaus in einem praktisch lebensnahen Sinn wie vor allem wohl in einer Idee. So beginnt es damit eine umfassende Vorstellung zu entwickeln, in der Notlage zwar als möglich nicht geleugnet, dennoch eine Vorsorge gefordert wird, die ermöglichend wirkt. Aloys Fischer hat das klar benannt, weil

»ebenso wie die Familie auch die öffentlich geregelte Schule (aller Gattungen und Höhenlagen) in bestimmten Fällen das Ganze der Erziehung nicht zu leisten vermag und Einrichtungen unentbehrlich sind, die auch in diesen Fällen doch noch Erziehung gewährleisten [...] Jedenfalls steht fest, daß die Erziehungsfürsorge die Folge einer sozialen Solidarität ist und ihre heutigen Aufgaben und Gestaltungen dem Gebiet der sozialen Fürsorge im großen Sinne des Wortes angehören« (Fischer 1930/1967, S. 462).

Man könnte das als – im guten Sinne des Ausdrucks – sozialdemokratische Richtung liberaler Solidarität sehen – eine Richtung, die heute verloren gegangen ist, weil sich die Sozialdemokratie dem neoliberalen Druck gebeugt und das eigene Projekt einer offenen und zugleich doch fürsorglichen Gemeinschaft preisgegeben hat. (Wobei die Soziale Arbeit wohl der Mittäterschaft schuldig ist, weil viele ihrer Vertreterinnen sich darin verheddert haben, dass die Nationalsozialisten Gemeinschaft für ihre Zwecke instrumentalisierten. Der Begriff wirkt heute belastet, obwohl ihn doch mit Ferdinand Tönnies ein sozialdemokratisch gesonnener Wissenschaftler bestimmt hat – auch und besonders gegenüber einer Gesellschaft, die mechanisch erscheinen musste.)

Das RJWG steht demgegenüber für einen umfassenden sozial- bzw. wohlfahrtsstaatlichen Impetus, der die Weimarer Verfassung auszeichnete, weit radikaler als dies das Grundgesetz heute tut. (Nur in der Hessischen Landesverfassung klingt er nach.) Dieser sozialstaatliche Impetus zeigt sich heute allein noch im Artikel 20 GG, der ein wenig sanft und wenig verbindlich eine Ergänzung zu den auf Abwehr gerichteten Grundrechten ausspricht. Deren Stärke ist nachvollziehbar als Antwort auf den NS-Staat, dessen menschenverachtende Politik nun verhindert werden sollte. Aber: Mit Ausnahme des Rechts auf Bildung, genauer auf Ausbildung gerät dem Grundgesetz die Bedeutung von – notabene – sozialisatorischen Prozessen aus dem Blick; es bleibt familienorientiert, was nicht zu beklagen wäre. Der Mangel aber besteht heute darin, nicht auszusprechen, nicht einmal anzudeuten, wie wichtig für eine Gesellschaft eine Grundorientierung aller ist, die sich einem demokratischen Gemeinsinn verschreiben.

Für das RJWG war dies gegeben, als Grundton, als Unterton, in seiner provokativen Neuigkeit. Es richtete sich in all seiner Bescheidenheit, in seinem vordergründig bloß organisatorischen Zug darauf, einen – emphatisch gesprochen – Bildungsprozess zu ermöglichen. Bei den Kindern und Jugendlichen, bei den angesprochenen Mitgliedern einschließlich der Behörden, bei einer ganzen Gesellschaft, die einen ungeheuren Traditionsbruch erlitten hatte, der doch eine Fortschrittsmöglichkeit eröffnete. Trotz oder wegen allen Leids, das mit dem

Krieg, mit dem einherging, was als Verlust der Welt von Gestern beschrieben worden ist – freilich für das Ende der Habsburger Monarchie und den Start der kleinen österreichischen Republik.

6 Schluss: überzogenes Lob? Das RJWG und der Sound der Sozialpädagogik

Zuviel der Emphase? Zuviel des Lobes? Überzogene Behauptungen? Vom jüngsten Ende her betrachtet, kommt man kaum am Urteil vorbei, dass das RJWG nun wirklich Geschichte gemacht hat. Aber es wird nicht zum Narrativ, das von nun erzählt wird. Es ist ja eher, wie bemerkt, das Gegenteil der Fall. Mehr als Erwähnung findet es selten, taugt schon wegen seiner eher trockenen Kürze kaum zur großen Erzählung. Aber: es wird auch nicht zur Marginalie. Das RJWG markiert vielmehr den Anfang eines Diskurses, der substanziell für die Etablierung der Sozialpädagogik wird. Ein Diskurs, der stabilisiert wird, weil er eben die Verbindlichkeit einer Rechtsform genießt, in seinem Inhalt aber offenbleibt. Die Rechtsform hat dabei einen Zug des Dispositiven, der Produktivität, um die etwas abgedroschenen Begriffe Foucault'scher Provenienz aufzunehmen und ausnahmsweise nicht als abwertende zu sehen. Dieses schmale Gesetz bringt etwas hervor, startet einen praktischen wie theoretischen Entwicklungsprozess, der im Ergebnis zu dem führt, was eben stolz verkündet wird: Eine Million Beschäftigte in der Kinder- und Jugendhilfe, ihre wachsende Inanspruchnahme als Moment einer sozialen Normalität – selbst wenn die damit verbundenen Maßnahmen immer noch mit Missachtung einhergehen und oft genug einer strengen Prüfung nicht standhalten. (Wobei man vielleicht auch dies lernen kann: Die einzelnen Angebote, Maßnahmen und Leistungen mögen vielleicht unbefriedigend bleiben. Möglicherweise muss aber das Ganze, das Vorhandensein, die Verfügbarkeit über alles entscheiden.)

Dieser Diskurs jedenfalls, der eigentlich sozialpädagogische, richtet sich auf eine öffentliche Wahrnehmung von Lebensbedingungen und -Lebensvoraussetzungen junger Menschen und auf die Übernahme von kollektiver, staatlich geregelter Verantwortung für die Entwicklung von jungen Menschen. Das darf als ein Paradigmenwechsel bezeichnet werden, der den Kindern eine neue Position im gesellschaftlichen Zusammenhang zuschreibt, die Entwicklung ihrer Subjektivität aus der Versachlichung als Gut und aus der Privatheit nimmt, ohne dabei den familiären Lebenszusammenhang als maßgebend infrage zu stellen. Insofern bin ich mir nicht sicher, ob man eine Vergesellschaftung der Erziehung behaupten kann; wohl aber darf man eine gesellschaftliche Aufmerksamkeit für die Bedingungen des Aufwachsens erkennen. Das klingt nach einem Unterschied bloß in Nuancen, macht aber doch das Ganze aus, weil dahinter sich die Einsicht in eine Objektivität des Erziehungsgeschehens zeigt, die nicht banalisiert werden darf. Es zeichnet sich hier – möglicherweise – eine Perspektive auf das ab, was dann von der Reformpädagogik und erst recht von der geisteswissenschaftlichen Pädagogik in die berühmt-berüchtigte Parole von der Autonomie der Pädagogik gefasst worden ist. Sachlich geht es schon um diese, um die Einsicht, dass es eben keine Willkür und Kontingenz geben darf, wenn und sofern Erziehung realisiert wird; sie hat ihre Bedingungen, ihre Strukturen, die nicht ignoriert werden dürfen. Aber: dieses Nicht-Ignorieren muss dann eben doch von Staat und Gesellschaft geregelt werden, wahrscheinlich für einen gemeinschaftlichen Zusammenhang. Diese sind die Ermöglichungsmächte, die sicher stellen, dass eine Erziehung realisiert wird, die diesen Namen verdient, weil sie ihrer Logik folgen darf – die manchmal als solche nicht zu erkennen ist. Nur nebenbei: Eine jüngere Philosophin, Martha Nussbaum, hat dies ebenso erkannt, wenn sie die *capabilities* anspricht, die aber so seltsam ungeordnet wirken. Sie haben ihre anthropologisch-pädagogische Systematik. Ihr langjähriger Mitstreiter, Armatya Sen, hat demgegenüber die erforderlichen Rahmenbedingungen angesprochen, als Ökonomie für Menschen, die sich eben nicht als rationale Dummköpfe verhalten (Nussbaum 2011; Sen 2000, 2020).

Das klingt ein wenig aufgeregt und weit hergeholt; man kann nicht ausschließen, dass es den einen oder anderen Einwand provoziert. Gut so, in Ordnung! Von Sachgesetzlichkeit der Erziehung zu sprechen, hört sich altmodisch an, wie ein Rückfall hinter sozialwissenschaftliche und psychologische Erkenntnisse. Oder vielleicht hinter solche der Betriebswirtschaft. Was übrigens auf die Doppelzüngigkeit aktueller Fachdebatten aufmerksam macht. Die werden nervös, wenn es um ökonomische Erwartungen geht, nicht aber, wenn solche der Soziologie oder Psychologie vertreten, wenn nicht sogar geheiligt werden. Mit welchem Grund werden die einen verworfen, die anderen aber nicht?

Historisch lässt sich eine solche Einschätzung gleichwohl durchaus rechtfertigen, nicht zuletzt mit dem schon vorgetragenen Hinweis auf den sozialen und kulturellen Kontinuitätsbruch und die damit gegebene Entdeckungsfunktion für die Pädagogik. Eben weil man sich im Verlust des Selbstverständlichen wieder auf die Grundlagen des Umgangs mit den Angehörigen der jungen Generation einlassen muss. Es gibt dann keine Ausrede mehr, sondern nur die Verpflichtung, den Kindern und Jugendlichen eine Zukunft zu ermöglichen, die sie selbst zu bestimmen haben.

Dennoch: Theoriegeschichtlich wird die Sache schwieriger, weil die unmittelbaren Einflusslinien nicht konkret benannt werden können, weil nicht einmal ein Netzwerk zu umreißen ist, das zwischen Theoretikerinnen, Praktikerinnen, Politikerinnen und Verwaltungsjuristinnen nachzuweisen wäre. Man kann nur Beobachtungen anführen, beginnend selbstverständlich mit dem Hinweis auf den fünften Band des Handbuchs von Nohl und Pallat (1929). Dass dieser 1929 erscheinen konnte, dass er auf das RJWG verweist, lässt Verbindungen ahnen. Symptomatisch auch die Beiträge von Gertrud Bäumer (Bäumer 1929) – die übrigens den Zorn von Künstlern auf sich zog, als sie sich gegen »Schmutz- und Schundliteratur« gewandt hat. Studiert hat sie bei Dilthey – so gesehen liegen die Verbindungen zur Geisteswissenschaftlichen Pädagogik und ihrer Vertreter nahe. Nohl war ja ständig unterwegs mit seinen Reden über die pädagogische Idee in der Jugendfürsorge, mit seinem Schienengleichnis (Nohl 1928/1965b, S. 48), das fast als Metapher für den organisatorischen Zug des Gesetzes stehen konnte. Übrigens darf man auch den Einfluss Natorps nicht vergessen, der mit Elan und wohl ziemlich charismatischer Wirkung die Sozialpädagogik prominent vertrat (Natorp 1908, 1909) und dann mit seinem Sozialidealismus die Menschen auf eine neue gemeinschaftliche Gesellschaft einschwören wollte, die sich von Freiheit nicht trennen ließ (Natorp 1922).

Doch davon abgesehen: Man darf vermuten, dass die pädagogischen Experimente der Zeit eine Aufmerksamkeit gewonnen haben, die dann doch die Debatten um das Gesetz bewegt hat; die sozialpädagogische Bewegung war präsent, sie brachte das Thema der Sozialpädagogik in den Ring der politischen Auseinandersetzungen: Karl Wilker mit seinem Lindenhof, der dann bei den Bürgern mehr Unterstützung fand als bei seinen Mitarbeitern, vermutlich Bernfelds Aktivitäten, sein Bericht über das Kinderheim Baumgarten erschien 1921, übrigens in Berlin (Bernfeld 1921/1996). Der »Sisyphos« kam erst später. Unklar ist, wie bekannt die Arbeiten Korczaks waren; veröffentlicht wurden sie später, aber seine Stimme war wohl weit zu vernehmen. Ebenso wie die Aktivitäten Aichhorns – die Verbindungen zwischen Wien und Berlin waren wohl ziemlich schnell.

So steht das RJWG dann schon für eine Sozialpädagogik im strengen Sinne des Ausdrucks, nicht zuletzt übrigens auch in dem, der heute als Haltung bezeichnet wird und wieder gegen Techniken geltend gemacht wird. Es ist in seiner nach Auslegung rufenden Offenheit, in seinem noch selbst experimentellen Charakter ein starker, gleichwohl fast philosophischer Ton, der zumindest hintergründig anklingt. Sozusagen der Sound der Sozialpädagogik, vielleicht nur die Prosodie, die ihr zugrunde liegt, aber wenigstens gelegentlich antönt: Auf der einen Seite stehen selbstverständlich die individuellen Freiheitsrechte für alle und in jeder Lebensphase. Aber Freiheit ohne Schutz, ohne Wissen und Können, ohne Machtausstattung taugt nichts, weil sie den Alltag in der Lebenswelt nicht bewältigen lässt, schon gar nicht den gelingenderen Alltag. Individuelle Freiheit braucht zugleich und ganz besonders eine Infrastruktur, die in entwicklungspsychologisch und psychoanalytisch verstandener Weise das individuelle Leben ermöglicht. Es reicht nicht aus, das Leben in Freiheit und Würde zu sichern, strukturelle Bedingungen genügen kaum, personale Beziehungen sind notwendig – da ist das RJWG möglicherweise sogar den heute gültigen Regeln überlegen, weil es schon früh, im IV. Abschnitt mit §§ 32 ff., die Vormundschaft regelt – möglicherweise ein kluger Schritt, wenn man bedenkt, welche Rolle gute Vormünderinnen und Vormünder für die Jugendlichen spielen.

Besonders sticht ins Auge, wie der Gesetzgeber eine vergleichsweise umfassende materielle Sicherung des Aufwachsens vorsieht, die aber auf die psychische und soziale Entwicklung gerichtet ist. Es geht eben nicht nur um die Bekämpfung von Armut, sondern um eine Rahmung der psychosozialen Entwicklung, wie man wenigstens dem § 49 entnehmen kann, der die gründliche Abhilfe gegen Störungen der Entwicklung des Minderjährigen vorsieht. »Störungen«, das klingt ein wenig medizinisch-martialisch, würde heute vielleicht von Psychologinnen geltend gemacht, verweist aber doch auf eine Vorstellung, wie sie Herman Nohl ausgesprochen hat: Nicht das Kind stört, sondern es wird in seiner Entwicklung durch Bedingungen und Verhältnisse gestört, eingeschränkt (Nohl 1926/1965a, S. 32).

Solche Hinweise müssen genügen, um diesen grundlegend pädagogischen Zug des Gesetzes festzuhalten – zumindest als eine Vermutung über seine Substruktur. So richtig sicher kann man sich da nicht sein. Aber vielleicht wird die Vermutung einerseits noch dadurch belegt, dass das Gesetz von den Nazis beiseitegeschoben wurde, um dann in der jungen Bundesrepublik aufgenommen zu werden; bezeichnend mag übrigens sein, dass die DDR sich nicht auf das RJWG bezogen hat, die Kinder- und Jugendhilfe anders organisierte, sehr viel staatsnäher und in enger Verbindung mit der Volksbildung. Andererseits wird die Vermutung eines grundlegend pädagogischen Zuges des Gesetzes wohl auch noch dadurch bestätigt, dass es eben im Kern trag- und vor allem entwicklungs- wie erweiterungsfähig geblieben ist. Manche Traditionslinien haben also doch Züge von Weisheit. Torheit würden nur die zeigen, die solche Linien abschneiden.

Literatur

Bäumer, G. (1929): Die historischen und sozialen Voraussetzungen der Sozialpädagogik und die Entwicklung ihrer Theorie. Das Jugendwohlfahrtswesen. In: H. Nohl/L. Pallat (Hg.): Handbuch der Pädagogik. Band V. Sozialpädagogik (S. 3–26). Langensalza.

Bernfeld, S. (1921/1996): Kinderheim Baumgarten – Bericht über einen ernsthaften Versuch mit neuer Erziehung. In: S. Bernfeld: Sämtliche Werke. Hg. v. U. Herrmann. Band 11. Sozialpädagogik. Schriften 1921–1933. Weinheim/Basel.

Bernfeld, S. (1925/2013). Sisyphos oder die Grenzen der Erziehung. In: S. Bernfeld. Werke. Hg. Von U. Herrmann. Band 5, S. 11-130. Gießen.

Bernfeld, S. (2016): Sozialistische Pädagogik und Schulkritik. Sämtliche Werke. Hg. v. U. Herrmann. Band 8. Gießen.

Durkheim, E. (1924/1976): Soziologie und Philosophie. Mit einer Einleitung von T. W. Adorno. Frankfurt a. M.

Farge, A./Revel, J. (1989): Logik des Aufruhrs. Die Kinderdeportationen in Paris 1750. Frankfurt a. M.

Fischer, A. (1954): Die Problematik des Sozialbeamtentums (1925). In: A. Fischer: Leben und Werk (Hg. v. K. Kreitmair), Band 3/4 (Gesammelte Abhandlungen zur Soziologie, Sozialpädagogik und Sozialpsychologie) (S. 319–349). München.

Fischer, A. (1930/1967): Erziehungsfürsorge. In: A. Fischer. Leben und Werk (Hg. v. K. Kreitmair), Band 7. Gesammelte Abhandlungen zur Berufspädagogik (S. 459–471). München.

Forum Erziehungshilfen (2022): Thema 100 Jahre staatlich organisierte Kinder- und Jugendhilfe. Kontinuitäten und Brüche, ForE 28, (2), 68–94.

Grossmann, I./Na, Y./Varnum, M. E. W./Park, D. C./Kitayama, S./Nisbett, R. E. (2010): Reasoning about social conflicts improves into old age. Proceedings of the National Academy of Sciences (PNAS), 107 (16) 7246–7250. https://www.pnas.org/doi/10.1073/pnas.1001715107 (Zugriff am 19.06.2023).

Hansbauer, P./Schone, R. (2022): Vom RJWG zum KJSG – Gesellschaftliche und rechtliche Entwicklungen. Forum Erziehungshilfen, 28, 68–72.

Hasenclever, C. (1978): Jugendhilfe und Jugendgesetzgebung seit 1900. Göttingen.

Kuhlmann, C.: »Schwarze Pädagogik« damals und heute. Forum Erziehungshilfen, 28, 77–80.

Lewis, S. (2020): The coronavirus crisis shows it's time to abolish the family. What does the pandemic tell us about the nuclear family and private household? https://www.opendemocracy.net/en/oureconomy/coronavirus-crisis-shows-its-time-abolish-family/ (Zugriff am 19.06.2023).

Lewis, S. (2022): Abolish the family! A manifesto for care and liberation. London/Brooklyn, NY.

Moore, B. (1982): Ungerechtigkeit. Die sozialen Ursachen von Unterordnung und Widerstand. Frankfurt a. M.

Natorp, P. (1908): »Sozialpädagogik«. In: W. Rein (Hg.): Enzyklopädisches Handbuch der Pädagogik, Bd. 8 (2. Aufl., S. 675–682). Langensalza.

Natorp, P. (1909): Sozialpädagogik. Theorie der Willenserziehung auf der Grundlage der Gemeinschaft (3., vermehrte Aufl.). Stuttgart.

Natorp, P. (1922): Sozialidealismus. Berlin.

Neuenschwander, T. (2010): Alter schützt vor Weisheit nicht (Zusammenfassung des Artikels von Grossmann et al.). Wissenschaft.de (06.04.2010). https://www.wissenschaft.de/erde-umwelt/alter-schuetzt-vor-weisheit-nicht/#:~:text=Mit%20dem%20Alter%20kommt%20die,Altersgruppen%20zu%20hypothetischen%20Konflikten%20auseinandersetzt (Zugriff am 19.06.2023).

Nohl, H. (1926/1965a): Gedanken für die Erziehungstätigkeit des Einzelnen. In: H. Nohl: Aufgaben und Wege der Sozialpädagogik (S. 28–35). Weinheim.

Nohl, H. (1928/1965b): Die pädagogische Idee in der öffentlichen Jugendhilfe. In: H. Nohl: Aufgaben und Wege der Sozialpädagogik (S. 45–50). Weinheim.
Nohl, H./Pallat, L. (Hg.) (1929): Handbuch der Pädagogik. Fünfter Band (Sozialpädagogik). Berlin/Leipzig/Langensalza.
Nussbaum, M. C. (2011): Creating capabilities. The human development approach. Cambridge, MA/London.
Peukert, D. J. K. (1986): Grenzen der Sozialdisziplinierung. Aufstieg und Krise der deutschen Jugendfürsorge von 1878 bis 1932. Köln.
Peukert, D. J. K. (1989): Sozialpädagogik. In: D. Langewiesche/H.-E. Tenorth (Hg.): Handbuch der Deutschen Bildungsgeschichte. Band V. 1918–1945: Die Weimarer Republik und die nationalsozialistische Diktatur (S. 307–335). München.
Plake, K. (1991): Reformpädagogik. Wissenssoziologie eines Paradigmenwechsels. Münster/New York.
Reichsgesetz für Jugendwohlfahrt (1922): Reichsgesetzblatt Nr. 54 vom 29. Juli 1922, Teil 1 (S. 633–647). https://www.stuttgart.de/medien/ibs/reichsjugendwohlfahrtsgesetz-9-juli-1922.pdf (Zugriff am 19.06.2023).
Rutschky, K. (1977): Schwarze Pädagogik. Quellen zur Naturgeschichte der bürgerlichen Erziehung. Berlin/Wien.
Sachße, C. (2018): Die Erziehung und ihr Recht. Vergesellschaftung und Verrechtlichung von Erziehung in Deutschland 1870–1990. Weinheim/Basel.
Sen, A. (2000): Ökonomie für den Menschen. Wege zu Gerechtigkeit und Solidarität in der Marktwirtschaft: Frankfurt a. M./Wien.
Sen, A. (2020): Rationale Dummköpfe. Eine Kritik der Verhaltensgrundlagen der Ökonomischen Theorie (2. Auflage). Stuttgart.
Uhlendorff, U. (2003): Geschichte des Jugendamtes. Entwicklungslinien öffentlicher Jugendhilfe von 1871–1929. Weinheim/Basel/Berlin.
Wehler, H.-U. (1987): Deutsche Gesellschaftsgeschichte. Band I 1700–1815. München.
Wehler, H.-U. (2003): Deutsche Gesellschaftsgeschichte. Band IV 1914–1949. München.
Wilker, K. (1921): Der Lindenhof: Werden und Wollen. Heilbronn am Neckar.

II Das (Reichs-)Jugendgerichtsgesetz

Behutsames Verantwortlichmachen –
der Erziehungsgedanke im Jugendstrafrecht

Lukas Pieplow

Thesen

1. Jugendstrafrechtliches Denken und/oder die Kategorie Jugend sind keine Erfindung des ausgehenden 19. Jahrhunderts.
2. Die Jugendfürsorge-/Jugendhilfeentwicklung ist die Keimzelle der Deutschen Jugendgerichtsbarkeit.
3. Kategorial zu unterscheiden sind Erziehungsgedanke und Erziehung.
4. Der Erziehungsgedanke chiffriert den Gründungsanker der Jugendgerichtsbewegung: »soziale Gesinnung«.
5. Das nach 1945 gepflegte Narrativ der organischen Weiterentwicklung der Materie Jugendstrafrecht in Deutschland zwischen 1933 und 1945 behindert beides: Wertschätzung der Reformsubstanz des Jugendgerichtsgesetzes von 1923 und Kritik der unaufgeräumten Einbrüche in die Gesetzesmaterie zwischen 1933 und 1945.
6. Die synchrone Auslegung des JGG, systematische Auslegung genannt, übersieht historische Verwerfungen, denen nur eine diachrone Perspektive auf das Gesetz gerecht wird.

Vorbemerkung

Niemand kann und will bestreiten, dass sich bei der Befassung mit Erziehung im Jugendstrafrecht, respektive der Befassung mit dem Erziehungsgedanken, eine Bandbreite von Positionen vor einem ausbreitet, dass man versucht ist, es bei dem Auffächern des irgendwie »anything goes« zu belassen oder sich gleich mit Grausen aus dem Klippklapp zu verabschieden.

Jemandem, der seit Mitte der 1980er Jahre versucht, diese Vielfalt – man könnte auch sagen: offenkundige Beliebigkeit – all dieser Ansätze nachzuvollziehen, sei es erlaubt, hier eine Schneise hindurchzuschlagen. Ein heikles Unterfangen, denn natürlich streiten scheinbar jede Menge »Treffer« gegen das hier Vorgeschlagene. Möglicherweise liegt ja auch ein Vorteil darin, es bei ganz viel Unklarheit zu belassen und in der Praxis das Beste daraus zu machen oder zu einer großen Transformation zu schreiten, die dann einheitliches Jugendrecht oder wenigstens Abschaffung des Erziehungsgedankens lauten würde. Auf dem ganz konservativen Flügel, manche halten sich auch mit dieser Position für progressiv[1], mehren sich inzwischen verschiedene Stimmen: »Abschaffung des Jugendstrafrechts und Reintegration in das Allgemeine Strafrecht«. Eines ist nicht von der Hand zu weisen: über Bande kann man von verschiedenen Seiten her dem Jugendstrafrecht den Garaus machen.

Die hier in Anspruch genommene eigene Sicht der Dinge, die immerhin auf mancher Quellenforschung gegründet und praxisgesättigt aus dreißig Jahren Verteidigung in Jugendverfahren ist, soll diese Rodungsarbeiten mit dem Ziel rechtfertigen, trotz vieler Bäume einmal durch den Wald durchzublicken.[2]

Für diesen Text kann auf viele Vorarbeiten zurückgegriffen werden, die hier nicht alle vorgestellt werden können. Im Weiteren sollen wenigstens ein paar der vielen noch bislang sehr oder vollständig unbeachteten Quellen gestreift werden, die hoffentlich etwas Unterholz beiseiteschaffen: Einerseits die Ausschussberatungen Jugendstrafrecht der Akademie für Deutsches Recht 1933–1945; die systematischen und terminologischen Verwerfungen des aktuellen Gesetzes können ohne die Kenntnis dieses Materials nicht verstanden werden. Zweitens die Dissertation von Berta Konrad, »Der Erziehungsgedanke im Jugendstrafrecht« (1947). Und drittens und ganz erstaunlich: Auch wenn man denkt, es sei so ziemlich alles gesagt, zeigt ein aktueller Text wie der von Engstrom (2022), dass ein historisch Geschulter, beinahe hätte ich gesagt, »Waldarbeiter«, uns noch behilflich sein kann. Aber der Reihe nach.

---

1 Die Kritiker des Erziehungsgedankens H.-J. Albrecht (2002), P.-A. Albrecht (2000), M. Voß (1986) und U. Toprak (2012) gehören natürlich nicht in ein konservatives Lager.
2 Damit es umgekehrt auch nicht zu hochtrabend klingt: Auch der Verfasser musste und konnte seit seinem Text von 1989 noch etwas dazulernen. Das Plakative des Mottos »Erziehung statt Strafe« kann nur – es geht kaum besser als mit Clara Friedheims Augen – über eine Beschäftigung mit dem Erziehungsgedanken verstanden werden. Dass am Ende des Waldes dann nicht nur die gleißende Sonne im Sinne von endlich »Durchblick« scheint, dass nach wie vor auch Übergänge, Verwobenheiten und geradezu geheimnisvoll chiffrierte Haltungen eine Rolle spielen, die mit Gesetzessprache nicht zu erfassen sind, sei vorab gesagt.

1 Grundlegungen

Alle Geburtstagsfeierlichkeiten zu 100 Jahren Jugendhilferecht und Jugendgerichtsgesetz in Ehren. Die Verkürzung, die darin liegt, hier einen Anfang zu sehen, behindert den Durchblick. Die engere Jugendstrafrechtsgeschichte Deutschlands ist durch Vorarbeiten geprägt, ohne deren Kenntnis sich das Räsonieren über den Erziehungsgedanken verbietet.

Selbstverständlich, und allem akademischen Gerede über die »Erfindung von Jugend« gegen Ende des 19. Jahrhunderts zum Trotz, ist die Jugendkategorie, man denke an das Wort *juventus,* keine Entdeckung in diesem Zeitfenster. Bei all denen, die dieses Narrativ vertreten, sei der Lackmustest gemacht, ob ihnen die Dissertation von Karl Holzschuh (1957) oder der Aufsatz des preußischen Oberstaatsanwalts August Wilhelm Ferdinand von Tippelskirch aus dem Jahr 1856 bekannt sind.[3] In der ungeheuer materialreichen Aufarbeitung mittelalterlicher Quellen kommt Holzschuh zu dem Schluss, dass sich seit Jahrhunderten Sonderregelungen für Jugendliche im Strafrecht durchziehen (Holzschuh 1957, S. 107). Auch die Alternative »Erziehung« im kriminalwissenschaftlichen Diskurs verortet er zutreffend nicht im ausgehenden 19., sondern im ausgehenden 18. Jahrhundert und verweist auf Beccarias berühmtes Werk »Über Verbrechen und Strafen« (1764/1990), das wiederum Bezug nimmt auf Rousseau.[4] Die Tippelskirch-Veröffentlichung aus dem Jahr 1856 trägt den Titel »Von der Strafgerichtsbarkeit über Personen jugendlichen Alters«. Strafmündigkeitsfragen, Abschaffung der Prügelstrafe und die Forderung nach strafrechtlicher Verfolgung jedenfalls geringerer Vergehen durch Personen, »die dabei mehr den Standpunkt der Erziehung als der strafenden Gerechtigkeit ins Auge zu fassen und durchzuführen im Stande sind«, waren seine Agenda.[5]

Zu ringen ist um begriffliche Genauigkeit: Erziehung ist nicht dasselbe wie Erziehungsgedanke, Erziehungsmaßregeln sind nicht dasselbe wie Erziehungsmaßnahmen. Jedenfalls juristisch geschulte Ohren merken doch auf, wenn

---

[3] Ganz aktuell und trotz aller sonstigen Belesenheit repetiert Frenzel (2022, S. 277) dieses Narrativ.

[4] Die deutsche Fassung dieser Passage findet sich in der deutschen Übersetzung des Werkes durch Esselborn (1905, S. 168), verfügbar als Book on Demand. Für die erste Hälfte des 14. Jahrhunderts verweist uns Joachim Walter (2014, S. 893) kenntnisreich auf Walther von der Vogelweide. Wenige weitere Hinweise zur Frühgeschichte des Topos Erziehung bei Pieplow (2014, S. 343).

[5] Den Hinweis auf diesen Text und das ihn einordnende eigene Manuskript verdanke ich der promovierten Juristin und Dozentin i. R. für Soziale Arbeit Elsbeth Lehmann-Jessen, Hamburg; ganz nebenbei die Nichte eines der Richter-Pioniere der deutschen Jugendgerichtsbarkeit, Herbert Francke.

man das Wort Erziehungsgedanke einmal auf einer Reihe sieht mit Worten wie Vermögensdelikt, Versuch, Vorsatz, Verjährung ... Ein »Gedanke« liegt offensichtlich auf einer anderen Ebene und so werbe ich dafür, dass der erst zum 01.01.2008 ins Gesetz gehobene Begriff im engeren Sinne keinen Rechtsbegriff, sondern einen außerrechtlichen Anker darstellt (vgl. Pieplow 2022a, S. 151 f.).

Es ist bis hinein in die aktuellsten dogmatischen Fragestellungen des Jugendstrafrechts von größter Bedeutung, dass das Deutsche Jugendstrafrecht von Anfang an »den Erziehungsgedanken in den Vordergrund stellt, der das Verfahren gegen straffällige Jugendliche durchaus beherrschen muß« (E. von Liszt 1927, S. 13).

Der Kontrast ist bedeutsam, auf den Höynck, Ernst und Knaack in diesem Band hinweisen: Das Wort »Erziehung« kommt im historischen JGG von 1923 gar nicht vor bzw. nur an der sicher nicht zentralen Stelle eines Ausgestaltungsappells an den Strafvollzug (das Institut der Jugendstrafe gab es erst ab 1943).

Der Erziehungsgedanke ist der ungeschriebene, seit 2008 im § 2 Abs. 1 JGG geschriebene Konsens eines beherrschenden Leitprinzips. Seine Bedeutung wird erst erfasst, wenn wir ihn aus einem selbstverständlich naheliegenden pädagogischen Framing lösen. In erster Linie meint er Kompensation, nicht Korrektur. Er hat in dem jahrzehntelangen Ringen einer Implementation von Jugendstrafrecht die Funktion, ein »Weniger« von Bestrafen zu organisieren. In der Verkürzung »Erziehung statt Strafe« kommt dies auf den Punkt. Der Erziehungsgedanke im Strafrecht ist nach der hier vertretenen Auffassung nicht der irgendwie inkonsistente Anfang einer Transformation in eine jugendhilferechtliche Lösung und auch nicht verlogen oder gar schizophren. Er preist die Existenz von Strafrecht ein, ohne es abschaffen zu können, er appelliert an »harm reduction«, ohne die Illusion, die hochsymbolische staatliche Veranstaltung, Straftaten zu sanktionieren, überwinden zu können (Pieplow 1989, S. 15 f.). Die hier vorgeschlagene Deutung des Erziehungsgedankens lautet deshalb »behutsames Verantwortlichmachen«. Dass eine solche Sicht ihren Preis hat, aber eine Fülle anderer Probleme aufzulösen hilft, soll später an ein paar Beispielen demonstriert werden.

Visualisieren wir einmal die Geschichte: Betrachten wir zwei auf das Podium und ins Publikum geschossene Fotos des ersten Deutschen Jugendgerichtstags 1909 (vgl. Pieplow 2019).[6] Wir verdanken der Deutschen Vereinigung für Jugendgerichte und Jugendgerichtshilfen e.V. (DVJJ) die digitale Erschließung

---

6 https://www.dvjj.de/wp-content/uploads/2019/06/berlin_dvjj2017_stand_070119_pieplow.pdf; dort Folie 1 (Zugriff am 01.06.2023).

der Jugendgerichtstagsbände.[7] Wir verdanken ihr auch den digitalen Zugriff auf die historischen Gesetzesfassungen der Jahre 1923 und 1943.[8] Was Wunder, dass der erste Jugendgerichtstag in Berlin Charlottenburg abgehalten wurde, was Wunder, dass ihn der Berliner Amtsrichter und in seiner Funktion eben Vormundschaftsrichter Paul Köhne präsidierte.[9] Nicht Franz von Liszt[10], nicht Gustav Radbruch[11]. Die Initiative, überhaupt diesen Jugendgerichtstag abzuhalten, entspringt der Deutschen Zentrale für Jugendfürsorge (DZfJ). Der Vormundschaftsrichter Köhne betritt mit der Leiterin der DZfJ, Frieda Duensing, spätere Geschäftsführerin des Ausschusses für Jugendgerichte und Jugendgerichtshilfen der DZfJ, wie Engstrom es nennt, »no-man's land« (Engstrom 2022, S. 80). »Die Jugendgerichtsbewegung baute auf eine lange Fürsorgetradition, in der auch zivilgesellschaftliche Organisationen ihre allseits anerkannte Berechtigung und Betätigungsfelder besaßen« (Engstrom 2022, S. 81; vgl. auch Oberwittler 2000).

Es ist erstaunlich und hoffnungsvoll, mit welcher Verspätung eine wertschätzende und Berufsfeld übergreifend Synergien analysierende (hinzuzufügen ist: genderintegrative) historische Aufarbeitung dieser sozialreformerischen Anfänge inzwischen zustande kommt.

Engstroms Text ist, so viel Kritik sei erlaubt, etwas bemüht, sich in das Oberthema des Herausgeberbandes zu integrieren, was natürlich für den hiesigen Zusammenhang gar kein Problem darstellt. Und kritisch angemerkt sei, dass er die Geschichte der deutschen Fürsorgebewegung mit den Arbeiten von Detlev Peukert (1986) und Michael Voß (1986) als irgendwie bereits auserzählt erklärt. Ein Blick hinein in diese Texte und ihre Ausgangsthese einer Intensivierung von Sozialkontrolle belehrt einen eher gerade das Gegenteil. Was sind

---

7 https://www.dvjj.de/jugendgerichtstage/tagungsbaende-jugendgerichtstage/ (Zugriff am 01.06.2023); genauer Höynck, Ernst und Knaack in diesem Band.
8 https://www.dvjj.de/historische-texte/ (Zugriff am 01.06.2023).
9 https://www.dvjj.de/wp-content/uploads/2019/06/1.-JGT-1909-Berlin.pdf (Zugriff am 01.06.2023), S. 3.
10 Die leider 2023 verstorbene Ruth Herz nannte ihn den Mann, »der die Jugendgerichtsbewegung leitete« (vgl. Herz 1987, S. 8).
11 Der SZ-Autor Ronen Steinke meint in seinem lesenswerten Artikel zum 100-jährigen JGG-Jubiläum, Süddeutsche Zeitung vom 04.02.2023, »Wenn Milde stärker ist als Vergeltung«, Radbruch habe dem Erziehungsgedanken im Jahr 1923 zum Durchbruch verholfen. Allein der skeptische Willkomm, den Radbruch diesem Gesetz publizistisch hat zuteilwerden lassen (vgl. Pieplow 1989, S. 5) und der Umstand, dass das Gesetz auf einem deutlich älteren Entwurf beruht, mit dem er nichts zu tun hatte, sprechen gegen diese charmante These. Vielleicht sollte wenigstens erinnert werden, dass Gustav Radbruch selbst bei der Zweiten Lesung des Gesetzes im Januar 1923 noch gar nicht wieder Minister war, sondern dieser noch Dr. Heinze hieß (vgl. Pieplow 1998, Fn. 3). Auf das Narrativ von Radbruch als Gesetzesmacher trifft man auch beim Jubiläums-»Zeitzeichen« des WDR vom 16.02.23, »Jugendstrafrecht in Deutschland beschlossen (am 16.02.1923)« (WDR ZeitZeichen 2023).

denn die Heraufsetzung des Strafmündigkeitsalters um zwei Jahre, die erstmalig als Rechtsinstitut eingeführte Strafaussetzung zur Bewährung und das Normprogramm »Erziehungsmaßregeln statt Strafe«? Belege für ein dahinterstehendes Motiv »Intensivierung von Sozialkontrolle« in dem langen Kampf um ein JGG (vgl. Dörner 1991, S. 48 f.) sind es nicht.

Einen Schatz hat Engstrom mit dem Text des jungen Juristen und Jugendgerichtshelfers Otto Heilborn gehoben, den er zitiert:

»Jeden Montag vereinigen sich die Vereinsdelegierten in einem Saale des Polizeipräsidiums und empfangen von der Vorsitzenden die Ersuchen zur Verteilung an ihre Mitglieder. Ein interessantes Bild gewähren diese Versammlungen: Männer und Frauen aller Volkskreise sitzen nebeneinander, neben Abgesandten der großen konfessionellen Verbände sieht man Vertreter der Berliner Lehrer und Lehrerinnen wie der weiblichen kaufmännischen Angestellten, und in rühmlichem Eifer beteiligen sich an der gemeinsamen Arbeit die Hirsch-Dunckerschen Gewerkvereine, die ›freien‹ und die ›christlichen‹ Gewerkschaften« (Heilborn 1910, S. 1281).

Frieda Duensing ist die angesprochene Vorsitzende und wir sind nicht verwundert, dass sie in ihrem Text (1912)[12] ganz im Einklang mit solchen Mitstreiterinnen für die Sache Jugendstrafrecht wie Clara Friedheim (1923) und Anna Schultz im Jahr 1910 (Wiederabdruck 2017)[13] das Thema auf den Punkt bringt:

»Die soziale Hilfsarbeit ist geleitet von gesellschaftlichen Momenten. Ihr Zweck ist Besserung gesellschaftlicher Verhältnisse, ihr letztes Ziel Ausgleich gesellschaftlicher Ungerechtigkeiten« (Duensing zit. nach Zeller 1999, S. 155).

Wir »sind beim letzten und wichtigsten Requisit angelangt; der sozialen Gesinnung. Sie ist die Triebkraft der sozialen Hilfsarbeit, ihr Blut, ihr Lebenssaft« (S. 158).

Diese Gründung des Jugendstrafrechts in Deutschland ist durch das Wort vom Erziehungsgedanken, der das Jugendstrafrecht nach der alten Formel »beherrscht«, chiffriert worden. Bemerkenswert ist, dass es, anders als in den USA, in Deutschland kein etabliertes Synonym für »social justice« gibt. Warum ist das so? Wahrscheinlich, und die so lange ausgebliebene Zulassung von Frauen ins Richteramt zeigt dies exemplarisch, war der Mainstream von Justiz und Justizpolitik hierzulande besonders unsensibel dafür, neue Zeiten

---
12 Reprint bei Zeller (1999, S. 155 ff.).
13 Schultz (1910/2017, S. 382) spricht von »sozialen Kenntnissen«.

wahrzunehmen und in das eigene Tun zu integrieren.[14] Der Erziehungsgedanke, wenn man so will, ist eine gerade wegen seiner Unschärfe Konsens erzeugende Verlegenheitsformel als »Kampfbegriff« gegen das überkommene Strafrecht.

Es berührt heute, sich die sozial sensible erste Auftaktfanfare für Jugendgerichte in Deutschland von Paul Köhne (1906) vorzunehmen. Das BGB von 1900 hatte familienrechtlich einen Paradigmenwechsel vorgenommen, die Privatsphäre der Familie relativiert und Fürsorge für gefährdete Kinder und Jugendliche zur Staatsaufgabe erklärt. Das rechtliche Korrelat waren die Vormundschaftsgerichte und jeder, der das Leben in den Hinterhöfen des Berliner »Zille-Elends« auch nur ein wenig vor Augen hat, wundert sich nicht, dass der Berliner Vormundschaftsrichter Köhne zu dem vielleicht prominentesten Protagonisten geworden ist, die strafrechtlichen Reaktionen gegen Kinder und Jugendliche auf den Prüfstand zu stellen. Die von der Zeitzeugin Elsa von Liszt erzählte Geschichte, der Tochter des natürlich in der Internationalen Kriminalistischen Vereinigung auch mit der Entwicklung des Jugendstrafrechts verbundenen Strafrechtsprofessors, fängt jedenfalls mit Paul Köhne an: »Da ist vor allem Paul Köhne zu nennen, der Vorkämpfer des Jugendgerichtsgedankens, der Schöpfer des Berliner Jugendgerichts, der Vorsitzende der drei ersten Jugendgerichtstage, der auch die Vorbereitungen für die Kriegstagung noch geleitet hatte« (von Liszt 1927, S. 7).

Nitsch zitiert ein Zeitzeuginnenprotokoll aus der ersten Sitzung des Berliner Jugendgerichts im Jahr 1908: »Diese Eröffnungssitzung schien zunächst eher einer sozialreformerischen Tagung als einer Gerichtsverhandlung zu gleichen, nachdem Amtsgerichtsrat Köhne, treibende Kraft der Jugendgerichtsbewegung, eine einleitende Rede zur Geschichte dieser neuen Institution gehalten hatte« (Nitsch 1999, S. 178). Ein Wikipedia-Eintrag ziert Köhne bis heute nicht; wenige kursorische Angaben bei Pieplow (2018, S. 152).

»Man kann nicht die Kriminalität Minderjähriger als gesondertes Problem behandeln. Wer praktisch oder wissenschaftlich sich mit der Kindesfürsorge vertraut gemacht hat, der weiß, dass Verlassenheit und Verwahrlosung, Laster und Unsittlichkeit, Verbrechen und Vagantentum bei unerwachsenen Personen derselben Wurzel entsprießen und nur Erscheinungsformen verschiedener Art sind. Wer dies beobachtet, der weiß auch, dass der strafrechtliche Vergeltungsgedanke gegenüber Unerwachsenen keinerlei innere Berechtigung hat, dass die Behandlung der straffälligen ebenso wie der ver-

---

14 Zu dieser Parallele von rechtspolitischen Zähigkeiten vgl. Pieplow (2014, S. 346).

wahrlosten und misshandelten Minderjährigen ein Erziehungsproblem ist« (Köhne 1906, S. 154).

»Endlich muß der Richter möglichst in die Lage gesetzt werden, nicht nur die Tat abzuurteilen, sondern auch soziale Fürsorge an dem Täter zu üben« (Köhne 1913, S. 120).
Und dann heißt es bei Ruschewey, dem neben Clara Friedheim anderen prominenten Doktoranden zum Jugendstrafrecht bei Prof. Moritz Liepmann, Hamburg, man müsse zu neuen Gedanken kommen, zu der neuen »sozialen« Auffassung (Ruschewey 1918, S. 172).[15] Clara Friedheim mit ihrer bis zum Jahr 2022 niemals zitierten herausragenden Dissertation schließlich schlägt in dieser Gründungsphase in dieselbe Kerbe: Soziale Gesinnung sei schon bei Natorp und Kerschensteiner die Grundstimmung, Sozial-Pädagogik sei in einer Wechselbeziehung von Erziehung und Gesellschaft. Kein Zweifel, das von Friedheim präsentierte Verständnis eines Erziehungsgedankens ist kein genuin kinder- oder jugendpädagogisches, es zielt auf alle. Es bedeutet, dass sich zwei Seiten verändern sollen (Pieplow 2022a, S. 17).
Einen Sprung noch einmal zurück zu Köhne, weil hierauf später noch einmal zurückzukommen ist:

»Die Vereinigten Staaten von Nordamerika sind mit der Schaffung von Jugendgerichten vorangegangen; wir werden ihnen folgen müssen, wenn wir nicht eine schwere Schuld gegen die heranwachsende Generation auf uns laden wollen« (Köhne 1906, S. 154; vgl. auch Oberwittler 2000, S. 82).

Ein kleiner Merkposten soll hier noch aufgemacht werden, weil er in den aktuellen Diskussionen eine Rolle spielt, nämlich die Namensänderung von »Jugendgerichtshilfe« zu »Jugendhilfe im Strafverfahren«, die zwar den Normtext des JGG nicht erfasst hat, jedoch das berufliche Selbstverständnis der sozialen Arbeit im Jugendstrafrecht des 21. Jahrhunderts prägt. Es ist zwar nicht von der Hand zu weisen, dass der Begriff »Jugendgerichtshilfe« deutungsfähig dahingehend ist, dies sei eine Art Service-Agentur für die Justiz gewesen. Und einige Matadore auf der Szene schüren diesen Eindruck als Argument dafür, in einer Zeit, in der man erkannt habe, die Soziale Arbeit müsse sich solcher Indienstnahmen entziehen und für die Jugendlichen da sein, müsse

---

15 Nicht uninteressant als Parallele (und vielleicht sogar Perspektive!), dass für Ruschewey, wie bei Duensing und Heilborn auch, Jugendgerichtshilfearbeit und juristische Profession jeweils in einer Person gelebt wurden.

sie sich zwingend diesen modernen Namen geben. Man lese nur einmal zu den Anfängen der Jugendgerichtshilfearbeit der DZfJ bei Koepp (Koepp 1927, S. 8), um eine solche Deutung als narzisstische Geschichtsklitterung zu entlarven. Man mag wegen des objektiv möglichen Missverständnisses zur neuen Begrifflichkeit wechseln, man sollte aber dabei bedenken, wie viel von den sozialreformerisch/progressiven Anfängen dann entwertet in der Vergessenheit zu verschwinden droht. Zur Veranschaulichung noch einmal Duensing, die in ihrem Vortrag »im Dienste der Sozialen Hilfsarbeit« (!) die zustande gekommenen großen Reichtümer eines aus der Agrargesellschaft zur Industriegesellschaft gewandelten Deutschlands beschreibt und dann konstatiert: »Dieser glänzenden Entwicklung, diesem beispiellosen Triumph des Kapitalismus, der kapitalistischen Wirtschaftsweise, haftet aber ein tiefer schwarzer Schatten an: die Geschichte des modernen Proletariats, die Leidensgeschichte einer Menschenklasse, die ins Leben gerufen durch den Kapitalismus, sein Opfer wurde« (Duensing 1912, S. 14). Frieda Duensing ist ein Beispiel dafür, dass wir diese vergessenen Frauen und Männer aus den Anfängen der Jugendgerichtsbewegung nicht als pantoffeltragende, obrigkeitshörige, autoritär gesonnene Staatsdiener abtun sollten, von denen wir uns schaudernd und bitte unter neuer Berufsbezeichnung abwenden müssen.

Zu benennen sind auch, das gehört dazu, Forschungsdefizite. Im Jahr 1912 gab es in Deutschland in 210 Amtsgerichtsbezirken Jugendgerichte (Cornel 2008, S. 232).

Wenn man sich die stattliche Zahl der zum Geschäftsjahresbeginn des Jahres 1908 in Deutschland ins Leben gerufenen Jugendgerichte, die ja ohne Geschäftsverteilungsbeschlüsse der Gerichtspräsidien im Jahr 1907 nicht denkbar sind, vor Augen führt, stellt sich die Frage nach den kommunikativen Netzwerken, über die diese Idee transportiert worden ist. Die Frage ist an anderer Stelle schon einmal gestellt worden: Welche Rolle spielen vielleicht einzelne Parteien im Frühstadium von Praxisreform und späterer parlamentarischer Willensbildung? Über den Jugendgerichtshof in Haspe in Westfalen 1907 wissen wir noch nichts (Pieplow 1988, S. 609). Das Jugendgericht von Lennep nahm seine Arbeit jedenfalls auch am 01.01.1908 auf. Fest steht damit, dass alle Erzählungen über ein erstes Jugendgericht in Frankfurt am Main und/oder Köln, als Vorbild auf die übrigen Gerichtsbezirke ausstrahlend, nicht belastbar sind.

2 Die NS-Zeit: Abbrucharbeiten

Die ideologischen Vorarbeiten, die gesetzgebungslosen Verordnungstätigkeiten, neue Regisseure im Politikbetrieb des Jugendstrafrechts (Reichsjugendführung, Akademie für Deutsches Recht, Stoßtruppfakultät in Kiel u. a.) sind inzwischen erfreulicherweise so detailreich beschrieben worden, dass die Rechtsentwicklung kulminierend im JGG von 1943 für die hiesige Thematik nur noch einmal mit ganz groben Strichen wiederholt werden muss[16]:
Fakultative Herabsetzung des Strafmündigkeitsalters auf zwölf Jahre, Anwendbarkeit des Erwachsenenstrafrechts einschließlich der Verhängung von Todesstrafen gegen Jugendliche, Abschaffung der Strafaussetzung zur Bewährung im Urteilszeitpunkt, Jugendarrest, Zuchtmittelkategorie, Institut der Jugendstrafe wegen schädlicher Neigungen und Schwere der Schuld.

Um es plastisch zu machen, sei auf die gerade wegen der vielen Archivverluste detektivischen Justizarchivrecherchen von Löffelsender (2012) und Manthe (2013) verwiesen: Ein 14jähriger, in geordneten häuslichen und wirtschaftlichen Verhältnissen aufgewachsen und bislang nicht wegen Erziehungsschwierigkeiten aufgefallen, hatte bei Bergungsarbeiten nach einem Fliegerangriff einen nahezu wertlosen Reisewecker entwendet. Das Kölner Jugendgericht attestierte ihm im Jahr 1942, nicht aus krimineller Veranlagung gehandelt zu haben, sondern einer Versuchung des Augenblicks erlegen zu sein. Das Urteil lautete auf neun Monate Jugendgefängnis, denn die Tat sei bei einem Erwachsenen als Verbrechen nach § 4 Volksschädlingsverordnung strafbar. »Plündern im eigenen Land ist eines der gemeinsten und verächtlichsten Verbrechen, das ein Deutscher während des Krieges überhaupt begehen kann. [...] Zur Ahndung der Tat kommt deshalb nur eine Freiheitsstrafe in Betracht« (Schubert 2001).[17] Wenn

---

[16] Vgl. Dörner (1991), Wolff (1992), Jureit (1995), Meyer-Höger (1998), Kraft (2003), Schady (2003), Stolp (2015); als imponierend akribische Arbeit, die die biografisch wichtigen Stationen der Akteure mit ihren Taten zusammenbringt, seien die Arbeiten von Schumann (2017) und ihr Eröffnungsvortrag auf dem Dt. Jugendgerichtstag 2017 (Tagungsband: DVJJ 2019), Schumann (2019) und neuerdings Schütz (2022) besonders hervorgehoben.

[17] Vgl. Löffelsender (2012, S. 366 bei Fn. 577). Ausreißer war dieses Urteil offenbar nicht: So erhielt der fünfzehnjährige Josef K., der bei Bergungsarbeiten ein Handtuch entwendet hatte, eine fünfmonatige Jugendgefängnisstrafe. Mit der gleichen Sanktion belegte das Kölner Jugendgericht zwei Sechzehn- und Siebzehnjährige, die gemeinsam eine Flasche Wein aus einem fliegergeschädigten Haus gestohlen hatten. Der bloße Versuch einer »Plünderung« brachte dem vierzehnjährigen Gottfried W. eine neunmonatige Freiheitsstrafe ein, während die sechzehnjährige Gertrud W. wegen zwei Feldpostpäckchen zu einer solchen von fünf Monaten verurteilt und der fünfzehnjährige Hans S. wegen Versuchs eines Verdunkelungsdiebstahls einiger Weinflaschen mit einer siebenmonatigen Gefängnisstrafe belegt wurde (Löffelsender 2012 mit weiteren Nachweisen S. 367 bei Fn. 578).

ich es richtig sehe, ist dieser Pfad »Volksschädling« mithin die (heute) erste Alternative der Anwendungsvoraussetzungen von Jugendstrafe wegen »schädlicher Neigungen« gemäß § 17 II JGG (bzw. § 4 Abs., 2. Alt. JGG 43) noch gar nicht nachgezeichnet worden.

Für den hiesigen Text soll eine Quelle beleuchtet werden, die von Schumann (2017) jedenfalls zu den Akteuren bereits analysiert worden ist, Wolff (1992) hat insoweit überblicksartig dazu gearbeitet, Stolp (2015) zitiert sie knapp: die Ausschussdokumentation Jugendstrafrecht der Akademie für Deutsches Recht (Schubert 2001). Die mehr als 600 Seiten dieser auch von späteren Granden der Deutschen Jugendgerichtsvereinigung (DVJJ), so Schaffstein, so Sieverts, maßgeblich mitbestimmten Arbeit können hier nicht, auch nicht gerafft, wiedergegeben werden. Der Verfasser will mit ein paar wenigen Beispielen demonstrieren, welch langen Schatten diese Debatten bis heute werfen, und wie unzureichend wir ohne Kenntnis dieser Erörterungen versuchen, uns die Geschichte passend zu machen:

> »Auf dem Gebiet des Jugendstrafrechts ist, abgesehen von manchen Einzelheiten und anders als im allgemeinen Strafrecht, auch in den Jahren von 1933 bis 1945 die kontinuierliche Weiterentwicklung nicht unterbrochen worden. Vielmehr gelang es sogar während des Krieges, wesentliche Mängel des bisherigen Rechts zu beseitigen und alte Ziele der Jugendgerichtsbewegung zu verwirklichen«[18] (Schaffstein 1966, S. 30).

Merkwürdig, die unter Teilnahme u. a. von Schaffstein und Sieverts protokollierte Sitzung vom 10.12.1937 hatte sich doch ganz anderes vorgenommen:

> »Wir sind aber einig darüber, daß es nicht bei einer solchen rein technischen Umgestaltung des Jugendgerichtsgesetzes bleiben kann, sondern daß eine wirkliche Erneuerung notwendig ist. Dafür sind zwei Gründe maßgebend. Einmal stammt das Jugendgerichtsgesetz aus einer Zeit, die nicht mehr die unsere ist und deren Anschauungen weitgehend überwunden sind. Selbstverständlich ist, daß die entscheidende Wandlung der staatlichen und rechtlichen Grundanschauungen seit 1933 auch vor dem Jugendstrafrecht nicht Halt machen kann« (zit. nach Schubert 2001, S. 14).

Aktuell und neu beleuchtet mit den Ausschussberatungen sind Bewertungen des Jugendarrests. Das Bundesministerium der Justiz hat sich im Zusammen-

---

18 Schaffsteins Darstellung ist in vielen Auflagen seines Lehrbuchs bis einschließlich in die 11., von Beulke mitbearbeitete Auflage zu finden.

hang mit der Umsetzung der EU-Kinderschutzrichtlinie 2016/800 hartnäckig auf den Standpunkt gestellt, die Verhängung von Jugendarrest sei ein nichtnotwendiger Fall von Verteidigung, weil Jugendarrest schließlich keine Strafe, sondern ein Zuchtmittel sei.[19] Der Jugendstrafrechtsausschuss der Akademie für deutsches Recht hielt seinerzeit zum Strafencharakter des Jugendarrests fest: »Es besteht Einigkeit darüber, daß der Jugendarrest sich praktisch als Strafmaßnahme auswirken wird – jede Einsperrung wird als Strafe empfunden […]« (zit. nach Schubert 2001, S. 140).

Oder Roland Freisler:

»Der Jugendarrest soll empfindlich treffen. Die Empfindlichkeit liegt in erster Linie im Freiheitsentzug.« Und derselbe verkündet den Konnex der Einführung von Jugendarrest und der Abschaffung des Instituts der Strafaussetzung zur Bewährung: »Während mit der Freiheitsentziehung bisher gedroht, aber nicht ernst gemacht wurde, wird mit ihr jetzt ernst gemacht« (zit. nach Schubert 2001, S. 175).

Wie viel Fürsorge, wie viel soziale Gesinnung übrig geblieben war von der Substanz des JGG 1923 mag der ungezwungen in die Vorbildergeschichten der Nachkriegszeit integrierte Bonner Richter Clostermann bezeugen. In seinem Diskussionsbeitrag zu der Frage, ob die Geldstrafe bzw. Geldbuße gegen Jugendliche beibehalten werden sollte, führt er aus: »Ich glaube, daß in all diesen Fällen die Geldstrafe – ob wir es Geldstrafe oder Geldbuße nennen, spielt keine Rolle – eine sehr günstige Wirkung hat, selbst wenn sie vom Vater bezahlt wird, und sich in Prügel umsetzt; dann hat sie gewissermaßen doch auch ihren Sinn« (zit. nach Schubert 2001, S. 190).[20]

Als fruchtbar bis heute kann die Lektüre der Ausschussberatungen für die Fundamentalposition des heutigen § 55 Abs. 1 JGG angesehen werden. Die

---

19 Weil es wirklich abenteuerlich ist, kann und soll hier nicht näher auf die hierfür bemühte argumentative Krücke des § 13 Abs. 3 JGG aktueller Fassung eingegangen werden; eine Vorschrift, die nur Registerfolgen anspricht. Der Verfasser als ein ferner Zaungast dieser Positionierungen in den mühsamen und langwierigen Verhandlungen des nationalen Umsetzungsgesetzes mit sorgenvollen Blicken auf die fiskalischen Interessen der Bundesländer und ihrer Vetoposition im Bundesrat wird den Eindruck nicht los, dass es eine Notlüge gewesen sein dürfte, das Gesetz an dieser Frage mit dem konkreten Risiko eines sehr teuren Vertragsstrafeverfahrens durch die EU nicht scheitern zu lassen. Nochmal hinein in die Ausschussberatungen: »Vorsitzender: Das ist eben das Dumme. Es ist alles Freiheitsentziehung« (vgl. Schubert 2001, S. 347).
20 Zur vorbehaltlosen Beweihräucherung Clostermanns in der DVJJ-Nachkriegsgeschichte https://www.dvjj.de/wp-content/uploads/2019/10/deutsche_jugendrichter._sieben_lebensbilder.pdf, S. 29–31 (Zugriff am 01.06.2023).

Verhängung von Jugendarrest sei einem Rechtsmittel nicht zugänglich, sofern nicht der Schuldspruch der Verurteilung, sondern nur Verhängung anderer nicht-freiheitsentziehender Rechtsfolgen aus dem Katalog von Erziehungsmaßregeln und Zuchtmitteln gefordert werden. Was wird den Studierenden bis heute da vom angeblichen Wesen des Arrests und den Notwendigkeiten, dass Strafe doch schon aus erzieherischen Gründen auf dem Fuße folgen müsse, vermittelt. Ja, auch Scharführer bei der Reichsjugendführung Dr. jur. Hüring war im Jahr 1940 schon dieser Auffassung. In der Praxis heißt es, hätten sich aber auch Stimmen dagegen ausgesprochen und der Hamburger Staatsanwalt Blunk war 1940 jedenfalls noch der Auffassung: »Ausschalten kann man die Möglichkeit eines Rechtsmittels keineswegs!« (zit. nach Schubert 2001, S. 221).

Eine der bedeutsamsten Früchte einer Lektüre der Ausschussberatungen besteht in einem korrekten Verständnis der Zuchtmittelkategorie. Ins Auge sprang bereits Jörg Wolff, dass die Verwarnung als die unter Verhältnismäßigkeitsgesichtspunkten niedrigschwelligste Erziehungsmaßregel des Jahres 1923 in die »mittlere«, die Zuchtmittelkategorie des Jahres 1943, wanderte. Man hätte, so Schaffstein, diese Kategorie dann etwas erweitert, »damit der Jugendarrest nicht so alleine stehen sollte« (Wolff 1992, S. 135).

Bedauerlich, dass dieses, man könnte sagen, »gesetzesästhetische« Argument für eine bis heute unerklärliche Systematik bei der Lektüre der Ausschussberatungen in sich zusammenfällt: Alle Zuchtmittel sollten unterhalb richterlicher Entscheidungen der Polizei im Wege der Polizeiverfügung zur Verfügung stehen (Schubert 2001, S. 254, S. 406, S. 571, S. 581, S. 583).

Die Verwarnung wurde natürlich auch von der Polizei gebraucht. Die Entgrenzung von Rechtsstaatlichkeit wurde mit einem Argument »Gesetzesoptik« getarnt.

3 Deutschland unterm Grundgesetz: Aufräumarbeiten?

3.1 Berta Konrad

Es ist merkwürdig, andererseits wegen der schwierigen Greifbarkeit dieser Dissertation nachvollziehbar: Die Arbeit von Berta Konrad (1947) hat es, soweit ich sehe, in ein einziges Literaturverzeichnis geschafft, aber auch nicht mehr (Voß 1986, S. 246).[21] Schon wieder eine Frau in einer doppelten Rolle, Sozialarbeiterin

---

21 Eine einzige Stelle in der Dissertation von Voß (1986), die aufzeigen würde, dass er diese Arbeit in den Händen gehabt haben könnte, hat der Verfasser dieser Zeilen dort nicht gefunden.

und promovierte Juristin. Und Ziehtochter aus Frieda Duensings sozialer Frauenschule in München ist sie auch. Es lohnt sich, den hier bestehenden Wikipedia-Eintrag zu lesen. Und sie hat beide Fäden, den des Jugendhilferechts und des Jugendstrafrechts, noch in der Hand. Die drei ersten Teile dieser Arbeit: Der Erziehungsgedanke im Kindesrecht, im Vormundschaftsrecht, im Recht der öffentlichen Jugendhilfe. Vierter Teil: Der Erziehungsgedanke im Jugendstrafrecht. Keine Frage, der Text ist, anders als Clara Friedheims, von christlich konservativem Grundton, wenn er den Wiederaufbau des niedergebrochenen Vaterlandes, beginnend bei der »Jugend Wohlfahrt [...] als höchstes Gesetz« (Konrad 1947, S. 1), fordert.[22] Jugendliche definiert Konrad bereits im Altersegment bis zum 21. Lebensjahr (S. 3). Den Standpunkt »Erfindung von Jugend« gegen Ende des 19. Jahrhunderts teilt sie nicht: »Das Mittelalter scheidet schon klar zwei Stufen im Leben des Einzelnen: Die Jugend und das Erwachsensein, wobei die Eigenart des Jugendlichen im Recht berücksichtigt wird« (S. 85). Und dann verortet Konrad die Anfänge: »Zu Beginn des grossen Zeitalters der Erziehungsbewegung am Ausgang des 18. Jahrhunderts wurden zum ersten Mal Stimmen laut, die den polizeilichen Gesichtspunkt zu Gunsten vorbeugender und heilender Fürsorge aus der Behandlung jugendlicher Rechtsbrecher gebannt wissen wollten« (S. 87). Unter dem Einfluss Rousseauscher Anschauungen, die die Kindheit als ein selbstständiges Lebensalter und den Jugendlichen als eine Persönlichkeit besonderer Eigenart ansehen gelehrt hatte, führte die Französische Revolution im Strafgesetz vom 29. September 1791 den Begriff der »erforderlichen Einsicht« ein (S. 88). Erfreulicherweise kann hier darauf hingewiesen werden, dass Dollinger mit seinem DFG-Forschungsprojekt zur »Sattelzeit« dabei ist, diese früheren als von Peukert und Voß ins Visier genommenen Zeitfenster für die hiesige Thematik aufzuarbeiten.[23] Es ist erstaunlich: Durch die Wahl des Zeitfensters Ende des 19. Jahrhunderts bei Peukert, Voß, Toprak u. a. kommt eine entwertende Einordnung von Anfängen zustande, durch jüngere Forschungen und Wiederentdeckungen können Anfänge im Zeitfenster der Aufklärung und ihren Spuren ausgemacht und über Sozialreform positiv berichtet werden. Aus hiesiger Sicht ist die von Konrad geschilderte Geschichte der Rechtsentwicklung im Nationalsozialismus und ihrer Beratungen etwas unkritisch apologetisch. Die Prioritätenverschiebung des § 2 JGG (1943) Strafe vor Erziehungsmaßregeln allerdings markiert sie deutlich: »Es handelt sich in § 2 RJGG um eine vielleicht nicht wesentliche, aber sicher-

---

22 An dieser Stelle erwähnt Konrad, dass das weltanschauliche Fundament von Erziehung nur der christliche Glaube sein könne (Konrad 1947, S. 133).
23 Vgl. Projektankündigung, https://www.bildung.uni-siegen.de/mitarbeiter/dollinger/forschung/sattelzeit.html?lang=de (Zugriff am 18.07.2023).

lich sehr sinnwidrige Akzentverschiebung innerhalb der Rangordnung der für jugendliche Rechtsbrecher zur Verfügung stehenden Massnahmen. Dass es ein Platzwechsel zu Ungunsten des Erziehungsgedankens ist, kann nicht nur mit Bedauern zur Kenntnis genommen werden, sondern wirft ein bezeichnendes Licht auf die ›Fortschrittlichkeit‹ nationalsozialistischer Jugendgesetzgebung« (Konrad 1947, S. 113). Die Absenkung der Strafmündigkeitsgrenze kritisiert Konrad als einen Akt, mit dem »der Erziehungsgedanke im Jugendstrafrecht enthrohnt [sic!] [...] und unter den Primat der Politik unter die Herrschaft des ›gesunden Volksempfindens‹ gestellt« (S. 113) worden sei. »Ihrem Ursprung nach ist die Jugendgerichtsbewegung ein Kind der neuen Welt«, schreibt Konrad. »Es ist das Verdienst der amerikanischen Strafrechtspflege, erstmals zu der Auffassung sich durchgerungen zu haben, dass die Schuld für die meisten Straftaten Jugendlicher weniger bei den jungen Menschen selbst, als bei den gesellschaftlichen Missständen zu suchen sei.«[24] Und wie Friedheim sieht Konrad einen Pfad her von Pestalozzi zur Jugendstrafrechtsreformbewegung, »der die tiefernste Mitschuld der Gesellschaft am Verbrechen durch tägliche Anschauung erfasst und in aufrüttelnden Worten dem öffentlichen Bewusstsein eingehämmert hat« (S. 93). Mit kleinen Irrungen in den Details, jedenfalls nach dem, was wir heute wissen, beschreibt Konrad die Ausbreitung der Idee der Jugendgerichte über die Anregung von Paul Köhne, dem aus ihrer Sicht ersten Jugendgericht in Köln und den diesem Beispiel angeblich im Jahr 1909 folgenden Gerichten (Konrad 1947, S. 95 f.).[25]

3.2 Die Kontinuitätslegende

Die »Lyrik« der Gesetzesbegründung JGG 1953 ist in den Blick zu nehmen:

> »Das Gesetz [JGG 53; L. P.] fußt im wesentlichen auf dem Jugendgerichtsgesetz vom 16.2.1923 [...], das in bahnbrechender Weise für die strafrechtliche Behandlung Jugendlicher den Erziehungsgedanken eingeführt hat. Die neuen Wege, die mit ihm beschritten wurden, erwiesen sich in der Folgezeit als durchaus gangbar. Vielseitige Erfahrungen der Praxis und ein-

---

24 An dieser Stelle zitiert Konrad Joseph Maria Baernreither (1905, S. 3) aus seiner Publikation »Jugendfürsorge *und* Strafrecht in den Vereinigten Staaten von Amerika« (Hervorhebung L. P.). Weitere Nachweise zum Konnex der deutschen Jugendgerichtsbewegung mit den amerikanischen Vorbildern bei Pieplow (1988, S. 613–619).
25 Es ist zwar nachvollziehbar, die Geschichte mit dem Narrativ »eins-voran-und-alle-andern-folgen« zu erzählen. Die Gleichzeitigkeit dieses Pop-ups von Jugendgerichten im Jahr 1908 wird auf diese Weise jedoch ausgeblendet.

gehende Untersuchungen der Wissenschaft schufen die Grundlage, um die erstmalig verwirklichte gesetzliche Lösung durch organische Verbesserungen schrittweise fortzuentwickeln. Das RJGG von 1943 hat die Ergebnisse der gesetzgeberischen Arbeiten auf dem Gebiete des Jugendstrafrechts seit 1923 zusammengefaßt und ein selbständiges Erziehungsstrafrecht geschaffen, das den besonderen Bedürfnissen der Jugend weitgehend gerecht wurde und dem Gesetz von 1923 in vielen Beziehungen überlegen war, allerdings auch einige bedauerliche Rückschritte brachte. Schon dieser Hinweis auf die systematische Fortbildung älterer Rechtsgedanken beweist, daß es sich überwiegend nicht um Ideen des Nationalsozialismus gehandelt hat, die in der abschließenden Reform verwirklicht worden sind. Nach übereinstimmender Auffassung in Rechtsprechung und Rechtslehre stellt das RJGG von 1943 ein Gesetzeswerk dar, das die bisher fortschrittlichste Kodifikation des Jugendstrafrechts in Deutschland enthält.
Gleichwohl sind in das Gesetz auch Gedanken eingegangen, die als typisch nationalsozialistisch zu bezeichnen und im Rahmen der Rechtserneuerung wieder zu beseitigen sind. Mit dem vorliegenden Entwurf war deshalb die Aufgabe zu lösen, das Gesetz von allem nationalsozialistischen Beiwerk zu befreien und es den gegenwärtigen Verhältnissen anzupassen« (Deutscher Bundestag 1952, S. 35; Drucksache 3264 v. 31.3.1952).

Konsequent heißt die erste Priorität: »Reinigung des Gesetzes von nationalsozialistischem Gedankengut (S. 35)«

Es sekundiert Dallinger in seinem JGG-Kommentar 1955, der ja möglicherweise in Personalunion auch der Verfasser der vorzitierten Gesetzesbegründung ist?!:

»Die Entwicklung des Jugendstrafrechts nach 1933 ist deshalb nicht durch folgenschwere Rückschläge, sondern – im Ganzen gesehen – durch eine kontinuierliche Fortbildung alten Gedankenguts gekennzeichnet. Selbstverständlich konnte es nicht ausbleiben, daß sich in zahlreichen Einzelpunkten auch Vorschriften einschlichen, die auf nationalsozialistischem Gedankengut beruhten und mit der Gesamtkonzeption des Jugendstrafrechts unvereinbar waren. Die Rechtsprechung nach 1945 hat sie bereits zum größten Teil ausgemerzt. Eine endgültige Reinigung brachte das JGG 53« (Dallinger/Lackner: JGG 1955, Einführung, Rdnr. 16).

Wenn Sprache verräterisch sein kann, »einschleichen«, »ausmerzen«, dann hier (vgl. auch Pieplow 2014, S. 350).

Und es applaudiert sich in eigener Sache Schaffstein mit der selbst in der 10. Auflage (Schaffstein/Beulke 1991, S. 36 f.)[26] noch übernommenen Formel: »Auf dem Gebiet des Jugendstrafrechts ist, abgesehen von manchen Einzelheiten und anders als im allgemeinen Strafrecht, auch in den Jahren 1933 bis 1945 die kontinuierliche Weiterentwicklung nicht unterbrochen worden. Vielmehr gelang es sogar während des Krieges, wesentliche Mängel des bisherigen Rechts zu beseitigen und alte Ziele der Jugendgerichtsbewegung zu verwirklichen.« »Demgegenüber entwickelte das in der Bundesrepublik eingeführte Jugendgerichtsgesetz vom 4.8.1953 das JGG 1943 weiter fort, nachdem dessen nationalsozialistische Elemente, insbesondere die erwähnte ›Auflockerung‹ der Altersgrenzen, schon vorher durch die Praxis beseitigt waren« (Schaffstein/Beulke 1991, S. 36). So belastend es ist: Dieses schamlose und die eigene Haut der Akteure rettende Vergessenmachen, die damit zustande kommende Immunisierung des aktuellen Normprogramms gegen Kritik, ist konsequenzenreich. Gerade auch dann, wenn z. B. über die Justizministerkonferenz dazu angesetzt wird, den Begriff der schädlichen Neigungen als »noch« belastete Begrifflichkeit aus dem Gesetz zu entfernen. Denn im Gegenzug scheint dann der Rest – Zuchtmittelbegriff, das Arrestvollzugsziel gemäß § 90 I JGG »Ehrgefühl wecken« und der Rechtsmittelausschluss gegen verhängten freiheitsentziehenden Arrest gemäß § 55 Abs. 1. S. 1 JGG – als stimmig aufgewertet. Es soll hier keineswegs das 1953 u. a. durch die Einbeziehung der Heranwachsenden weiterentwickelte, mit der die ambulanten Reaktionen stärkenden Novelle 1990 verbesserte und mit der wahrscheinlich segensreichen Aufnahme des Erziehungsgedankens »vor die Klammer« in § 2 Abs. 1 mit Wirkung vom 01.01.2008 fortentwickelte Gesetz in Bausch und Bogen verurteilt werden[27]: Das im Wesentlichen der Umsetzung der EU-RL 2016/800 gewidmete Gesetz zur Stärkung der Verfahrensrechte von Beschuldigten im Jugendstrafverfahren vom 09.12.2019, größtenteils am 17.12.2019 in Kraft getreten, hat über die Stärkung von Verteidigungserfordernissen und einem im Grundsatz bestehenden Beteiligungserfordernis der Jugendgerichtshilfe bereits vor Anklageerhebung das Profil eines besonderen Jugendstrafrechts gestärkt.

Leider sprengt es den Rahmen dieses Beitrags, die Geschichtsklitterungen vieler Nachkriegsautoren nach 1945 hier auch nur einigermaßen darzulegen. Der Herausgeberband von Schaffstein und Miehe (1975) wäre hier mit all seinen surrealen Beiträgen auszubreiten. Vorliebnehmen will dieser Exkurs mit dem Beitrag von Sieverts (1969; Erstveröffentlichung 1955). Historisch soll

---

26 gleichlautend Schaffstein 8. Auflage (1983, S. 31) und 6. Auflage (1977, S. 30 f.).
27 Zu einer solch insgesamt positiven Sicht: Streng (2022).

der vielfach gezeichnete Entwicklungspfad zum JGG: Internationale Kriminalistische Vereinigung (IKV)-Franz von Liszt – Appelius – Krohne nicht als abwegig dargestellt werden. Aber dann heißt es: »Es fällt auf, daß zunächst nur Juristen beteiligt sind. Erst sehr viel später kommen die Ärzte, die Lehrer, die Frauenbewegung und schließlich – nach dem ersten Weltkrieg – die Jugendbewegung mit ihren neuen sozialpädagogischen Impulsen hinzu« (Sieverts 1969, S. 123). Wir haben allen Grund zu der Annahme, dass über diesen Männerprofessorenpfad die Jugendgerichte wohl nie zustande gekommen wären. Durchaus spricht Sieverts vom amerikanischen Vorbild und den in Amerika und England gesammelten Erfahrungen »dieser Männer«, wie Baernreither, Freudenthal, Blumenthal u. a. Dass etwa Elsa von Liszt auch gefahren ist und geschrieben hat über Amerika, wird nicht erwähnt. Und dann heißt es zu den Amerikavorbildern, die deutsche Jugendgerichtsbewegung sei »ganz autochthon, d. h. ohne ausländisches Vorbild« entstanden (Sieverts 1969, S. 127). Sieverts schreibt: »Nach dem Kölner und Frankfurter System breitete sich die Einrichtung besonderer Jugendgerichte im Wege der Geschäftsverteilung rasch aus« (1969, S. 128). Er datiert diesen Anfang in Köln und Frankfurt auch noch um ein Jahr verspätet auf das Jahr 1909. Dass so kleine Jugendgerichte wie Harburg, Lennep und andere ebenfalls 1908 angefangen hatten, findet mit der üblichen Vorbild-Ausbreitungs-Geschichte bei Sieverts keine Erwähnung.

3.3 Aktuelles – ein Beispiel

Ein beliebiges Glasperlenspiel ist es nicht, zu diesen Fragen zu arbeiten; sich nicht zu begnügen mit synchronen Analysen. Es ist konsequenzenreich, sich einer reformerischen Traditionssubstanz bewusst zu sein und sich den eingetretenen Verwerfungen in einer »diachronen« Sicht auf dieses Gesetz zu stellen.[28] Aktuelles Beispiel: In einer derzeit noch einsam gebliebenen Entscheidung, und auch nur im Rahmen eines argumentativen Sidekicks, juristisch *obiter dictum* genannt, hat der Bundesgerichtshof erklärt, bei der Verhängung von Jugendstrafe wegen Schwere der Schuld komme der Erziehungsgedanke, jedenfalls bei der Frage des »Ob« einer Verhängung, nicht länger zum Tragen (BGH NStZ 2013, 658, 659). Etwas besorgt sollte man trotzdem sein, denn dieses Votum stammt von dem im konservativen Politikspektrum gut vernetzten seinerzeitigen Bundesrichter Prof. Radtke, der inzwischen Richter am Bundes-

---

28 Über die synchrone Suche Kölbels nach Sinnstruktur im aktuellen Textkorpus des JGG findet sich der Leser meines Erachtens am Ende auch nicht besser im Thema zurecht; vgl. Kölbel (2022).

verfassungsgericht ist. Größere Teile der Literatur vertreten diese Position aus Gründen einer konsistenten »synchronen« Systematisierung der Rechtsfolgen und in dem natürlich ernst zu nehmenden Versuch, dem Erziehungsgedanken den bestrafungskritischen Biss möglichst zu erhalten, schon lange. Der Verfasser dieser Zeilen widerspricht: Der Mäßigungsappell des das JGG beherrschenden (sic!) Erziehungsgedankens, § 2 Abs. 1 JGG, gilt auch bei der Frage des »Ob« eines Anordnungserfordernisses der Jugendstrafe wegen Schwere der Schuld. Man schaue nur auf den unerbittlichen Streit im Zuge der zweifachen Revision der Staatsanwaltschaft gegen die Urteile der Hamburger Jugendstrafkammern, die einen zur Tatzeit 16-Jährigen wegen Landfriedensbruchs in Tateinheit mit Beihilfe zur Brandstiftung drei Jahre nach der Tat zu 20 Sozialstunden verurteilt haben. (Die andere große Jugendstrafkammer war nach Urteilsaufhebung im Dezember 2021 mit diesem G20-Demonstrationsfall im Dezember 2022 befasst). Wenn der Mäßigungsappell »Erziehungsgedanke« im Jugendstrafrecht irgendeinen Sinn hat, dann auch und gerade hier. Die Staatsanwaltschaft erstrebt für den Fall aus 2016 gegen den inzwischen mit Abitur und Studium sonst unbescholten lebenden jungen Mann eine Verurteilung zu einer Jugendstrafe wegen Schwere der Schuld (BGH 5 StR 115/21). Die zweite mündliche Verhandlung beim Strafsenat in Leipzig steht für das Jahr 2023 noch zu erwarten. Zum bisherigen Prozessverlauf Pieplow (2022b, S. 59 ff.).

3.4 Merkposten: die kriminologischen Sanktionsbefunde zur Benachteiligung Jugendlicher gegenüber Erwachsenen in vergleichbaren Verfahrenslagen[29]

Einiges spricht dafür, sich der alten Sentenz, wonach das Gegenteil von gut »gut gemeint« sein dürfte, noch einmal zu entsinnen und nicht den Eindruck zu erwecken, mit dem besonderen Jugendstrafrecht in Deutschland sei alles in Ordnung. Ist es nämlich nicht. Zuallererst ist festzuhalten, dass die hier vorgeschlagene Begriffs-/Inhaltsbestimmung keinen Konsens der Beteiligten in Lehre und Rechtsprechung darstellt. Im Gegenteil: Hier wird dringlich angemahnt, eine belastbare und konsequenzenreiche Profilbildung zum Erziehungsgedanken im Sinne einer Präzisierung von Begrifflichkeiten erst wieder stattfinden zu lassen. Hier ist nicht der Ort, sich im Einzelnen über all die vielen anderen Verständnisse zu echauffieren, sei es Erziehung durch Strafe (Foerster 1913, S. 9, S. 11; Manthai 2001, S. 10), sei es das Dekonstruktionserfordernis einer angeblichen erzieherischen »Mission« des JGG (Toprak 2012),

---

29 Ich danke Christian Pfeiffer für einen auch kritischen Einwurf gegenüber einer früheren Fassung dieses Manuskripts.

seien es die konservativen Forderungen angeblich zu leistender De-Individualisierung des Erziehungsgedankens (Grunewald 2003) oder gleich die Postulierung eines erzieherischen JGG-Programmziels »Werteverinnerlichung« (Schlüchter 1994, S. 41).

Wie verschoben das Reden und Schreiben über den Erziehungsgedanken im Einzelfall ist und wie fragil der Versuch einer vernünftigen Gründung, illustriert die Entscheidung BGH 2 StR 174/21 v. 29.09.2021, NStZ (2022), S. 553–554 m. Anm. Kölbel. Das Landgericht Köln hatte auf eine Jugendstrafe zur Bewährung erkannt, die Staatsanwaltschaft griff mit der Revision das Bewährungsurteil zu Ungunsten des Angeklagten an und der Strafsenat hob die Entscheidung mit dem Argument auf, die Urteilsgründe hätten den Erziehungsgedanken nicht berücksichtigt. Bei allem Verständnis für die völlig zu Recht an dem Umstand Verzweifelten, dass der Erziehungsgedanke des Jugendstrafrechts nach hinten losgehen kann: Mein Petitum ist, das Kind nicht mit dem Bade auszuschütten, sondern um ein richtiges Begriffsverständnis zu ringen.

Voraussetzung für diesen Kurs ist ein Sich-Verschaffen von Klarheit über die Mängelliste: Anordnungsvoraussetzungen der Jugendstrafe, Jugendarrest, Rechtsmittelbeschränkung, Zuchtmittelvokabular, Ehrgefühlsnomenklatur, Fehlen eines U-Haft abkürzenden Schnellgerichtsverfahrens vergleichbar § 127 b StPO für Jugendliche ... Hier soll nicht so getan werden, als wäre all das auf einen Schlag mit einem guten Verständnis von »Erziehung im Jugendstrafrecht« ein- und aufzufangen.

Und natürlich müssen die Sanktionsforschungsbefunde zur Benachteiligung Jugendlicher in vergleichbaren Verfahrenslagen ernst genomen und jedenfalls wachen Auges diskutiert werden. Pfeiffer beklagt: »Der Erziehungsgedanke ist zu einer gefährlich unbestimmten Leerformel geworden, mit der Eingriffe in die Rechte der Jugendlichen gerechtfertigt werden, die weit über das hinausgehen, was Strafrecht und Strafprozeßrecht sonst zulassen würden« (Pfeiffer 1991a, S. 124).

Mit meiner Erfahrung als Verteidiger, das mag ein naiver Tunnelblick sein, vielleicht aber auch geronnene Erfahrung, relativiert sich die krasse Botschaft »Jugendstrafrecht – Strafe für die Jugend«. Bis heute etwa ist, soweit ich sehe, die Arrestverhängung nicht eins zu eins mit dem Verbringen hinter Gitter gleichzusetzen. Das Volumen von Arrest-verbüßt-durch-U-Haft-Entscheidungen etwa müsste erst einmal untersucht werden. Die Analyse ungleicher U-Haftquoten im Anwendungsbereich von Jugend- und Erwachsenenstrafrecht sollte nicht isoliert, sondern in der Zusammenschau mit dem Urteilsausspruch – mit oder ohne Bewährung – bewertet werden. Der Effekt des Einheitsstrafenprinzips, der bei der obligatorischen Einbeziehung früherer Urteilserkenntnisse tendenziell natürlich zu höheren Strafmaßen führt als bei Erwachsenen, bei denen sich die Freiheitsstrafen *nebeneinander* auftürmen, müsste erst einmal präzise gewichtet werden. Auch wenn dies natürlich nur für den geringsten Teil der Jugendstraffälligenpopulation zutrifft: Kurzgetaktete Intensivtäterschaften finden sich häufiger bei der Klientel des Jugendstrafrechts. Und last but not least spielen im Jugendstrafrecht straferschwerend die im Bundeszentralregister auftauchenden Erledigungen im Diversionsverfahren eine Rolle, die bei bloßer Untersuchung von früheren *Verurteilungen* das potenzielle Gewicht von Rückfall bzw. Vorauffälligkeit nur unzureichend in den Blick nehmen.

Ein Letztes noch sei an dieser Stelle angemerkt: Die Daten bei Pfeiffer aus der strukturähnlichen Gruppe der (noch) 20-Jährigen und der (gerade) 21-Jährigen geben einen starken Hinweis darauf, dass Vorauffälligkeiten bei der ersten Gruppe stärker zu Buche schlagen als bei der zweiten (Pfeiffer 1991a, S. 114, S. 117; 1991b, S. 363 f.).

Man kann dies natürlich auf dem Konto »Strafe für die Jugend« verbuchen und sicherlich spielt dabei eine Rolle, dass im Jugendstrafrecht das mit dem »Rückfälligen« befasste Gericht auch in eigener Enttäuschung über vergebliche vorherige Bemühungen in der Gefahr ist, an einem Sanktionszuschlag nicht zu sparen. Nicht untersucht ist bislang die Kehrseite der Medaille, nämlich der Umstand, dass das Gericht der ersten Erwachsenensache – trotz Vorauffälligkeiten – eher noch einmal von vorne anfängt, mit Blick ins Register registriert, dass da bislang nur Jugendsünden waren, und mit einer Beißhemmung für das jetzt individuell erste Mal und noch ganz »unenttäuscht« im Zweifel eher zu einer Bewährung kommt. Will sagen, für den Jungerwachsenen kann die Sphärentrennung zwischen Jugend- und Erwachsenenstrafrecht von Vorteil sein; eine Reintegration von Jugend- und Erwachsenenstrafrecht wäre dann ein Nachteil.

4 Fazit

Der oben gemachte Vorbehalt (siehe oben: Vorbemerkung) ist zu wiederholen. Die hier vorgeschlagene Sicht auf den Erziehungsgedanken ist kein Laserpointer für die richtige Rechtsfolgenbestimmung im Jugendstrafrecht. Der Erziehungsgedanke ist kein Tool, ein humanes Jugendstrafrecht fokussiert auf das stets auszulotende Interventionsminimum in Stein zu meißeln. Gesetze und ihre Anwendung sind nie korruptionsfest und bedürfen dauerhaft einer Arbeit an einem Konsens über einen, theatralisch gesagt, richtigen »Geist«. Deshalb ist die Vernetzung der Akteure, wie sie spätestens mit der Versammlung auf dem ersten Deutschen Jugendgerichtstag 1909 visualisiert werden kann (vgl. Fußnote 6) eine bleibende Herausforderung, ohne die den Buchstaben des Gesetzes kein Leben eingehaucht wird. Und natürlich braucht es hierfür eine Integration aller vernünftigerweise für die Erreichung des Gesetzesziels zuständigen Professionen. Dies ist kein Salto rückwärts für den hier unternommenen Versuch, dem Erziehungsgedanken eine Kontur zu geben.

Der Ertrag des hier Vorgeschlagenen dürfte jedenfalls darin liegen:

a) Geordnet werden kann das scheinbare Dilemma, dass man Volljährige nicht mehr erziehen darf. Heranwachsende oder perspektivisch weitere Jahrgänge von Jungerwachsenen können bei einer solchen Sicht auf die Dinge in den Anwendungsbereich des Jugendstrafrechts einbezogen werden.

b) Behutsames Verantwortlichmachen nach straffälligen Auffälligkeiten findet eher nicht über die Eltern als Erziehungsberechtigte gemäß Art. 6 GG statt, sondern im Respekt gegenüber der Autonomie junger Beschuldigter, und deshalb in Kommunikation mit ihnen und gegebenenfalls ohne oder sogar gegen ihre Eltern.

c) Gedankenkonstruktionen über systematische Unterschiede zwischen Arbeitsweisungen als Erziehungsmaßregeln und Arbeitsauflagen als Zuchtmittel sind sinnlos, weil die Zuchtmittelkategorie überhöhend; sie zementieren die eigentlich reformbedürftige Systematik des JGG.

d) Der Erziehungsgedanke als »Handbremse« gegenüber dem Strafen ist der übergeordnete Gesichtspunkt, wenn es um die viel bemühten Begriffe der Erziehungsbedürftigkeit und Erziehungsfähigkeit geht. Im Einzelfall mögen Erziehungsbedürftigkeit und Erziehungsfähigkeit ebenfalls Begrenzungswirkungen entfalten. Zu bedenken ist jedoch, dass sie zur Legitimation von Bestrafung herhalten können, in Fällen, in denen Erziehungsbedarf oder Erziehungsfähigkeit angeblich nicht mehr besteht.

e) Unterstrichen wird mit der hiesigen Sicht das, was im § 2 Abs. 1 S. 2 JGG seit 2008 bereits normiert ist: Der Erziehungsgedanke ist die prägende Klammer für die Anwendung des Jugendstrafrechts insgesamt. Er erfährt keine Durchbrechung bei der Verhängung von Jugendstrafe, und zwar weder in der Anwendungsalternative schädliche Neigungen noch der der Schwere der Schuld. Der Erziehungsgedanke ist das insgesamt beherrschende Leitprinzip des Jugendstrafrechts.

Mehr denn je: Der Blick zurück und ein Festhalten am hier konturierten Erziehungsgedanken ermöglicht Haltung, verschafft einen Maßstab für Kritik an den aktuellen Verhältnissen und erlaubt es, ein gesondertes und vom allgemeinen Strafrecht markant unterschiedenes Jugendstrafrecht in Deutschland zu verteidigen.

Ist der Erziehungsgedanke ein Rechtsbegriff? Und wenn nicht: eine mit den nötigen Federstrichen des Gesetzgebers schon aus rechtsstaatlichen Gründen zu entfernende Chimäre? »Ideologischer Ballast« (Neus 1997, S. 241) sagen die Diskutanten, ein »trojanisches Pferd im Rechtsstaat« (Gerken/Schumann 1988), eine zu dekonstruierende »erzieherische Mission« (Toprak 2012), eine »Worthülse« (Manthai 2001, S. 23). Der jahrzehntelange Diskurs hat eine Besonderheit: Progressive und Konservative nehmen den Erziehungsbegriff und damit die Legitimationsbasis für dieses Sonderrecht gleichermaßen in die Zange.

Vielleicht ist eine besonnene Verständigung über den Inhalt des Erziehungsgedankens und seine besondere Bedeutung im Jugendstrafrecht ein Ausweg.

Literatur

Albrecht, H.-J. (2002): Ist das deutsche Jugendstrafrecht noch zeitgemäß? Gutachten D für den 64. Deutschen Juristentag. München.
Albrecht, P.-A. (2000): Jugendstrafrecht. Ein Studienbuch (3., erw. und erg. Aufl.). München.
Baernreither, J. M. (1905): Jugendfürsorge und Strafrecht in den Vereinigten Staaten von Amerika. Ein Beitrag zur Erziehungspolitik unserer Zeit. Leipzig.
Beccaria, C. (1764/1990): Über Verbrechen und Strafen. Neudr. der Ausg. Leipzig, [Engelmann], 1905. Hg. v. K. Esselborn. Aalen.
Berckhauer, F. (1982): Soll der Freizeitarrest abgeschafft werden? Zeitschrift für Rechtspolitik, 15 (6), 145–147.
Cornel, H. (2008): 100 Jahre Jugendgerichte. Die Zeit war reif. Zeitschrift für Jugendrecht und Jugendhilfe, 3, 232–236.
Dallinger, W./Lackner, K. (1955): Jugendgerichtsgesetz mit ergänzenden Vorschriften. Kommentar. München/Berlin.
Deutscher Bundestag (1952): Entwurf eines Gesetzes zur Änderung des Reichsjugendgerichtsgesetzes. Drucksache 3264 v. 31.3.1952. Bonn.
Dörner, C. (1991): Erziehung durch Strafe. Die Geschichte des Jugendstrafvollzugs von 1871–1945. Weinheim.
Duensing, F. (1912): Im Dienste der sozialen Hilfsarbeit. Vortrag. München/Berlin.
DVJJ (Hg.) (2019): Herein-, Heraus-, Heran- – Junge Menschen wachsen lassen. Dokumentation des 30. Deutschen Jugendgerichtstages vom 14. bis 17. September 2017 in Berlin. Mönchengladbach.
Engstrom, E. (2022): Die Jugendgerichtshilfe in Berlin, 1905–1914. Intersektionale Expertise im Umgang mit jugendlicher Devianz. In: V. Moser/J. T. Garz (Hg.): Das (A)normale in der Pädagogik. Wissenspraktiken – Wissensordnungen – Wissensregime (S. 77–95). Bad Heilbrunn.
Foerster, F. W. (1913): Strafe und Erziehung – Sühne und Besserung. In: Deutsche Zentrale für Jugendfürsorge (Hg.): Verhandlungen des dritten deutschen Jugendgerichtstages 10. bis 12. Okt. 1912 (S. 9–23). Leipzig.
Frenzel, H. (2022): Vom Elend des Jugendgerichts – Eine Spurensuche. Zeitschrift für Jugendrecht und Jugendhilfe, 4, 276–297.
Friedheim, C. (1923): Der Erziehungsgedanke im Jugendstrafrecht. Hamburg.
Gerken, J./Schumann, K. F. (Hg.) (1988): Ein trojanisches Pferd im Rechtsstaat. Der Erziehungsgedanke in der Jugendgerichtspraxis. Pfaffenweiler.

Grunewald, R. (2003): Die De-Individualisierung des Erziehungsgedankens im Jugendstrafrecht. Berlin.
Heilborn, O. (1910): Jugendgericht und Jugendgerichtshilfe in Berlin. Soziale Praxis, 19, 1281–1283.
Herz, R. (1987): Jugendstrafrecht (2., völlig überarb. Aufl.). Köln u. a.
Holzschuh, K. (1957): Geschichte des Jugendstrafrechts bis zum Ende des neunzehnten Jahrhunderts. Dissertation. Johannes Gutenberg-Universität Mainz.
Jureit, U. (1995): Erziehen, Strafen, Vernichten. Jugendkriminalität und Jugendstrafrecht im Nationalsozialismus. Münster/New York.
Koepp, L. (1927): Frieda Duensing als Führerin und Lehrerin. Zwölf Jahre Berliner Jugendfürsorge. Berlin.
Köhne, P. (1906): Jugendgerichte. Monatsschrift für Kriminalpsychologie und Strafrechtsreform, 2, 574–576. (Reprint in: Zeitschrift für Jugendrecht und Jugendhilfe, 2018 (3), 153–154.)
Köhne, P. (1913): Die Minderjährigen im Strafrecht, Strafprozeß und Strafvollzuge. In: F. Duensing (Hg.): Handbuch für Jugendpflege (S. 115–133). Langensalza.
Kölbel, R. (2022): »Erziehung« als objektive Sinnstruktur im Textkorpus des JGG. Zeitschrift für Jugendrecht und Jugendhilfe, 4, 252–257.
Konrad, B. A. (1947): Der Erziehungsgedanke im Jugendrecht in Vergangenheit und Gegenwart. Tübingen.
Kraft, B. (2004): Tendenzen in der Entwicklung des Jugendstrafrechts seit der Jugendgerichtsbewegung. Frankfurt a. M. u. a.
Liszt, E. von (1927): 10 Jahre Jugendgerichtsarbeit. Die Tätigkeit des Ausschusses bzw. der Vereinigung für Jugendgerichte und Jugendgerichtshilfen von 1917 bis 1927. Berlin.
Löffelsender, M. (2012): Strafjustiz an der Heimatfront. Die strafrechtliche Verfolgung von Frauen und Jugendlichen im Oberlandesgerichtsbezirk Köln 1939–1945. Tübingen.
Manthai, A. (2001): Der Erziehungsgedanke im Jugendstrafrecht. Historischer Rückblick, gegenwärtige Diskussion, Bilanz und Ausblick. Kiel.
Manthe, B. (2013): Richter in der nationalsozialistischen Kriegsgesellschaft. Beruflicher und privater Alltag von Richtern des Oberlandesgerichtsbezirks Köln, 1939–1945. Tübingen.
Meyer-Höger, M. (1998): Der Jugendarrest. Baden-Baden.
Neus, A. (1997): Der Erziehungsgedanke im Jugendstrafrecht. Egelsbach u. a.
Nitsch, M. (1999): Private Wohltätigkeitsvereine im Kaiserreich. Die praktische Umsetzung der bürgerlichen Sozialreform in Berlin. Berlin/New York.
Oberwittler, D. (2000): Von der Strafe zur Erziehung? Frankfurt a. M./New York.
Peukert, D. (1986): Grenzen der Sozialdisziplinierung. Aufstieg und Krise der deutschen Jugendfürsorge von 1878 bis 1932. Köln.
Pfeiffer, C. (1991a): Unser Jugendstrafrecht – eine Strafe für die Jugend? Die Schlechterstellung junger Straftäter durch das JGG – Ausmaß, Entstehungsgeschichte und kriminalpolitische Folgerungen. DVJJ-Journal, 2, 114–129.
Pfeiffer, C. (1991b): Wird nach Jugendstrafrecht härter gestraft? Strafverteidiger, 11 (8), 363–370.
Pieplow, L. (1988): Das deutsche Jugendgericht. Ein Original und seine Vorbilder. In: G. Kaiser/H. Kury/H.-J. Albrecht (Hg.): Kriminologische Forschung in den 80er Jahren (S. 605–626). Freiburg i. Br.
Pieplow, L. (1989): Erziehung als Chiffre. In: M. Walter (Hg.): Beiträge zur Erziehung im Jugendkriminalrecht (S. 5–57). Köln.
Pieplow, L. (1998): 75 Jahre JGG. DVJJ-Journal, 3, 210–213. Wiederabdruck in: Zeitschrift für Jugendrecht und Jugendhilfe, 2022 (2), 146–149.
Pieplow, L. (2014): Erziehungsgedanke – noch einer. Zum dogmatischen Ertrag historisch-kritischer Analyse im Jugendstrafrecht. In: F. Neubacher/M. Kubink (Hg.): Kriminologie – Jugendkriminalrecht – Strafvollzug. Gedächtnisschrift für Michael Walter (S. 341–357). Berlin.

Pieplow, L. (2018): Jugendgerichte – Einführung. Zeitschrift für Jugendrecht und Jugendhilfe, 2, 152.
Pieplow, L. (2019): Vergessene Frauen und Männer. Jugendstrafrechtsgeschichte als soziale Reformbewegung. In: DVJJ (Hg.): Herein-, Heraus-, Heran- – Junge Menschen wachsen lassen. Dokumentation des 30. Deutschen Jugendgerichtstages vom 14. bis 17. September 2017 in Berlin (S. 597–612). Mönchengladbach.
Pieplow, L. (2022a): Clara Friedheim (1892–1966): Der Erziehungsgedanke im Jugendstrafrecht. ZJJ, (1), 16–20.
Pieplow, L. (2022b): Lukas Pieplow: Aus dem Gerichtssaal – Anmerkung zur mündlichen Verhandlung des BGH (5 StR 115/21) am 13.12.2021. Zeitschrift für Jugendrecht und Jugendhilfe, 1, 56–58.
Ruschewey, H. (1918): Die Entwicklung des deutschen Jugendgerichts. Weimar.
Schady, J. (2003): Die Praxis des Jugendstrafrechts in der Weimarer Republik. Die Umsetzung des Jugendgerichtsgesetzes von 1923 im Spiegel der Statistiken und Akten. Baden-Baden.
Schaffstein, F. (1966): Jugendstrafrecht. Eine systematische Darstellung (2. Aufl.). Stuttgart.
Schaffstein, F. (1977): Jugendstrafrecht. Eine systematische Darstellung (6., neubearb. Aufl.). Stuttgart.
Schaffstein, F. (1983): Jugendstrafrecht. Eine systematische Darstellung (8., neubearb. Aufl.). Stuttgart.
Schaffstein, F./Beulke, W. (1991): Jugendstrafrecht (10., völlig neu bearb. Aufl.). Stuttgart.
Schaffstein, F./Miehe, O. (Hg.) (1975): Weg und Aufgabe des Jugendstrafrechts. Darmstadt.
Schlüchter, E. (1994): Plädoyer für den Erziehungsgedanken. Berlin/Boston.
Schubert, W. (Hg.) (2001): Akademie für Deutsches Recht, 1933–1945. Ausschuß für Jugendrecht, Arbeitsgemeinschaften für Jugendarbeitsrecht und Jugendstrafrecht (1934–1941). Frankfurt a. M.
Schütz, T. (2022): »Hoffnungslose Kriminelle« und »Neigungstäter«. Die Erfassung der Frühkriminalität im wissenschaftlichen Wirken von Friedrich Schaffstein (1905–2001). Schriften zur Rechtsgeschichte, 204. Berlin.
Schultz, A. (1910): Aus der Praxis der Jugendgerichte und der privaten Jugendgerichtshilfe. Monatsschrift für Kriminologie, 6 (1), 573–586. Wiederveröffentlichung: ZJJ, 2017, 380–384.
Schumann, E. (2017): Der Ausschuss für Jugendrecht der Akademie für Deutsches Recht 1934–1941. In: E. Schumann/F. Wapler (Hg.): Erziehen und Strafen, Bessern und Bewahren. Entwicklungen und Diskussionen im Jugendrecht im 20. Jahrhundert (S. 73–138). Göttingen.
Schumann, E. (2019): Die DVJJ und die NS-Zeit. In: DVJJ (Hg.): Herein-, Heraus-, Heran- – Junge Menschen wachsen lassen. Dokumentation des 30. Deutschen Jugendgerichtstages vom 14. bis 17. September 2017 in Berlin (S. 39–90). Mönchengladbach.
Sieverts, R. (1969): Das Jugendgerichtsgesetz von 1953 und die deutsche Jugendgerichtsbewegung. In: B. Simonsohn (Hg.): Jugendkriminalität, Strafjustiz und Sozialpädagogik (2. Aufl.; S. 122–138). Frankfurt a. M..
Steinke, R. (2023): Wenn Milde stärker ist als Vergeltung. Süddeutsche Zeitung vom 04.02.2023.
Stolp, I. (2015): Die geschichtliche Entwicklung des Jugendstrafrechts von 1923 bis heute. Baden-Baden.
Streng, F. (2022): Noch ein Jubiläum: 70 Jahre JGG 1953 – nicht nur ein Rückblick. ZJJ, 4, 266–275.
Tippelskirch, A. W. F. von (1856): Von der Strafgerichtsbarkeit über Personen jugendlichen Alters. Goltdammer's Archiv, 4, 25–30.
Toprak, U. (2012): Brauchen wir eine erzieherische Mission im Jugendstrafrecht? Hamburg.
Voß, M. (1986): Jugend ohne Rechte. Die Entwicklung des Jugendstrafrechts. Frankfurt a. M.
Walter, J. (2014): Was wir für die Erziehung im Jugendstrafvollzug von Walther von der Vogelweide lernen können. In: F. Neubacher/M. Kubink (Hg.): Kriminologie – Jugendkriminalrecht – Strafvollzug. Gedächtnisschrift für Michael Walter (S. 893–917). Berlin.

WDR ZeitZeichen (2023): Jugendstrafrecht in Deutschland beschlossen (am 16.02.1923). WDR ZeitZeichen – Podcasts und Audios – WDR-Mediathek (Zugriff am 17.07.2023).

Wolff, J. (1992): Jugendliche vor Gericht im Dritten Reich. Nationalsozialistische Jugendstrafrechtspolitik und Justizalltag. München.

Zeller, S. (1999): Frieda Duensing. In: M. Eggemann/S. Hering (Hg.): Wegbereiterinnen der modernen Sozialarbeit. Texte und Biographien zur Entwicklung der Wohlfahrtspflege (S. 133–158). Weinheim/München.

Erziehung im Jugendstrafrecht – Fluch oder Segen? Ein kommentierter Streifzug durch die Diskussionen rund um Erziehung auf Deutschen Jugendgerichtstagen

Theresia Höynck / Stephanie Ernst / Leon Knaack

1 Einführung

2022 jährte sich die gesetzliche Normierung der Jugendhilfe in einem eigenen Gesetz, Reichsgesetz für Jugendwohlfahrt, zum hundertsten Mal, 2023 wurde das Jugendgerichtsgesetz (JGG) 100 Jahre alt. Die beiden Gesetze waren von Anfang an in vielfältiger Weise verschränkt und sind es bis heute[1]. Das JGG hat trotz zahlreicher inhaltlicher Änderungen seinen Namen kaum verändert, die Jugendhilfe wird seit 1990 vom SGB VIII, Kinder- und Jugendhilfe, geregelt.

Während im Jugendhilferecht die Erziehung von Anfang an ausdrücklich als zentrales Prinzip genannt wird – § 1 RJWG von 1922: »Jedes deutsche Kind hat ein Recht auf Erziehung zur leiblichen, seelischen und gesellschaftlichen Tüchtigkeit« –, formulierte das JGG von 1923 kein generelles erzieherisches Prinzip. Das JGG 1923 verwendete den Begriff der Erziehung vor allem im Kontext von »Erziehungsmaßregeln«, die im Einzelnen genannt und als alternative Reaktionsform zur Strafe verstanden wurden, legte aber gleichzeitig – diese beiden Pole verbindend – in § 16 fest: »Der Strafvollzug gegen einen Jugendlichen ist so zu bewirken, daß seine Erziehung gefördert wird.« Der Erziehungsgedanke ist als Prinzip erst seit 2008 ausdrücklich in § 2 I JGG enthalten: »Die Anwendung des Jugendstrafrechts soll vor allem erneuten Straftaten eines Jugendlichen oder Heranwachsenden entgegenwirken. Um dieses Ziel zu erreichen, sind die Rechtsfolgen und unter Beachtung des elterlichen Erziehungsrechts auch das Verfahren vorrangig am Erziehungsgedanken auszurichten.« Dieses ausdrückliche gesetzgeberische Bekenntnis zum Erziehungsgedanken ist u. a. insofern bemerkenswert, als dass sein Inhalt, wie illustriert werden wird, auch nach über 100 Jahren Diskussion immer noch schillernd ist, aber eine wichtige Funktion als Markierung der Besonderheiten des Jugendstrafrechts gegenüber dem allgemeinen Strafrecht erfüllt.

---

1 Zu den »beiden Schwestern RJWG und JGG« siehe auch Wiesner (2019).

Ein zentrales Forum der Debatte über alle Fragen des Jugendstrafrechts, darunter die Bedeutung des Erziehungsgedankens in diesem Kontext, stellen die Jugendgerichtstage dar.

Der 1. Deutsche Jugendgerichtstag (JGT) wurde 1909 von der »Deutschen Zentrale für Jugendfürsorge« veranstaltet. Auf dem 4. JGT 1917 wurde beschlossen, einen der Deutschen Zentrale für Jugendfürsorge unterstellten »Ausschuss für Jugendgerichte und Jugendgerichtshilfen« zu gründen, der den 5. JGT 1920 veranstaltete, bevor aus ihm 1923 die selbstständige »Vereinigung für Jugendgerichte und Jugendgerichtshilfen« hervorging, die mit ihrer letztmaligen Umbenennung auf dem 7. JGT 1927 in »Deutsche Vereinigung für Jugendgerichte und Jugendgerichtshilfen« (DVJJ) ihren heutigen Namen erhielt.

Die Jugendgerichtstage fanden in nicht ganz regelmäßigen Abständen (alle ein bis vier Jahre, keiner zwischen 1927 und 1950), in aller Regel an wechselnden Orten statt.[2] Es handelt sich um sorgfältig gestaltete reformorientierte Tagungen, die gezielt rechtspolitische und praktische Fragen aufgreifen und sich an Praktiker:innen aller beteiligten Berufsgruppen sowie einschlägige Wissenschaftler:innen verschiedener Disziplinen richten. Der Zuschnitt hat sich, u. a. bezogen auf die Art der formellen Ergebnisse, verändert: Nicht immer wurden Thesen, Beschlüsse oder Entschließungen formell abgestimmt, wohl auch als Folge der zunehmenden Größe der Jugendgerichtstage und kleinteiligerer, praxisorientierterer Arbeitskreise. Der 7. JGT 1927 war der erste mit einem inhaltlichen Titel: »Die Durchführung des Jugendgerichtsgesetzes als Personenfrage«. Er verweist auf ein Thema, das Debatten seit dem 1. JGT bis heute durchzieht: die persönlichen und fachlichen Qualifikationsanforderungen an die beteiligten Berufsgruppen. Der nunmehr letzte 32. JGT 2023 fand vom 15. bis 18. September 2023 unter dem Titel »Recht auf Jugend – 100 Jahre Jugendgerichtsgesetz« statt. Der Titel deutet die Komplexität des Umgangs von Recht mit Jugend an, der ständiger Aushandlung bedarf. Im Folgenden wird eine kleine, höchst subjektive Auswahl an Jugendgerichtstagen in den Blick genommen. Bis einschließlich 1992 sind dies solche, die sich dem Thema Erziehung als Prinzip besonders intensiv widmeten und zumeist um die Zeit wichtiger Zäsuren bzw. gesetzlicher Reformen im Jugendstrafrecht stattgefunden haben. Der 5. JGT 1920 fand unmittelbar vor Inkrafttreten des ersten JGGs statt, der 8. 1950 war der erste JGT nach der NS-Zeit, beim 9. JGT 1953 ist das neue JGG erst wenige Tage alt. Der 14. JGT 1968 nimmt die schon seit der Entstehung von

---

2 Zur Geschichte der Jugendgerichtstage und der dort verhandelten Themen siehe auch Sonnen (2019).

JGG und RJWG geführte Debatte um ein einheitliches Jugendrecht[3] auf, 1992 befasste sich der 22. JGT kurz nach der Einführung des SGB VIII und dem bedeutenden 1. JGG-Änderungsgesetz mit den Vorschlägen einer DVJJ-Kommission zur Reform des JGG. Ab 1995 veränderte sich, so wurde aus Anlass dieses Streifzuges deutlich, die Auseinandersetzung mit Erziehung im Jugendstrafrecht auf den Jugendgerichtstagen. Grundsätzliche Debatten werden vor allem im Zusammenhang mit Jubiläen geführt (z.B. 1998 beim 24. JGT »75 Jahre Jugendgerichtsgesetz«) und im Übrigen eher implizit im Zusammenhang mit konkreten Fragestellungen.

In diesem Streifzug wird versucht, beispielhafte Zitate zur Erziehung als Prinzip aus den ausgewählten JGT-Tagungsbänden vorzustellen und grob einzuordnen. Ganz ausdrücklich sei der »Streifzugcharakter« betont, aus wissenschaftlich-historischer Sicht vielleicht sogar eher ein Raubzug. Es können hier nur rudimentärste Kontextualisierungen und Einordnungen als Einladung zu einer vertieften interdisziplinären Auseinandersetzung benannt werden, die sicher nicht nur für das Verstehen der Vergangenheit bedeutsam sind, sondern auch Impulse für die Weiterentwicklung (nicht nur) des Jugendstrafrechts bieten können.

2 Der 5. Deutsche Jugendgerichtstag 1920

Der 5. JGT (damals noch »Verhandlungen des fünften Deutschen Jugendgerichtstages«) fand 1920 in Jena mit rund 400 Teilnehmenden statt. Unter ihnen befanden sich u.a. »Vertreter der Reichsministerien, der Regierungen der größeren Länder, zahlreiche Jugendrichter und Mitglieder der namhaften Jugendfürsorgevereine« (Deutsche Zentrale für Jugendfürsorge 1922, S. VI). Er stand ganz im Zeichen des lang erwarteten und kurz zuvor vorgelegten Regierungsentwurfs für ein Jugendgerichtsgesetz, aber auch unter dem Eindruck der gesamtgesellschaftlichen Lage nach dem Ersten Weltkrieg: »Wir stehen auf den Trümmern unserer wirtschaftlichen und materiellen Kultur« (Kohlrausch 1922, S. 1).

---

3   Geh. Admiralitätsrat Dr. Felisch führte hierzu schon 1909 aus: »[...] und doch ist das Endziel für die gesamte Jugendfürsorge ein einheitliches. Welches ist es? Ich muß einen sehr banalen Gedanken aussprechen, und doch scheint er mir sehr wichtig zu sein. Das ganze Ziel der Jugendfürsorge ist nur das, die Jugend zu tüchtigen Erwachsenen zu erziehen« (Felisch 1909, S. 89). Im Zusammenhang mit der Vorstellung der damals vorliegenden Gesetzentwürfe bemerkt er weiter: »[...] man kann es deshalb nur lebhaft beklagen, daß die Regierung sich nicht zur Vorlage eines einheitlichen Jugendgesetzes hat entschließen können« (S. 91).

Der rund neunzig Seiten umfassende, in Frakturschrift gesetzte Dokumentationsband enthält neben Vorträgen, Diskussionen und Entschließungen drei verschiedene Entwürfe für ein Jugendgerichtsgesetz: Erstens den »Entwurf zu einem Reichsgesetze betreffend Ahndung und Verfolgung strafbarer Handlungen, welche von jugendlichen Personen begangen werden« aus dem Jahr 1907 von Dr. Paul Köhne, Amtsgerichtsrat (Deutsche Zentrale für Jugendfürsorge 1922, S. 76 ff.), zweitens den »Entwurf eines Gesetzes über das Verfahren gegen Jugendliche nach den Beschlüssen der 13. Reichstagskommission 2. Lesung 1912/13« (S. 80 ff.) sowie drittens den »Entwurf eines Jugendgerichtsgesetzes vom Reichsjustizministerium dem Reichsrat vorgelegt im Februar 1920« (S. 84 ff.).

Erster und zentraler Tagesordnungspunkt des JGT war »Die strafrechtliche und erzieherische Behandlung der Jugendlichen nach den neuen Gesetzentwürfen«. Zentral für das hier behandelte Thema ist § 4 des Entwurfs von 1920 (der so nicht Gesetz geworden ist):

»Hat ein Jugendlicher eine mit Strafe bedrohte Handlung begangen, so hat das Gericht zu prüfen, ob Erziehungsmaßregeln erforderlich sind, um den Jugendlichen an ein gesetzmäßiges Leben zu gewöhnen. Hält das Gericht Erziehungsmaßregeln für ausreichend, so hat es von Strafe abzusehen und die Erziehungsmaßregeln anzuordnen, sofern sie nicht schon anderweit angeordnet sind. Hält das Gericht neben Erziehungsmaßregeln auch Strafe für erforderlich, so ist auf beides nebeneinander zu erkennen« (Deutsche Zentrale für Jugendfürsorge 1922, S. 84).

In einem einführenden Referat plädierte Prof. Dr. Eduard Kohlrausch, zu dieser Zeit Professor für Strafrecht an der Universität Berlin, auch vor dem Hintergrund der Tatsache, dass ein erster Anlauf einer gesetzlichen Regelung 1913 gescheitert war, für einen pragmatischen Umgang »im Rahmen des Erreichbaren« (Kohlrausch 1922, S. 2). Er befürwortete daher die Weichenstellungen des Entwurfs, insbesondere die mit ihm vollzogene Verbindung von Erziehung und Strafe:

»Wir wollen aber nicht dabei stehenbleiben, sondern auch fragen, was geschehen muß, um den Jugendlichen zu einem ordentlichen Menschen zu machen. Nicht immer ist die Strafe hierzu geeignet; bald scheint sie uns als ungenügend, wenn nicht Erziehungsmaßregeln mit ihr verbunden werden, bald als schädlich, mindestens neben Erziehungsmaßnahmen als überflüssig. […] Wenn die Tat auf mangelhafte Erziehung zurückzuführen ist und

Erziehungsmaßnahmen Erfolg versprechen, sind Erziehungsmaßnahmen zu treffen. Und wenn wir glauben, das Ziel der sozialen Wiederanpassung allein durch sie zu erreichen, soll die Strafe sogar völlig durch sie verdrängt werden, denn sie soll stets ultima ratio sein« (Kohlrausch 1922, S. 4).

Zusammenfassend mahnte Prof. Dr. Kohlrausch: »Eine Erziehung ohne eine im Hintergrund stehende Strafe gibt es nicht« (S. 8).

Insgesamt ranken sich zahlreiche Äußerungen in Vorträgen und Diskussionsbeiträgen auf dem 5. JGT um das Verhältnis von Erziehung und Strafe. Das Thema der Verbindung wird unter verschiedenen Aspekten diskutiert: sowohl eher inhaltlich im Sinne der (Nicht-)Verschiedenheit der Zwecke und Mittel als auch eher institutionell im Sinne der Frage, ob der Jugendrichter (von Richterinnen war damals nicht die Rede[4]) bzw. Gerichte überhaupt erzieherische Maßnahmen anordnen können sollen.

Inhaltlich finden sich zum einen Stimmen, die die Überschneidungen von Strafe und Erziehung betonen. So bemerkte Schatzrat Dr. Hartmann, Hannover, in der Aussprache: »Erwarten Sie nicht zuviel von der Erziehung. Die Ziele der Strafe und der Erziehung sind identisch im Sinne der sittlichen Umwandlung und einer sozialen Brauchbarmachung. Wir müssen die Erziehungsmaßregeln wie die Strafe ausbauen und verbessern« (Deutsche Zentrale für Jugendfürsorge 1922, S. 37).

Auf der anderen Seite wurden, u. a. von Geh. Justizrat Prof. Dr. Moritz Liepmann, Hamburg, aber auch die Unterschiede hervorgehoben:

»Durch meine ganzen Ausführungen ist wohl hindurchgegangen ein starkes Mißtrauen gegen die Strafe und ein Glaube an den Wert erzieherischer Maßnahmen. Ich bin nicht der Meinung, daß darin irgendwie eine Verweichlichung liegt, sondern ich glaube mit Adolf Brins: ›es ist vorzuziehen, der Weichheit der Strafe die Festigkeit der Erziehung zu substituieren. Das ist Wertsteigerung, nicht die Aufgabe eines Prinzips‹« (Liepmann 1922, S. 36).

Auch Prof. Christian Jasper Klumker, Ordinarius für Fürsorgewesen und Sozialpädagogik an der Universität Frankfurt am Main, positionierte sich in der Aussprache gegen Strafe gegenüber Jugendlichen:

»Wir reden nicht von Strafe und Erziehung, sondern von strafrechtlicher und erziehlicher Behandlung. Auf der Basis: Sind Strafe und Erziehung qualitativ

---

4   Zur Debatte um weibliche Schöffinnen siehe Berent (1922) im Tagungsband.

verschieden?, kann man nicht diskutieren. Man wusste schon vor hundert Jahren, daß Strafe Jugendlichen gegenüber nichts hilft. Eine eigenartige Entwicklung hat dann dazu geführt, daß all dies von anderen Gesichtspunkten aufgebaut und mit anderen Dingen vermischt worden ist« (Deutsche Zentrale für Jugendfürsorge 1922, S. 41).

Die Frage nach dem inhaltlichen Charakter von Strafe und Erziehung ist dabei eng verwoben mit der Frage nach den dafür zuständigen Personen, so Dr. Riebesell, Zweiter Direktor des Hamburger Jugendamtes:

»Ich bin Erzieher, nicht Jurist, und mit den beiden letzten Herren der Meinung, daß hier hauptsächlich erzieherische Fragen behandelt und daher auch Erzieher zu Worte kommen müssen. [...] Wir haben gehört, daß heutzutage die Strafe nicht nur Vergeltung sein soll, sondern auch Erziehung. Ich bin nicht der Meinung, daß die Strafe infolgedessen überhaupt abgeschafft werden müßte; aber die Erziehungsmaßregeln müssen allein von Erziehern bestimmt werden und nicht von Richtern, und Erziehung und Strafe müssen streng getrennt werden« (Deutsche Zentrale für Jugendfürsorge 1922, S. 42).

Immer wieder wird auch deutlich, dass das erwartete Gesetz von vielen als ein Zwischenschritt in einer Entwicklung verstanden wird. Dazu führte Prof. Dr. Liepmann aus:

»Dieser Gedanke, Erziehung statt Strafe kann sich nur dann durchsetzen, wenn hinter ihm eine geschlossene Macht von Menschen steht, die den festen Glauben daran hat, daß dieser Gedanke richtig ist. Dieser Glaube fehlt uns heute noch« (Liepmann 1922, S. 36).

Auch Dr. Ernst Levi, Amtsgerichtsrat Frankfurt am Main, bemerkte: »Die Zukunft wird vielleicht denen Recht geben, die nur Erziehung und niemals Strafe wollen. Gegenwärtig können wir noch nicht so weit gehen« (Levi 1922, S. 20).

Am Ende des 5. JGTs ist eine »Entschließung« dokumentiert, die den diskutierten Entwurf des Jugendgerichtsgesetzes unterstützt und den bis heute in der Debatte zentralen Begriff des Erziehungsgedankens ausdrücklich aufnimmt:

»Die zum 5. Jugendgerichtstag Versammelten begrüßen den Entwurf eines Jugendgerichtsgesetzes als Verwirklichung der auf dem 3. Jugendgerichtstag in Frankfurt a. M. aufgestellten Forderungen und betrachten ihn als geeignete Grundlage eines neuen Rechts, weil der den Erziehungsgedanken in den Vordergrund stellt, der das Verfahren gegen straffällige Jugendliche durchaus beherrschen muß« (Deutsche Zentrale für Jugendfürsorge 1922, S. 74).

3 Die Jugendgerichtstage 1950 und 1953

Das JGG, welches weitestgehend dem Entwurf des Reichministeriums von 1920 entsprach,[5] trat 1923 in Kraft und hatte das Prinzip »Erziehung« in den Vordergrund gerückt, wobei damit nach dem damaligen Verständnis und vor dem Hintergrund der damaligen Praxis weitgehend eine Vorstellung von Erziehung statt Strafe verbunden war. Wie ambivalent und missbrauchsanfällig der Erziehungsbegriff sein kann, zeigte sich in dessen Anwendung im »Dritten Reich«, wo er im Sinne des nationalsozialistischen Erziehungsverständnisses interpretiert wurde. Mit dem RJGG von 1943 wurde ein neues Sonderstrafrecht für Jugendliche verabschiedet, durch das die umfassende Angleichung des Jugendstrafrechts an die nationalsozialistische Weltanschauung erfolgte.[6]

Der Umstand, dass ab 1927 keine Jugendgerichtstage mehr stattfanden, darf nicht darüber hinwegtäuschen, dass die DVJJ und an ihrer Spitze führende NS-Jugendstrafrechtler wie Prof. Dr. Schaffstein, Prof. Dr. Rudolf Sieverts und Jugendrichter Dr. Ludwig Clostermann ihre Arbeit fortsetzten und an den maßgeblichen JGG-Änderungen im Nationalsozialismus mitwirkten.[7]

Vor diesem Hintergrund kommt den ersten Jugendgerichtstagen der Nachkriegszeit besondere Bedeutung zu.

Hierzu gehört zunächst der 8. JGT, der nach 23-jähriger Unterbrechung im Jahr 1950 in Bad Godesberg stattfand und von einem kleinen Kreis von DVJJ-Mitgliedern organisiert worden war (Schumann 2019). Als Thema der »Verhandlungen« wurde »Der Erziehungsgedanke im Jugendstrafrecht« festgelegt. Bei der Dokumentation des 8. JGTs handelt es sich um eine kurze elfseitige

---

5   Zur Entstehung des JGGs von 1923 ausführlich Stolp (2015).
6   Zentrale Änderungen des RJGG von 1943 waren: Die Anwendung nur noch auf »Deutsche« durch Einschub in § 1 Abs. 2 S. 1 RJGG, die »Aufweichung« des Strafmündigkeitsalters auf zwölf Jahre durch § 3 Abs. 2 RJGG, »[...], wenn der Schutz des Volkes wegen der Schwere der Verfehlung eine strafrechtliche Ahndung fordert«, § 6 RJGG Jugendgefängnis von unbestimmter Dauer, § 8 RJGG Jugendarrest, § 20 RJGG Jugendliche Schwerverbrecher sowie § 60 RJGG Jugendschutzlager; hierzu ausführlich Kleimann (2013).
7   Für eine umfassende Darstellung der Tätigkeiten der DVJJ und ihrer zentralen Mitglieder im Nationalsozialismus siehe Schumann (2019).

Zusammenfassung von Dr. Heinz Panka[8], die deshalb nur einen schlaglichtartigen Einblick in die Positionen der Referent:innen ermöglicht. Darunter finden sich vor allem immer wieder Positionen, die – auf unterschiedliche Weise – eine enge Verbindung von Strafe und Erziehung annehmen.
So fasste Dr. Panka die Ausführungen von Dr. Ludwig Clostermann, Landgerichtsdirektor und Jugendrichter, wie folgt zusammen:

»Ursprünglich ist danach ›Erziehung‹ die Entwicklung zur leiblichen, seelischen und gesellschaftlichen Tüchtigkeit, ›Strafe‹ ein Übel als Sühne für begangene Fehltritte. […] Die Rechtsstrafe, die für Erwachsene in Betracht kommt, muß daher durch die pädagogische Strafe ersetzt werden, die nichtdiffamierende, nach freiem Ermessen des Erziehers gestaltete Zufügung eines Übels« (Panka 1955, S. 253).

Ergänzend dazu führte Dr. Panka zum Vortrag von Prof. Dr. Karl Siegfried Bader, Generalstaatsanwalt in Freiburg/Br., aus:

»Dennoch stehe für ihn [Prof. Dr. Bader, Anm. der Verf.] fest, daß das Problem nicht ›Erziehung statt Strafe‹ heiße, sondern Erziehung neben Strafe. Die Strafe bessere weder den Menschen, noch ändere sie das Leben. Sie erzeuge in der Regel nur eine gewisse Schockwirkung, eine Auflockerung. Der Höhepunkt liege beim Urteil. Daher habe er [Prof. Dr. Bader, Anm. der Verf.] Bedenken, das Urteil aufzuschieben, um dem Jugendlichen Gelegenheit zur Bewährung zu geben. Die Strafe könne eben nur letztes Mittel sein, und dann laute die Aufgabe: Erziehung trotz Strafe« (Panka 1955, S. 253).

Gerichtsassessor Dr. Goebel, Jugendstaatsanwalt, vertrat, so berichtet Dr. Panka, anders als Dr. Clostermann und Prof. Dr. Bader »[…] die funktionelle Wechselbeziehung von Erziehung und Strafe« (Panka 1955, S. 254). Nach Auffassung von Dr. Goebel sei die Strafe

»zur Unterdrückung der im Menschen schlummernden schlechten Eigenschaften geeignet und daher ein Mittel der Erziehung. Auch die pädagogische Bestrafung Jugendlicher sei als Rechtseinrichtung ›Rechtsstrafe‹. Wenn man daher die Erziehungsstrafe die Erwachsenenstrafe gegenüberstellen

---

8   Für den 8. JGT wurde kein eigener Tagungsband veröffentlicht. Die Dokumentation findet sich am Ende des Tagungsbands zum 9. JGT ab Seite 247.

wolle, solle man diese besser nicht als ›Rechtsstrafe‹, sondern mit Villinger als ›Vergeltungsstrafe‹ bezeichnen« (Panka 1955, S. 254 f.).

Am Ende des 8. JGTs fassten die Teilnehmenden folgende »Entschließung«:

»Der 8. Deutsche Jugendgerichtstag in Bad Godesberg erachtet zur Erhaltung und Weiterbildung des deutschen Jugendstrafrechts Folgendes für unabweislich: [...] Eine alsbaldige Neukodifikation des Jugendgerichtsgesetzes ist notwendig. Bis dahin ist die Verwirklichung der zahlreichen, bisher nicht ausgeschöpften Möglichkeiten der bestehenden Gesetze zur Erziehung straffälliger Jugendlicher zu guten Mitbürgern tatkräftig zu fördern« (Panka 1955, S. 257).

Festgehalten wurde außerdem eine Forderung, die schon seit Beginn der Diskussionen um ein JGG aufgestellt worden war:[9] »In Anbetracht der besonderen Lage der 18–21 jährigen Straffälligen ist deren sofortige Einbeziehung in das Jugendstrafrecht im Wege einer Novelle zum Jugendgerichtsgesetz auf Grundlage der Berliner und Godesberger Entwürfe dringendes Bedürfnis« (Panka 1955, S. 257).

Der 9. JGT fand kurz nach der Verabschiedung des neuen JGGs von 1953 unter dem Titel »Neue Wege zur Bekämpfung der Jugendkriminalität« in München statt und wurde von 600 Teilnehmenden besucht. Auch wenn durch das JGG von 1953 in Teilen »neue Wege« beschritten worden waren, ist es notwendig, darauf hinzuweisen, dass gleichzeitig an wesentlichen Änderungen aus der Zeit des Nationalsozialismus festgehalten wurde. Diesbezüglich sind insbesondere die Übernahme des Jugendarrestes und der Kategorie der Zuchtmittel sowie das Tatbestandsmerkmal der »schädlichen Neigungen« für die Verhängung der Jugendstrafe zu nennen – alle diese Punkte sind trotz andauernder Kritik bis heute im JGG zu finden.[10]

Das Programm des 9. JGTs orientierte sich am ersten Tag an einer der zentralen Neuerung des JGGs von 1953. So wurde, nach einem allgemeinen Einleitungsreferat des damaligen DVJJ-Vorsitzenden Prof. Dr. Rudolf Sieverts mit dem Titel »Das Jugendgerichtsgesetz von 1953 und die deutsche Jugendgerichtsbewegung«, die bereits auf dem 8. JGT geforderte und nun in §§ 1 II, 105 ff. JGG

---

9 Zu der bis heute andauernden Debatte um die Heranwachsenden im Jugendstrafrecht siehe statt vieler z. B. Pruin (2019).
10 Siehe ausführlich zum JGG 1953 Streng (2022) sowie vertiefend zu Kontinuitäten, die diese Fortschreibung ermöglichen, zentral Pieplow (1989, 2022b); Schumann (2019); Kleimann (2013).

1953 aufgenommene Einbeziehung der 18- bis 21-jährigen »Heranwachsenden« in das JGG thematisiert. Den zweiten Tag widmete man schwerpunktmäßig der »Behandlung minderjähriger Täter ohne Freiheitsentziehung«, wobei die theoretische und praktische Anwendung der ambulanten Maßnahmen in zwei Vorträgen erörtert wurde. Hieran schloss sich eine kurze Thematisierung der Bewährungshilfe an.

Die am ersten Tag im Fokus stehende Einbeziehung der 18- bis 21-jährigen »Heranwachsenden« wurde grundsätzlich als ein erzieherischer Fortschritt angesehen. Hierzu bemerkte der Münchener Landgerichtsdirektor Dr. R. Messerer einführend:

»Das ist wohl das Kernstück und die wichtigste Errungenschaft des neuen JGG, denn von nun an haben Erziehungsgerichte, also Gerichte, die in erster Linie den Erziehungsgedanken im Auge haben, über den jungen Menschen Recht zu sprechen« (Messerer 1955, S. 82).

Gleichzeitig zeigt sich, dass die Einbeziehung der Heranwachsenden immer wieder Diskussionen um die Bedeutung von Strafe für diese Altersgruppe auslöste. So betonte etwa Dr. R. Messerer später:

»Auf Zuchthausstrafe kann gegenüber H. [Heranwachsenden] nicht völlig verzichtet werden. Gerade sie sind ja an der Schwerstkriminalität erheblich beteiligt. Der Gesichtspunkt der Generalprävention, das Bedürfnis nach Sühne und der Abschreckungsgedanke dürfen deshalb nicht außeracht gelassen werden« (Messerer 1955, S. 91).

Im Folgenden wurde das Thema aus interdisziplinärer Sicht beleuchtet, wobei die Referenten immer wieder auf ihr Verständnis des Verhältnisses von Erziehung und Strafe eingingen. Im Vortrag zum Thema »Die Erziehung der Heranwachsenden, insbesondere im Jugendstrafvollzug« bemerkte der Vollzugsleiter der Jugendstrafanstalt Vechta, Oberlehrer Wilhelm Mollenhauer:

»Ich verkenne dabei nicht, daß Strafrechtspflege und Erziehung verschiedenartige, wenn man es theoretisch sieht, sogar gegensätzliche Gebiete oder daß, wie Francke es ausgedrückt hat, Kriminalpolitik und Sozialpädagogik zwei sich schneidende Kreise sind. In der praktischen Handhabung werden sich diese Kreise aber weitgehend decken. Es gibt nirgendwo eine Erziehung ohne Strafe [...]« (Mollenhauer 1955, S. 101). Er stellte dennoch fest: »Der Gesetzgeber hat nicht den kühnen Schritt getan, auf Verfehlungen Jugendlicher und Heranwachsender einheitlich mit einem System von Maßnahmen zu antworten, das allein und ausschließlich auf die Erziehungsbedürftigkeit abgestellt ist. Er hat vielmehr ausdrücklich an der ›Strafe‹ festgehalten und auch daran, daß diese zwar anders akzentuiert ist als die übliche Kriminalstrafe, das Wesen einer solchen aber doch nicht ganz verliert« (Mollenhauer 1955, S. 113).

In der anschließenden Diskussion äußerte Dr. Günter Suttinger, Psychologe am Jugendgefängnis Berlin-Plötzensee grundsätzliche Kritik an der mangelnden Einbeziehung wissenschaftlicher Erkenntnisse bei der Anwendung von erzieherischen Maßnahmen:

»Und wenn ich mir da etwa die Literatur ansehe, die über die Behandlungsmethoden und vor allen Dingen über die Erscheinungsformen der kriminellen Jugendlichen vorliegen, so stelle ich immer wieder eine ganz erhebliche Diskrepanz fest, etwa zwischen bestimmten Tatbeständen der kriminologischen Literatur [...] und diesem pädagogischen Optimismus, wie er in der Strafrechtspflege auch heute noch weitgehend vertreten wird [...] – einem Optimismus der von der Hypothese ausgeht, daß man bei entsprechend günstigen und individuell gestalteten Erziehungsbedingungen jeden Verwahrlosten letzten Endes resozialisieren kann, nur daß diese Bedingungen eben im einzelnen nicht immer geschaffen werden können« (DVJJ 1955, S. 128 f.).

Am zweiten Tag beschäftigte sich der 9. JGT in zwei Vorträgen mit der Anwendung und Ausgestaltung von sogenannten ambulanten Maßnahmen. Der Bonner Jugendrichter B. Heinen erklärte in seinem Vortrag unter der Überschrift »Das System der ambulanten Erziehung junger Rechtsbrecher im Jugendrecht«, es gelte für das Jugendstrafrecht der Grundsatz,

»daß das Erziehungsbedürfnis über die anzuwendenden Maßnahmen entscheidet, vom Fall der Schwere der Schuld als Grund für die Verhängung von Jugendstrafe abgesehen, der einzigen Durchbrechung des Erziehungsgedankens. Hiernach ist eine Anstaltsunterbringung (Jugendarrest, FE [Fürsorgeerziehung], Jugendstrafe) nur gerechtfertigt, wenn ambulante Methoden allein nach menschlicher Voraussicht unzureichend wären« (Heinen 1955, S. 159).

Daran anschließend stellte der Darmstädter Jugendrichter Karl Holzschuh[11] unter dem Titel »Die Praxis der ambulanten Erziehung junger Rechtsbrecher in Deutschland« seine Anwendungspraxis der ambulanten Maßnahmen in zahlreichen Beispielen vor. Hierbei erwähnt er auch seine wohl bekannteste Weisung, die ihn als »Schokoladenrichter« international bekannt machte: »Naschhafte Mädchen, die Geld für Schleckereien stehlen, müssen eine Zeitlang von ihrem Taschengelde wöchentlich Schokolade für Kinderheime kaufen« (Holzschuh 1955, S. 170). Dass dieser Anwendungspraxis eine tiefergreifendere Auseinandersetzung mit der Frage nach Erziehung im Jugendstrafrecht zugrunde liegt, wird in Holzschuhs Ausführungen deutlich:

»Spare mit der Strafe! In dieser Forderung an die Erzieher liegt ein überzeitliches Prinzip. Es gilt auch für die strafrechtliche Behandlung junger Menschen – und zwar nicht erst in der modernen Zeit. […] Nicht strafen, sondern erziehen, den jugendlichen Übeltäter mit pädagogischen Maßnahmen zur Achtung der Rechts-, Gesellschafts- und der Sittenordnung hinführen, ist ein uralter Rechtsgedanke. Schon vor 2300 Jahren lehrte Aristoteles den Grundsatz, daß man straffällig gewordene Jugendliche nicht als schlecht zu Strafen verurteilen, sondern zu guten Bürgern erziehen solle« (Holzschuh 1955, S. 165).

Abschließend traf der 9. JGT – trotz der unterschiedlichen Positionen zum Verhältnis von Erziehung und Strafe – fast einstimmig die abschließende »Entschließung«: »Der 9. Deutsche Jugendgerichtstag begrüßt dankbar das JGG vom 6. August 1953 als eine Teilreform des Jugendstrafrechtes, die der Jugendkriminalrechtspflege die Möglichkeit gibt, besser als bisher der Eigenart minderjähriger Rechtsbrecher erzieherisch gerecht zu werden und damit auch die Allgemeinheit zweckmäßiger zu schützen« (DVJJ 1955, S. 233).

4 Der 14. Deutsche Jugendgerichtstag 1968

Intensive Diskussionen um das Verhältnis von Strafe und Erziehung lassen sich auch in der Dokumentation des 14. JGTs nachvollziehen, der 1968 in Braunschweig stattfand. Das Generalthema »Die Jugendkriminalrechtspflege im Lichte der kriminologischen Forschung – Erfahrungen, Erkenntnisse, Konsequenzen« ging aus dem Bedürfnis vieler Teilnehmenden des 12. JGTs hervor, sich »einen

---
11 Zur Arbeit Holzschuhs ausführlich Pieplow (2022b).

Überblick darüber zu verschaffen, was es an Forschung auf dem Gebiete der Jugendkriminologie und über die richtigen Behandlungsmethoden gibt« (Sieverts 1969a, S. 20) und sollte anlässlich des 15-jährigen Bestehens des JGGs von 1953 gleichzeitig der Überprüfung der bisherigen Methoden der »Jugendkriminalrechtspflege« dienen (Sieverts 1969a).

Dieser, über 181 Seiten dokumentierte JGT, folgte dabei einer Form, die sich auf den vorherigen Tagungen bewährt hatte: beginnend mit einer Plenarversammlung mit einem Generalreferat, anschließend stattfindenden Arbeitskreisen mit einem Bericht der Leiter dieser Arbeitskreise, einer folgenden Generaldebatte und einer anschließenden Zusammenfassung (Sieverts 1969b).

Im Eröffnungsvortrag zum Generalthema des JGTs kam Prof. Dr. Horst Schüler-Springorum, Universität Göttingen, in Bezug auf das JGG von 1953 zu dem Ergebnis, »daß der Stand der kriminologischen Forschung [...] dessen Konzeption und noch mehr seine bisherigen Verwirklichungen heute, eineinhalb Jahrzehnte später, eben doch recht grundsätzlich in Frage stellt« (Schüler-Springorum 1969, S. 33) und macht als eine Ursache aus, »daß es der Novelle von 1953 insgesamt gesehen wohl doch nicht geglückt ist, die Jugendkriminalrechtspflege hinreichend vom strafrechtlichen Denken zu lösen« (S. 33). Er hinterfragt in Hinblick auf die fehlende Umsetzung des erzieherischen Anspruchs des JGGs:

> »Könnte es denn sein, daß wir Juristen wirklich überfordert sind, die Polarität zwischen den Straftatbeständen des StGB und den Rechtsfolgen des JGG durchweg im pädagogischen Sinn aufzulösen? Oder ist vielleicht der Begriff ›Erziehungsstrafrecht‹ selbst ein Unbegriff?« (S. 34).

Diese ernüchternde Diagnose führte zu grundsätzlichen Reformfragen, die im Arbeitskreis »Jugendkriminalrechtspflege im Lichte der Pädagogik und des Rechts« besonders deutlich wurden. Diskussionsgrundlage dieses Arbeitskreises war die im Vorjahr in der zweiten Fassung erschienene »Denkschrift der Arbeiterwohlfahrt zur Reform des Jugendwohlfahrtsrechts, des Jugendgerichtsgesetzes und der Vormundschaftsgerichte«. Die »Denkschrift« wurde von einer Kommission zur Reform des Jugendrechts verfasst, die bereits 1963 durch die Arbeiterwohlfahrt einberufen worden war und seitdem zu diesem Thema arbeitete. Die Hintergründe und den Grundgedanken »Denkschrift« stellte der Sozialpädagoge und Jurist Dr. Berthold Simonsohn[12] den Teilnehmenden des Arbeitskreises zur Diskussion vor:

---

12 Für eine umfangreiche Biografie über Prof. Dr. Berthold Simonsohn, die seiner Arbeit zum Jugendrecht ein eigenes Kapitel widmet, siehe Aden-Grossmann (2007).

»Angesichts der seit 1950 ständig steigenden Kinderkriminalität und der nach einigen Jahren Stillstand wieder wachsenden Zahl jugendlicher Straftäter drängt sich die Frage auf, ob der bisher unser Jugendstrafrecht kennzeichnende Kompromiß zwischen Vergeltungsdenken und Erziehungsgedanken heute noch sinnvoll und zweckmäßig ist, ob nicht gerade die in der Praxis immer noch bestimmende Sicht der Tatproportionalität dem Ziel der Resozialisierung im Wege steht« (Simonsohn 1969, S. 140).

Die Verfasser:innen der Denkschrift der Arbeiterwohlfahrt schlugen deshalb »die Zusammenfassung des ganzen Jugendhilferechts in einem Gesetz und die Zusammenlegung von Jugend(straf)gericht und Vormundschaftsgericht zu einem einheitlichen Jugend(erziehungs)gericht mit einheitlichem Verfahren [...]« (Simonsohn 1969, S. 140) vor. Dr. Berthold Simonsohn konkretisierte diese Ausführungen:

»Der wirkliche Schwerpunkt der Neuregelung liegt in einem nach dem Alter und der Art des Erziehungsnotstandes stark differenzierten Maßnahmenkatalog, der die Anwendung von Strafmaßnahmen für Minderjährige durch die Jugendgerichte grundsätzlich ausschließt« (S. 141).

Dabei sollte für die Auswahl der Maßnahmen durch das neue Jugendgericht nicht »[...] die vorausgegangene Straftat des jungen Menschen ausschlaggebend sein, sondern ausschließlich das Wohl des jungen Menschen, sein Erziehungsbedürfnis, das die im konkreten Einzelfall erforderlichen ›Hilfen‹ nach Art und Ausmaß bestimmt« (S. 142).

Hierin zeigt sich ein Verständnis von Erziehung statt Strafe, das Diskussionen im Arbeitskreis auslöste. Die unterschiedlichen Standpunkte lassen sich aus den zusammenfassenden Berichten der Arbeitskreisleiter nachvollziehen.

Der Pädagoge Prof. Dr. Klaus Mollenhauer, Universität Kiel, gab diese Diskussion wie folgt wieder:

»Es wurde den Verfassern der Denkschrift der Arbeiterwohlfahrt vorgeworfen, daß sie mit einer Vorstellung von Menschen operieren, die den tatsächlichen Gegebenheiten, mit denen man insbesondere bei dissozialen Jugendlichen rechnen müsse, nur ungenügend Rechnung trägt. Es wurde vorgeworfen, daß hier eine idealistische oder gar illusionäre Anthropologie zum Vorschein komme. Es wurde – wenn auch in anderen Worten – ihr vorgeworfen, ein ›utopisches‹ Konzept entwickelt zu haben. Dem wurde entgegnet, daß es sich bei diesen Voraussetzungen gerade nicht um ›utopische‹ Voraussetzungen handelt, sondern um bestimmte Prinzipien, an denen festzuhalten auf jeden Fall geboten ist, unabhängig davon, in welcher Annäherung an diese Prinzipien die Praxis ihre Gestalt gewinnt. Es wurde konkret darauf hingewiesen, daß man nichts anderes tue und daß auch die Verfasser der Denkschrift nichts anderes zu tun versucht haben, als den Begriff der Menschenwürde ernst zu nehmen und ihn konsequent auch auf die sog. dissozialen Jugendlichen hin zu Ende zu denken« (Mollenhauer 1969, S. 151 f.).

Zudem stellte Prof. Dr. Mollenhauer zu den Diskussionen fest:

»[S]chließlich war dieser Arbeitskreis belastet durch den Widerspruch zwischen Strafrecht und Erziehung, der m. E. von Generationen von Strafrechtslehrern und Pädagogen nicht befriedigend gelöst werden konnte und den freilich ein Arbeitskreis wie der unsere auch nicht lösen konnte« (S. 147). »Die Frage nach einer unserer Vorstellungen von vernünftiger Gesellschaft und vernünftigem Heranwachsen angemessenen Form der Behandlung dissozialer Jugendlicher ist offenbar kein auf einzelne wissenschaftliche Disziplinen isolierbares Problem. Es ist offenbar auch kein Problem, das sich in Kooperation einzelner Wissenschaften schon befriedigend lösen ließe, sondern es ist offenbar ein gesellschaftspolitisches Problem, das zu erkennen uns allerdings einige Schwierigkeiten macht. Ich vermute, daß auch hier eine deformation professionelle eine Rolle spielt, nämlich das unpolitische Bewußtsein zweier Berufsstände, der Juristen und der Pädagogen« (S. 152).

Der leitende Regierungsdirektor Dr. W. Becker bemerkte zusammenfassend: »Von Seiten der Juristen vernahm man Stimmen erheblicher Kritik an dem Entwurf« (Becker 1969, S. 156). Auch in der Abschlussveranstaltung des 14. JGTs wurde das Thema noch einmal aufgegriffen. Dazu resümierte Prof. Dr. Rudolf Sieverts:

»Am heutigen Vormittag sind dann durch die Berichte [...] über die Diskussionen im Arbeitskreis V sehr deutlich die Spannungen aufgezeigt worden, die dort aufgetreten sind. Diese Spannungen haben in der Deutschen Vereinigung für Jugendgerichte und Jugendgerichtshilfen von Anfang an bestanden. Wenn Sie die Tagungsberichte seit 1907 durchlesen, so ziehen sie sich wie ein roter Faden durch die Diskussionen, und ich nehme an, daß sie auch in Zukunft immer wieder auftreten werden« (Sieverts 1969b, S. 178).

5 Der 22. Deutsche Jugendgerichtstag 1992

Der 22. JGT mit dem Titel »Jugend im sozialen Rechtsstaat – Für ein neues Jugendgerichtsgesetz« fand 1992 mit rund 800 Teilnehmenden in Regensburg statt. Es war der erste gesamtdeutsche JGT, der erste JGT nach der grundlegenden Reform des JGG von 1989 durch das 1. JGG-Änderungsgesetz[13] und zugleich der 75. »Geburtstag« der DVJJ. Mit diesem 1. JGGÄndGesetz, das bis heute – insbesondere durch die Stärkung alternativer Sanktionsformen – als wesentlicher Meilenstein eines fortschrittlichen JGGs gilt, war die Hoffnung und Ankündigung einer Weiterentwicklung verbunden. Der Deutsche Bundestag hatte einstimmig eine Entschließung verabschiedet, nach der die Bundesregierung aufgefordert wurde, bis zum 01.10.1992 einen Entwurf für ein 2. JGG-Änderungsgesetz vorzulegen (Deutscher Bundestag Drucksache 11/7421, S. 3), mit dem umfassende weitere Reformagenden aufgegriffen werden sollten. Die DVJJ hatte nach der Ankündigung des 2. JGG-Änderungsgesetzes eine Reformkommission eingesetzt, die ihre Ergebnisse zum 22. JGT 1992 vorlegte.

Die Wiedervereinigung, erhebliche Probleme bei der Gestaltung von Justiz und Jugendhilfe in den neuen Ländern, deutlich steigende Kriminalitätszahlen, dramatische Fälle von Delikten mit fremdenfeindlichem Hintergrund und die beginnende Debatte um Verschärfung nicht nur des Jugendstrafrechts[14] ließen die Überlegungen ins Leere laufen. Es sollte 2007 werden bis zur Verabschiedung eines 2. JGG-Änderungsgesetzes. Dieses enthielt allerdings keine umfassende Reform, keinen der damals genannten Punkte, sondern vor allem die ausdrückliche Aufnahme des Erziehungsgedankens in das JGG.[15]

Der rund 750 Seiten umfassende Tagungsband des 22. JGTs enthält alle Vorträge sowie die Thesen und Ergebnisse der Arbeitskreise. Die Struktur dieses JGTs orientierte sich zu weiten Teilen an der Struktur der Ergebnisse der DVJJ-Reformkommission, die umfassend beleuchtet wurden. Die Themenblöcke betrafen sehr konkrete Themen, sodass Grundfragen der Ausrichtung des JGGs, also auch nach dem Erziehungsbegriff in diesem Kontext, zur Spra-

---

13 Erstes Gesetz zur Änderung des Jugendgerichtsgesetzes (1. JGGÄndG) vom 30. August 1990 (BGBl. I S. 1853).
14 Instruktiv hierzu die unterschiedlichen Akzentsetzungen der damaligen Bundesjustizministerin und der Bayerischen Staatsministerin der Justiz in ihren Grußworten (Leutheusser-Schnarrenberger 1996; Berghofer-Weichner 1996).
15 Zweites Gesetz zur Änderung des Jugendgerichtsgesetzes und anderer Gesetze vom 13.12.2007 (BGBl. I S. 2894). Anlass war der im Rahmen der Föderalismusreform erfolgte Übergang der Gesetzgebungskompetenz vom Bund auf die Länder, der erforderlich machte, entsprechende Regelungen aus dem JGG zu entfernen.

che kamen, obwohl die Reformkommission in den von Prof. Dr. Schüler-Springorum, Vorsitzender der Reformkommission, vorgestellten Vorbemerkungen zu ihrem Bericht den Erziehungsgedanken ausdrücklich und vor allem dafür kritisiert hatte, dass er keinerlei klare Orientierung liefere: »Das Erziehungsargument ist offenbar gleichermaßen geeignet, weiche und harte Gangarten zu begründen« (Schüler-Springorum 1992, S. 5).

Das erste Eröffnungsreferat des 22. JGT hielt Prof. Dr. Reinhard Lempp, Facharzt für Kinder- und Jugendpsychiatrie und Professor an der Universität Tübingen, zur allgemeinen Frage »Hilfe – Erziehung – Strafe – Was brauchen junge Straftäter?«. Seine breit angelegten Überlegungen bezogen sich nicht auf gesetzliche Regelungen, sondern gingen vor allem von den betroffenen jungen Menschen und ihren Bedürfnissen aus; zudem problematisierte der Referent die Anfälligkeit positiv konnotierter Begriffe wie Erziehung und Hilfe:

»Die Erziehung im Strafrecht, so wie sie auch im Jugendgerichtsgesetz gemeint ist, geht von einem falschen Erziehungsbegriff aus, von einem Erziehungsbegriff, der die notwendige positive Emotionalität im Zusammenhang mit Erziehung außer Betracht läßt, weil in der Regel eine positive Beziehung weder vorhanden ist noch durch Mittel des Strafrechts hergestellt werden kann. Die Strafe im Strafrecht, auch im Jugendstrafrecht kann allenfalls Dressur bewirken« (Lempp 1996, S. 34). Weiter führte er aus: »Man hat allerdings auch die Hilfe vielfach ebenso mißverstanden wie die Erziehung, schon deshalb, weil viele aus naheliegenden Gründen meinten, auch eine Strafe könne eine Hilfe sein. [...] Hilfe ist eine Form des Dienstes aneinander und die Erziehung ist nichts anderes, als eine Hilfe des Älteren für den Jüngeren, die nur dem Jüngeren dienen will, ohne eigene Bedürfnisse dabei zu befriedigen« (Lempp 1996, S. 44).

Im Anschluss, als zweiten Eröffnungsvortrag, stellte Prof. Dr. Horst Schüler-Springorum, Professor für Strafrecht in München und Vorsitzender der Reformkommission, deren Ergebnisse vor und konstatierte zum Schluss:

»Viele werden registriert – und vielleicht vermißt – haben, daß ein notorischer Mittel-zum-Zweck-Begriff des Jugendstrafrechts in den Angeboten dieser Einführung gänzlich fehlt: die Erziehung. Zu ihr nämlich ist mir rein gar nichts eingefallen, was zahlreiche Autoren in jüngerer und jüngster Zeit nicht bereits sehr viel besser, als ich es könnte, hin- und hergewendet haben; sie bleibt daher der ab sofort einsetzenden Diskussion dieser Tagung ausgeliefert« (Schüler-Springorum 1996, S. 54).

Im dritten Eröffnungsvortrag »Jugend im sozialen Rechtsstaat – Für ein neues Jugendgerichtsgesetz« machte Rainer Robra, Rechtsanwalt, den Erziehungsgedanken zum Thema:

»Die insbesondere von der Unterkommission IV verfochtene Aufgabe des Erziehungsgedankens als zentrale Leitkategorie für die Rechtfolgenbestimmung gehört in diesen Kontext, wenn sie auch auf etwas anderer Ebene liegt. Es mag Einzelfälle geben, in denen das Erziehungsprinzip zur Überschreitung der schuldangemessenen Strafe geführt und damit konkret eine Schlechterstellung des jungen Straftäters bewirkt hat. Insgesamt aber hat sich die Verankerung des Jugendstrafrechts im zu Gelassenheit und Toleranz mahnenden Erziehungsgedanken eher limitierend ausgewirkt und gerade bei empörend brutalen Straftaten Jugendlicher verhindert, daß allein tatschuldbezogene Erwägungen die Strafzumessungsentscheidungen bestimmt haben. Ein Verzicht darauf würde die Praxis in eine Richtung lenken, die von der Mehrheit der Mitglieder der DVJJ sicher nicht gemeint ist« (Robra 1996, S. 64).

Ausführlich griffen Dr. Bernd Maelicke, Ministerialdirigent, Justizministerium Schleswig-Holstein, und Prof. Dr. Hans-Joachim Plewig in einem den Arbeitskreisen vorangestellten Referat Grundsatzfragen auf und bezogen sich stark auf eine erste Diskussionsfassung eines viel beachteten Positionspapiers, das 1993 unter dem Titel »Jugend ohne Zukunft? Befähigen statt Strafen. Diskussionspapier der AWO-Kommission Jugendhilfe und Jugendkriminalrecht« veröffentlicht wurde. In diesem wurde, so Dr. Maelicke und Prof. Dr. Hans-Joachim Plewig, die »Abschaffung des Erziehungs-Konzeptes im JGG« (Maelicke/Plewig 1996, S. 68) gefordert. In ihrem Vortrag führten sie dazu aus:

»Nach über hundert Jahren ist es angebracht, die polemische Zuspitzung des Schulenstreits der Rechtsgeschichte zu überlassen und jenseits von Präventions- und/oder Vergeltungsdenken eine sinnvolle Abgrenzung der Aufgaben von Erziehung auf der einen und Strafjustiz auf der anderen Seite vorzunehmen. [...] Der Erziehungsgedanke im Jugendstrafrecht basiert auf einem gedanklichen Konzept, das repressive und helfende Aufgaben verknüpft und damit beide Institutionen, die Jugendhilfe ebenso wie die Strafjustiz, überfordert und überlastet« (Maelicke/Plewig 1996, S. 82).

Weiter konstatierten sie:

»Die Strafjustiz hat sich als Erziehungsträger für strafauffällige Jugendliche und Heranwachsende vor dem Hintergrund hoher Rückfallquoten, insbesondere nach freiheitsentziehenden Maßnahmen, immer mehr als ungeeignet erwiesen. Dieses ist zum einen darin begründet, daß der Jugendrichter bedingt durch seine Stellung im Strafverfahren kein Erzieher im eigentlichen Sinne sein kann. Zum anderen liegen die Ursachen im Jugendstrafrecht selbst, das in der Verknüpfung von Erziehung und Strafe eine neue Qualität suchte, aber nicht fand« (S. 85).

Kritisch gegenüber dem Erziehungsgedanken fällt auch der Bericht des damaligen DVJJ-Vorsitzenden Prof. Dr. Christian Pfeiffer über die Ergebnisse einer Unterkommission der Reformkommission aus:

»Die oben in den einleitenden Vorbemerkungen von Schüler-Springorum angesprochene Fehlentwicklung des Jugendstrafrechts ist auch eine Folge davon, daß der Gesetzgeber nahezu alle jugendstrafrechtlich vorgesehenen Maßnahmen unter dem Oberbegriff der Erziehung subsumiert hat. Der *Erziehungsgedanke* [Hervorhebung im Original] hat durch diese inflationäre Verwendung einer gefälligen, pädagogischen Terminologie sein Potential weitgehend eingebüßt, zur Begrenzung von Normsetzung und Normanwendung beizutragen. Er ist zu einer gefährlich unbestimmten Leerformel geworden, die nicht mehr erkennen läßt, daß sich hinter den Begriffen Hilfe und Erziehung oft Strafe verbirgt, die weit über das hinausgeht, was nach dem Schuldprinzip des allgemeinen Strafrechts zu erwarten wäre. Ein Ziel der Reform des Jugendkriminalrechts sollte deshalb sein, dem Erziehungsgedanken im Rahmen des Jugendkriminalrechts klare, von der Pädagogik her definierte Konturen zu vermitteln. Dies bedeutet gleichzeitig, daß ihm nicht mehr die Funktion des alleinigen, das gesamte Jugendkriminalrecht beherrschenden Leitprinzips zukommen kann« (Pfeiffer 1996, S. 515).

Eine klare Position im Sinne der positiven Effekte des Erziehungsgedankens findet sich bei Prof. Dr. Reinhard Böttcher, Präsident des Oberlandesgerichts Bamberg, in einem ebenfalls den Arbeitskreisen vorgelagerten Vortrag:

»Ich frage mich – auch hier – ob die Realitäten in der Gesellschaft nicht falsch eingeschätzt werden, wenn man dem Erziehungsgedanken letztlich sanktionsverschärfende Wirkung zuschreibt. […] Wenn es darum geht, ein gewisses Verständnis, eine gewisse Nachsicht für Straftaten junger Menschen einzuwerben, war und ist nach meiner Einschätzung der Erziehungsgedanke wirksamer als der Hinweis auf Tatproportionalität und Verhältnismäßigkeit« (Böttcher 1996, S. 549).

Die Struktur des JGTs sah keine übergeordneten Beschlüsse oder dergleichen vor, daher sind die dokumentierten Beschlüsse der einzelnen Arbeitskreise entsprechend deren Themenstellungen eher konkret und kleinteilig und nicht aufeinander abgestimmt. Grundsätzliches zur Erziehung wird hier nicht thematisiert.

6 Die Jugendgerichtstage seit 1995: Verteidigung des Erziehungsgedankens als Leitprinzip des Jugendstrafrechts

Die sich bereits 1992 andeutende Veränderung des kriminalpolitischen Klimas zeigt sich – bis heute – auf den folgenden Jugendgerichtstagen. Rufe nach Strafverschärfungen im allgemeinen Strafrecht und auch im Jugendstrafrecht[16] – befeuert durch die Darstellung von Jugendkriminalität in den Medien – rücken immer mehr in den Fokus. Dies verändert auch die Diskussionen um Erziehung und den Erziehungsgedanken hin zu einer Verteidigung der zuvor lang erstrittenen Aspekte und Entwicklungen und einer stärkeren Befassung mit allgemeineren gesellschaftspolitischen und nicht unmittelbar das Jugendstrafrecht im engeren Sinne betreffenden Themen.

Deutlich wurde dies bereits auf dem 23. JGT von 1995 mit dem Titel »Sozialer Wandel und Jugendkriminalität. Neue Herausforderungen für Jugendkriminalrechtspflege, Politik und Gesellschaft«, der in Potsdam stattfand. Schon im Vorwort führte Hartmut Pfeiffer aus, dass dieser JGT geprägt war von der Darstellung »der Kriminalität, insbesondere Gewalttaten junger Menschen in den Massenmedien und der Politik auf Bundes-, Landes- und kommunaler Ebene« (Pfeiffer 1997, S. 5). Dies wurde zum Anlass genommen, aus verschiedenen Perspektiven auf Erziehung, den Erziehungsgedanken und das Verhältnis zur Strafe zu blicken.

Am Ende des Eröffnungsvortrags »Sozialer Wandel und Jugendkriminalität« betonte Prof. Dr. Detlev Frehsee, Universität Bielefeld, dass es wichtig sei, die Positionen des Jugendstrafrechts, insbesondere Erziehung als Prinzip des Jugendstrafrechts, gegen den steigenden Druck »von außen« und Forderungen nach Verschärfungen zu verteidigen:

---

16 Vgl. hierzu z. B. Kölbel (2021) mit einer Liste der Änderungen seit 1990.

»Unter quantitativ und qualitativ sich steigernden Anforderungen wird das Jugendstrafrecht gezwungen sein, sich grundsätzlich seiner Stellung und Funktion, seiner Wirkungspotentiale und Wirkungsgrenzen zu versichern und sich deutlicher darauf zu besinnen, was denn eigentlich das Strafrechtliche ist am Jugendstrafrecht – etwa die Bewahrung des Beschuldigten vor unangemessenen Sanktionierungsbedürfnissen und Einwirkungsinteressen. Es wird weniger um die Frage gehen, ob das Jugendstrafrecht die Last der Erziehungsaufgabe abwerfen muß, als vielmehr darum, einen Erziehungsbegriff zu konkretisieren, der überhaupt für Strafrecht operabel ist. Es wird nötig sein, die originär zuständigen gesellschaftlichen Institutionen stärker in die Pflicht zu nehmen und konstruktive Kooperationsweisen zu entwickeln. Dabei kann es natürlich nicht darum gehen, das Jugendstrafrecht zu einem Repressionsinstrumentarium zu verschlanken, sondern darum, dem aus steigendem Kriminalitätsdruck wachsenden Risiko nach rückwärts gewandter repressiver Tendenzen gerade entgegenzutreten. Das Jugendstrafrecht muß sich durch eigene Wandlungsbereitschaft dem sozialen Wandel stellen« (Frehsee 1997, S. 38).

Auch Prof. Dr. Thomas Trenczek, Universität Jena, befasste sich in seinem Vortrag »Handlungsfelder und Verantwortlichkeiten im Spannungsfeld von KJHG und JGG« mit der Frage der Umsetzung von Erziehung im Strafrecht – auch mit Blick auf die unterschiedlichen Akteure und deren Sichtweisen. Gleich zu Beginn seines Vortrags führte er dazu aus:

»Dabei bleibt die Justiz bisher meist einer justitiellen Sichtweise sozialpädagogischer Aufgaben verhaftet. ›Erziehung‹ und sozialpädagogische Angebote werden meist nur als ›funktionale Äquivalente‹ zur Strafe akzeptiert und (taxenmäßig) instrumentalisiert« (Trenczek 1997, S. 340).

Im Weiteren erläuterte er zur Bedeutung des Erziehungsgedankens:

»Der ›Erziehungsgedanke‹ mag als eine heute vielleicht nicht mehr ganz adäquate Umschreibung für die spezifisch jugendstrafrechtliche Verpflichtung zur Zurückhaltung angesehen werden. Vor dem Hintergrund des Grundgesetzes ist es aber möglich, diesen Erziehungsbegriff rechtsstaatlich auszufüllen« (S. 345).

In seinem Vortrag »Jugendkriminalität und soziale Kontrolle« stellte Prof. Dr. Michael Walter, Kriminalwissenschaftliches Institut der Universität Köln, zunächst die Frage wie viel dem Erziehungsgedanken wirklich zugetraut wird, »wenn es – wie hier – um schwerwiegende Störungen des sozialen Zusammenlebens geht?« (Walter 1997, S. 293). Am Ende seiner Überlegungen führt er diesbezüglich aus, wie seiner Meinung nach Erziehung im Strafrecht – auch mit Blick auf neue Herausforderungen – verstanden werden muss:

> »In Diskussionen über den Umgang mit den genannten Tätergruppen tritt die Dysfunktionalität eines zu sehr pädagogisch aufgeladenen und zu anspruchsvollen Erziehungsgedankens hervor. Erziehung muß [...] im Kontext des Kriminalrechts als jugendgemäße Rücknahme strafrechtlicher Repression und als Wahrnehmung der persönlichen Bedürfnislagen junger Menschen verstanden werden [...]. Bei diesem Verständnis setzt sie einerseits nicht den besonderen Fall eines Erziehungsnotstandes voraus, andererseits greift Erziehung auch dort lindernd ein, wo das Strafrecht aus überindividuellen Aspekten heraus den einzelnen erfaßt und in seiner Persönlichkeitssphäre trifft« (Walter 1997, S. 297).

Auch Prof. Dr. Karl F. Schumann, Universität Bremen, befasste sich in seinem Vortrag »Visionen im Umgang mit Jugendkriminalität« mit dem Erziehungsgedanken sowie dem Verhältnis von Erziehung und Strafe und führte dazu zunächst aus:

> »Der größte Fehler, den man auf der Suche nach Visionen im Jugendstrafrecht machen kann, besteht darin, das Verhältnis von Erziehung und Strafe neu zu bestimmen. Beide Begriffe bezeichnen etwas so Verschiedenes, daß jede Bemühung um Austarierung mißlingen muß. Welche gedanklichen Pirouetten sind hierzu nicht schon getanzt worden! Welche pädagogische Hintergründigkeit hat sich mittlerweile entwickelt!« (Schumann 1997, S. 658). Am Ende dieser Überlegungen fasste er zusammen: »Erziehung kann den Zugriff staatlicher Strafe begrenzen, nicht aber inhaltlich füllen oder gestalten. Wenn man beide Begriffe in einem Satz verwenden will, dann nur so: Erziehung ohne Strafe, d.h. ohne staatliche Strafe« (Schumann 1997, S. 658). Im Fazit zu seinem Vortrag kritisierte Prof. Dr. Schumann die DVJJ-Kommission für ihr »[...] Festhalten an der Fiktion, Strafe und Erziehung könne man in ein ausgewogenes Verhältnis zueinander bringen, das die Kontraproduktivität von staatlicher Strafe im Erziehungsprozeß aufzuheben vermag« (S. 668).

Das Thema der medialen Darstellung von Jugendkriminalität setzte sich auf dem folgenden 24. JGT 1998 in Hamburg fort. Dieser JGT fiel in die Zeit kurz vor den Bundestageswahlen und, so Dr. Theresia Höynck in ihrem Vorwort, als »Wahlkampfthema erreichte die öffentliche bzw. medial geführte Debatte um Jugendkriminalität immer wieder neue Höhepunkte« (Höynck 1999, S. 5). Den Schwerpunkt bildeten Debatten zur Lebenssituation junger Menschen, das Prinzip Erziehung im JGG wurde vor allem aus Anlass rückblickender Überlegungen zum Jubiläum »75 Jahre Jugendgerichtsgesetz« zum Thema gemacht.

Vor dem Hintergrund repressiver Tendenzen resümierte Lukas Pieplow, Rechtsanwalt, in seinem Vortrag »Nach 75 Jahren JGG – Was bleibt vom Erziehungsgedanken?«:

»Der Gesetzesbegriff ›Erziehung‹ im JGG darf nicht mit Pädagogik verwechselt werden. Er ist nicht korruptionsfest, wie jede juristische Begrifflichkeit. Er hat das überkommene Strafrecht ein erhebliches Stück in seine Schranken verwiesen. Ob er auf diesem Weg weiter fruchtbar sein kann, ist unsicher. Gewichtig bleibt, daß in der jüngeren Vergangenheit Angriffe auf die Reformsubstanz unter Rückgriff auf das Erziehungsanliegen begrenzt oder zurückgewiesen werden konnten« (Pieplow 1999, S. 532).

Der gleichen Frage »Was bleibt vom Erziehungsgedanken?« widmete sich im darauffolgenden Vortrag auch Frank Heiner Weyel, Diplompädagoge, Landesjugendamt Hessen, und stellte einleitend fest: »Der Erziehungsgedanke verliert derzeit in der Jugendstrafrechtspraxis seinen ideologischen Ballast« (Weyel 1999, S. 533). Zum Ende des Vortrags kam Weyel zurück auf diese Behauptung und führte zur zukünftigen Perspektive aus: »Jetzt wird sich entscheiden, ob die Zukunft der Repression gehört, oder – wie ich hoffe – einem rationalen und nüchternen Umgang mit dem, was wir unter Erziehung verstehen« (S. 543).

Auch auf dem 26. JGT, der vom 25. bis 28. September 2004 in Leipzig unter dem Titel »Verantwortung für Jugend« stattfand, lässt sich die »Verteidigungshaltung« jugendstrafrechtlicher Positionen sehr deutlich erkennen: Schon im Vorwort wird auf aktuelle »rechtspolitische Entwicklungen und Klimaveränderungen« (Goerdeler 2006, S. 5) hingewiesen.[17] Prof. Dr. Winfried Hassemer, damals Vor-

---

17 Die Dominanz dieses Verteidigungsklimas lässt sich auch daran erkennen, dass die Ergebnisse der 2. Jugendstrafrechtsreform-Kommission der DVJJ 2002 auf diesem JGT ebenso wenig zum Thema gemacht wurden, wie die Debatte des Juristentages 2002. Die Reformkommission 2002 hatte sich zwar ausdrücklich zum Erziehungsgedanken bekannt, diesen aber nicht in einen Formulierungsvorschlag für einen § 1 JGG aufgenommen, sondern lediglich umschrieben (2. Jugendstrafrechtsreform-Kommission 2002). Beim Juristentag 2002 wurden Vorschläge zur Abschaffung des Erziehungsgedankens deutlich zurückgewiesen. Sämtliche Diskussionsbeiträge sind wörtlich protokolliert und veröffentlicht (Ständige Deputation des Deutschen Juristentages 2003). Eine Zusammenfassung nicht nur zur Frage der unterschied-

sitzender des zweiten Senats und Vizepräsident des Bundesverfassungsgerichts, führte in seinem Eröffnungsvortrag »Jugend im Strafrecht« aus:

»Das Jugendstrafrecht liegt derzeit unter schwerem Beschuss. Die Kritik will eine Annäherung des Jugendstrafrechts an das Erwachsenenstrafrecht und einen Abbau traditioneller Differenzierungen; sie bedient sich radikaler Vereinfachungen und verweist auf empörende Einzelfälle. Wissenschaft und Praxis des Jugendstrafrechts müssen dieser Kritik begegnen und die guten Traditionen des Jugendstrafrechts neu bestimmen; zu diesen Traditionen gehört auch der Erziehungsgedanke« (Hassemer 2006, S. 58).

In der abschließenden Zusammenfassung zum JGT 2004 verwies Prof. Dr. Bernd-Rüdeger Sonnen darauf, dass es »also einmal mehr darum [geht], Positionen zu verteidigen« (Sonnen 2006, S. 545).

Im Kontext weiterer Strafverschärfungen griff Prof. Dr. Bernd Dollinger, Universität Siegen, in seinem Vortrag auf dem 28. JGT 2010 in Münster mit dem Titel »Achtung (für) Jugend! Praxis und Perspektiven des Jugendkriminalrechts« den Abschlussvortrag von 2007 auf und ergänzte:

»Im Gegenteil zeigen die Strafverschärfungen und die kriminalpolitischen Rhetoriken der letzten Jahre, dass der Erziehungsbegriff im Sinne einer Disziplinierung und einer Logik der Vergeltung eingesetzt zu werden droht, während gleichzeitig das Interesse an Resozialisierung und der Förderung persönlicher Entwicklung tendenziell geringer wird. Kriminalpolitische Akteure halten sich nicht etwa zurück, um ernsthaften pädagogischen Erziehungsvorstellungen Raum zu gewähren, sondern inszenieren pädagogisch eher unbelastete Erziehungskonzepte. Damit ist zum entscheidenden Punkt vorzustoßen, nämlich zu der Frage, warum dies so ist. Warum hat die Pädagogik derzeit kaum eine Chance im Jugendstrafrecht?« (Dollinger 2012, S. 410 f.).

Dazu führte Dollinger weiter aus:

»Wenn dennoch ›Erziehung‹ gefordert wird, um auf jugendliche Kriminalität zu antworten, dann ist dies allerdings – immerhin – nicht nur missverständlich. Möglicherweise bietet sich auch eine Chance zur Kritik an aktuellen Ent-

---

lichen Positionen zum Erziehungsgedanken findet sich bei Schöch (2003); siehe jüngst auch Pieplow (2022a) zur immer noch aktuellen Diskussion darüber, ob der Begriff reformerisch oder überholt ist.

wicklungen und Strafverschärfungen. Denn es ist festzustellen, dass die Pädagogik sich ausgiebig mit dem Problem von Kriminalität und Strafe befasst hat. Es hat letztlich nie an der Möglichkeit gemangelt, sich aus kriminalpolitischer und strafjustizieller Sicht an Erziehungsbegriffen zu orientieren, die pädagogisch verantwortlich konzipiert waren, selbst wenn von dieser Möglichkeit bislang eher wenig Gebrauch gemacht wurde« (S. 420).

Prof. Dr. Horst Viehmann beschrieb die besondere Rolle des Erziehungsgedankens in seinem Abschlussvortrag mit dem Titel »Die Große Illusion« wie folgt:

»In meiner aktiven Zeit im Bundesministerium der Justiz war die Teilnahme an Jugendgerichtstagen für mich immer eine Art intellektueller Kuraufenthalt. Ich arbeitete damals in der Strafrechtsabteilung des Ministeriums, wo es ein Referat für Jugendkriminalrecht, aber eine ganze Reihe für Strafrecht gab, und der Jugendrechtler so etwas wie ein Exot unter den Experten des traditionellen Strafrechts war. Natürlich wird man von dem Gedankengut ringsum beeinflusst, und manches Mal habe ich gezweifelt, ob die uns geläufigen Erkenntnisse zur Jugendkriminalität und zum Jugendstrafrecht denn tatsächlich richtig sind, ob wir und das Jugendgerichtsgesetz mit dem Erziehungsgedanken das richtige Paradigma im Gegensatz zum Allgemeinen Strafrecht haben« (Viehmann 2012, S. 613).

In den abschließenden Leitthesen führte Prof. Dr. Theresia Höynck zusammenfassend aus: »Das Jugendstrafrecht ist in seinen Grundgedanken gut und richtig. Der den Geist des Jugendstrafrechts zusammenfassende Erziehungsgedanke muss in jeder jugendstrafrechtlichen Entscheidung in jedem Verfahrensstadium beachtet werden« (Höynck 2012, S. 635).

Auf dem 30. JGT, der vom 14. bis 17. September 2017 in Berlin stattfand, wurde unter dem Titel »Herein-, Heraus-, Heran- – Junge Menschen wachsen lassen« das hundertjährige Bestehen der DVJJ gefeiert. Dieses Jubiläum wurde u. a. dafür genutzt, einen Blick zurückzuwerfen auf geführte Diskussionen – auch zum Verhältnis von Erziehung und Strafe.[18] Im Abschlussvortrag »Jugendstrafrecht – Ultima Ratio der Sozialkontrolle junger Menschen. Falsche Straferwartungen und ›richtiges Strafen‹« griff Prof. Dr. Heribert Ostendorf den »politisch-medialen Verstärkerkreislauf« (Ostendorf 2019, S. 660) erneut auf und verwies für die Frage nach »richtigem« Strafen auf das Ziel des Jugendstrafrechts. Er kommt zu dem

---

18 Eine ausführliche Auseinandersetzung mit der Geschichte des Jugendstrafrechts findet sich im Tagungsband zum 30. JGT 2017 (DVJJ 2019).

Fazit: »Abschließend müssen wir uns eingestehen, dass wir manchmal hilflos sind und es eigentlich keine ›richtige‹ Entscheidung über die Strafe gibt« (S. 678).

Der 31. JGT fand vom 16. bis 18. September 2021 mit rund 400 Teilnehmenden unter dem Titel »Jugend, Recht und Öffentlichkeit – Selbstbilder, Fremdbilder, Zerrbilder« in einem ungewöhnlichen Rahmen statt: Zunächst wurde er aufgrund der Coronapandemie von September 2020 auf September 2021 verschoben und musste dann wegen der anhaltenden Pandemie online stattfinden. Daher wurde ein Schwerpunkt auf praxisorientierte kleinere Arbeitskreise gelegt. Die Plenarvorträge rankten sich um die öffentliche Wahrnehmung und Darstellung von Jugendstrafrecht und die Bedeutung dieser Debatten für Praxis und Politik. Auch wenn Grundsatzfragen zur Frage der Rolle von Erziehung im Jugendstrafrecht nicht im Fokus standen, waren sie – wie auf jedem JGT – Thema.

So führte auch Dr. Anne Kaplan, TU Dortmund, in ihrem Vortrag zum Jugendarrest aus, dass die Bedeutung von »Erziehung« im Jugendstrafrecht noch nicht geklärt sei (S. 404). Sie betonte unter Verweis auf Bettinger (2015, S. 170), dass

»[...] zunächst einmal die Fragen vorangehen sollten, um was für Erziehungsvorstellungen es sich im Jugendgerichtsgesetz eigentlich handelt, und ob diese strafrechtlichen Vorstellungen von Erziehung überhaupt vereinbar sind mit Erziehungs- und Bildungsvorstellungen einer selbstbestimmten, gegenstandsbezogenen und theoretisch fundierten Sozialen Arbeit‹ [...].«

Und fuhr fort: »Insofern besteht die grundlegende Herausforderung, dass der juristische ›Erziehungs‹gedanke und erziehungswissenschaftliche Interpretationen von ›Erziehung‹ nicht (immer) deckungsgleich sind.« (Kaplan 2022, S. 404 f.)

Die Diskussionen um Erziehung und den Erziehungsgedanken im Jugendstrafrecht werden uns weiterhin beschäftigen, das hat auch der 32. Deutsche Jugendgerichtstag 2023 gezeigt. Dieser fand vom 15. bis 18. September 2023 in dem Jahr statt, in dem das JGG 100 Jahre alt wurde.[19] Der Tagungsband zum JGT 2023 wird 2024 erscheinen.

---

19 Auch in Vorbereitung auf den JGT 2023 wurde auf dem im März 2022 durchgeführten Expert*innen-Workshop der Erziehungsgedanke aus verschiedenen – historischen, rechtswissenschaftlichen und erziehungswissenschaftlichen – Perspektiven genauer in den Blick genommen. Ziel des Workshops war es, den disziplinenübergreifenden Austausch zum Erziehungsgedanken voranzutreiben und neue Diskussionsanstöße für tiefergehende Auseinandersetzungen zu geben. Die Vorträge sind teilweise in Heft 3/2022 und Heft 4/2022 der Zeitschrift für Jugendkriminalrecht und Jugendhilfe (ZJJ) abgedruckt.

7 Ausblick

Der höchst selektive und lückenhafte Streifzug durch die Thematisierungen von Erziehung auf den Deutschen Jugendgerichtstagen zeigt ein facettenreiches Bild. Die Diskussion hat sich im Laufe der Jahre immer wieder verändert, Grundsatzfragen bleiben ungelöst, ihre Lösung wird mit unterschiedlicher Vehemenz eingefordert. Die Frage nach Abschied vom Erziehungsgedanken, einer Verbannung von Erziehung aus dem Jugendstrafrecht, ist allerdings erfreulicherweise seit vielen Jahren kein bedeutsamer Topos mehr. Hierzu hat sicher die gesetzgeberische Entscheidung von 2007 beigetragen und möglicherweise auch die Tatsache, dass Erziehung als zentrales Element des Jugendstrafrechts inzwischen in zahlreichen internationalen Regelwerken genannt wird.[20]

Die digital frei verfügbaren Dokumentationen der Jugendgerichtstage seit 1909 sind ein bisher kaum erschlossener Schatz an Zeugnissen des Wandels von Gesetzen, Institutionen, Personen, Tagungs- und Debattenkulturen um das Jugendstrafrecht und seine Praxis im weitesten Sinne. Die Frage der Bedeutung von Erziehung im Jugendstrafrechtssystem und der praktischen Implikationen des Verständnisses von Erziehung im Jugendstrafrecht ist hierbei ein zentrales, viele konkrete Fragen durchziehendes Thema. Prof. Dr. Rudolf Sieverts Prognose auf dem JGT 1968 (vgl. Kapitel 4), dass die damit verbundenen Spannungen »auch in Zukunft immer wieder auftreten werden« (Sieverts 1969b, S. 178), ist jedenfalls bisher zutreffend gewesen. Viel spricht dafür, dass es trotz der über 100 Jahre währenden Auseinandersetzung anregend bleiben wird, sodass – wie von Prof. Dr. Horst Viehmann in seinem Abschlussvortrag auf dem 28. Deutschen Jugendgerichtstag – über Jugendgerichtstage hoffentlich auch weiterhin zu bilanzieren sein wird: »Ich fühlte mich dann wie ein der jungen Moderne zugewandter bunter Vogel inmitten eines eher grauen Umfeldes und gestärkt für die nächsten drei Jahre« (Viehmann 2012, S. 613).

Literatur

2. Jugendstrafrechtsreform-Kommission (2002): Abschlussbericht. DVJJ-Journal 3/2002. Mitgliederrundbrief der DVJJ Nr. 177 – September 2002, S. 227–267.
Aden-Grossmann, W. (2007): Berthold Simonsohn. Biographie des jüdischen Sozialpädagogen und Juristen (1912–1978). Frankfurt a. M.
Becker, W. (1969): Zusammenfassender Bericht über die Beratungen des Arbeitskreises V – Probleme der Jugendkriminalrechtspflege im Lichte des Rechts. In: Deutsche Vereinigung für

---

20 Für einen Überblick hierzu siehe Höynck, Neubacher, Ernst und Zähringer (2020).

Jugendgerichte und Jugendgerichtshilfen e. V. (DVJJ) (Hg.): Die Jugendkriminalrechtspflege im Lichte der kriminologischen Forschung – Erfahrungen, Erkenntnisse, Konsequenzen. Bericht über die Verhandlungen des 14. Deutschen Jugendgerichtstages in Braunschweig vom 3. bis 5. Oktober 1968 (S. 155–161). Hamburg.

Berent, M. (1922): Weibliche Schöffen. In: Deutsche Zentrale für Jugendfürsorge (Hg.): Die Verhandlungen des fünften deutschen Jugendgerichtstags in Jena 1920 nebst den bisherigen Entwürfen für ein deutsches Jugendgerichtsgesetz (S. 54–58). Berlin.

Berghofer-Weichner, M. (1996): Ansprache der Stellvertreterin des Bayerischen Ministerpräsidenten und Bayerischen Staatsministerin der Justiz. In: Deutsche Vereinigung für Jugendgerichte und Jugendgerichtshilfen e. V. (DVJJ) (Hg.): Jugend im sozialen Rechtsstaat – Für ein neues Jugendgerichtsgesetz. Dokumentation des 22. Deutschen Jugendgerichtstages vom 26. bis 30. September 1992 in Regensburg (S. 25–27). Bonn.

Bettinger, F. (2015): Wider die Unterordnung Sozialer Arbeit unter die Logiken des Jugendstrafrechts. In: B. Redmann/M. Hußmann (Hg.): Soziale Arbeit im Jugendarrest (S. 144–180). Weinheim.

Böttcher, R. (1996): Wieviel Strafe braucht die Jugend? In: Deutsche Vereinigung für Jugendgerichte und Jugendgerichtshilfen e. V. (DVJJ) (Hg.): Jugend im sozialen Rechtsstaat – Für ein neues Jugendgerichtsgesetz. Dokumentation des 22. Deutschen Jugendgerichtstages vom 26. bis 30. September 1992 in Regensburg (S. 543–549). Bonn.

Deutsche Vereinigung für Jugendgerichte und Jugendgerichtshilfen e. V. (DVJJ) (Hg.) (1955): Neue Wege zur Bekämpfung der Jugendkriminalität. Beiträge zur Durchführung des Jugendgerichtsgesetzes der Deutschen Bundesrepublik vom 4. August 1953. Köln/Berlin.

Deutsche Zentrale für Jugendfürsorge (Hg.) (1922): Die Verhandlungen des fünften deutschen Jugendgerichtstags in Jena 1920 nebst den bisherigen Entwürfen für ein deutsches Jugendgerichtsgesetz. Berlin.

Deutscher Bundestag (1990): Beschlussempfehlung und Bericht: Entwurf eines Ersten Gesetzes zur Änderung des Jugendgerichtsgesetzes (1. JGGÄndG), Drucksache 11/7421 v. 19.6.1990. Bonn.

Dollinger, B. (2012): »Konrad, sprach die Frau Mama ...«. Keine Chance für die Pädagogik im Jugendstrafrecht? In: Deutsche Vereinigung für Jugendgerichte und Jugendgerichtshilfen e. V. (DVJJ) (Hg.): Achtung (für) Jugend! Praxis und Perspektiven des Jugendkriminalrechts. Dokumentation des 28. Deutschen Jugendgerichtstages vom 11.–14. September 2010 in Münster (S. 407–425). Mönchengladbach.

DVJJ (Hg.) (2019): Herein-, Heraus-, Heran- – Junge Menschen wachsen lassen. Dokumentation des 30. Deutschen Jugendgerichtstages vom 14. bis 17. September 2017 in Berlin. Mönchen-gladbach.

Felisch, P. E. A. (1909): Gesetzgeberischer Ausblick. In: Deutsche Zentrale für Jugendfürsorge (Hg.): Verhandlungen des ersten Deutschen Jugendgerichtstages, 15. bis 17. März 1909 (S. 85–99). Berlin/Leipzig.

Frehsee, D. (1997): Sozialer Wandel und Jugendkriminalität. In: Deutsche Vereinigung für Jugendgerichte und Jugendgerichtshilfen e. V. (DVJJ) (Hg.): Sozialer Wandel und Jugendkriminalität. Neue Herausforderungen für Jugendkriminalrechtspflege, Politik und Gesellschaft. Dokumentation des 23. Deutschen Jugendgerichtstages vom 23. bis 27. September 1995 in Potsdam (S. 15–43). Bonn.

Goerdeler, J. (2006): Vorwort. In: Deutsche Vereinigung für Jugendgerichte und Jugendgerichtshilfen e. V. (DVJJ) (Hg.): Verantwortung für Jugend. Dokumentation des 26. Deutschen Jugendgerichtstages vom 25.– 28. September 2004 in Leipzig (S. 5–6). Hannover.

Hassemer, W. (2006): Jugend im Strafrecht. In: Deutsche Vereinigung für Jugendgerichte und Jugendgerichtshilfen e. V. (DVJJ) (Hg.): Verantwortung für Jugend. Dokumentation des 26. Deutschen Jugendgerichtstages vom 25.–28. September 2004 in Leipzig (S. 31–61). Hannover.

Heinen, B. (1955): Das System der ambulanten Erziehung junger Rechtsberater im Jugendrecht. In: Deutsche Vereinigung für Jugendgerichte und Jugendgerichtshilfen e. V. (DVJJ) (Hg.): Neue Wege zur Bekämpfung der Jugendkriminalität. Beiträge zur Durchführung des Jugendgerichtsgesetzes der Deutschen Bundesrepublik vom 4. August 1953 (S. 149–163). Köln/Berlin.

Holzschuh, K. (1955): Die Praxis der ambulanten Erziehung junger Rechtsbrecher in Deutschland. In: Deutsche Vereinigung für Jugendgerichte und Jugendgerichtshilfen e. V. (DVJJ) (Hg.): Neue Wege zur Bekämpfung der Jugendkriminalität. Beiträge zur Durchführung des Jugendgerichtsgesetzes der Deutschen Bundesrepublik vom 4. August 1953 (S. 165–179). Köln/Berlin.

Höynck, T. (1999): Vorwort des Herausgebers. In: Deutsche Vereinigung für Jugendgerichte und Jugendgerichtshilfen e. V. (DVJJ) (Hg.): Kinder und Jugendliche als Opfer und Täter. Prävention und Reaktion. Dokumentation des 24. Deutschen Jugendgerichtstages vom 18. bis 22. September 1998 in Hamburg (S. 5–6). Mönchengladbach.

Höynck, T. (2012): Achtung (für) Jugend! Praxis und Perspektiven des Jugendkriminalrechts. Abschluss des 28. Deutschen Jugendgerichtstags. In: Deutsche Vereinigung für Jugendgerichte und Jugendgerichtshilfen e. V. (DVJJ) (Hg.): Achtung (für) Jugend! Praxis und Perspektiven des Jugendkriminalrechts. Dokumentation des 28. Deutschen Jugendgerichtstages vom 11.–14. September 2010 in Münster (S. 633–638). Mönchengladbach.

Höynck, T./Neubacher, F./Ernst, S./Zähringer, U. (Hg.) (2020): Internationale Menschenrechtsstandards und das Jugendkriminalrecht. Dokumente der Vereinten Nationen, des Europarates und der Europäischen Union. Mönchengladbach.

Kaplan, A. (2022): Überblick und Anmerkungen zum Jugendarrest. In: Deutsche Vereinigung für Jugendgerichte und Jugendgerichtshilfen e. V. (DVJJ) (Hg.): Jugend, Recht und Öffentlichkeit – Selbstbilder, Fremdbilder, Zerrbilder. Dokumentation des 31. Deutschen Jugendgerichtstages vom 16. bis 18. September 2021. Online-Veranstaltung (S. 403–418). Mönchengladbach.

Kleimann, T. (2013): Das Reichsjugendgerichtsgesetz vom 6.12.1943. Eine Fortführung des JGG 1923 oder Teil des NS-Strafrechts? Zeitschrift für Jugendkriminalrecht und Jugendhilfe, 24 (4), 397–407.

Kohlrausch, E. (1922): Die strafrechtliche und erzieherische Behandlung der Jugendlichen nach den neuen Gesetzentwürfen. In: Deutsche Zentrale für Jugendfürsorge (Hg.): Die Verhandlungen des fünften deutschen Jugendgerichtstags in Jena 1920 nebst den bisherigen Entwürfen für ein deutsches Jugendgerichtsgesetz (S. 1–14). Berlin.

Kölbel, R. (2021): Kriminologische Forschung zur (Jugend-)Strafgesetzgebung. Zeitschrift für Jugendkriminalrecht und Jugendhilfe, 32 (4), 307–316.

Lempp, R. (1996): Hilfe – Erziehung – Strafe – Was brauchen junge Straftäter? In: Deutsche Vereinigung für Jugendgerichte und Jugendgerichtshilfen e. V. (DVJJ) (Hg.): Jugend im sozialen Rechtsstaat – Für ein neues Jugendgerichtsgesetz. Dokumentation des 22. Deutschen Jugendgerichtstages vom 26. bis 30. September 1992 in Regensburg (S. 28–46). Bonn.

Leutheusser-Schnarrenberger, S. (1996): Ansprache der Bundesministerin der Justiz. In: Deutsche Vereinigung für Jugendgerichte und Jugendgerichtshilfen e. V. (DVJJ) (Hg.): Jugend im sozialen Rechtsstaat – Für ein neues Jugendgerichtsgesetz. Dokumentation des 22. Deutschen Jugendgerichtstages vom 26. bis 30. September 1992 in Regensburg (S. 17–24). Bonn.

Levi, E. (1922): Vormundschafts- und strafrechtliche Aufgaben in ihrer Wechselwirkung. In: Deutsche Zentrale für Jugendfürsorge (Hg.): Die Verhandlungen des fünften deutschen Jugendgerichtstags in Jena 1920 nebst den bisherigen Entwürfen für ein deutsches Jugendgerichtsgesetz (S. 17–20). Berlin.

Liepmann, M. (1922): Unter welchen Voraussetzungen kann von Anklage, Strafurteil und Strafvollstreckung abgesehen werden? In: Deutsche Zentrale für Jugendfürsorge (Hg.): Die Verhandlungen des fünften deutschen Jugendgerichtstags in Jena 1920 nebst den bisherigen Entwürfen für ein deutsches Jugendgerichtsgesetz (S. 29–37). Berlin.

Maelicke, B./Plewig, H.-J. (1996): Welche Chancen geben wir unserer Jugend? In: Deutsche Vereinigung für Jugendgerichte und Jugendgerichtshilfen e. V. (DVJJ) (Hg.): Jugend im sozialen Rechtsstaat – Für ein neues Jugendgerichtsgesetz. Dokumentation des 22. Deutschen Jugendgerichtstages vom 26. bis 30. September 1992 in Regensburg (S. 68–93). Bonn.

Messerer, R. (1955): Die rechtliche Behandlung der 18 bis 21jährigen Täter im Jugendgerichtsgesetz vom 6. August 1953. In: Deutsche Vereinigung für Jugendgerichte und Jugendgerichtshilfen e. V. (DVJJ) (Hg.): Neue Wege zur Bekämpfung der Jugendkriminalität. Beiträge zur Durchführung des Jugendgerichtsgesetzes der Deutschen Bundesrepublik vom 4. August 1953 (S. 79–98). Köln/Berlin.

Mollenhauer, K. (1969): Zusammenfassender Bericht über die Beratungen des Arbeitskreises V – Probleme der erziehungswissenschaftlichen Forschung in der Jugendkriminalrechtspflege. In: Deutsche Vereinigung für Jugendgerichte und Jugendgerichtshilfen e. V. (DVJJ) (Hg.): Die Jugendkriminalrechtspflege im Lichte der kriminologischen Forschung – Erfahrungen, Erkenntnisse, Konsequenzen. Bericht über die Verhandlungen des 14. Deutschen Jugendgerichtstages in Braunschweig vom 3. bis 5. Oktober 1968 (S. 147–154). Hamburg.

Mollenhauer, W. (1955): Die Erziehung der Heranwachsenden, insbesondere im Jugendstrafvollzug. In: Deutsche Vereinigung für Jugendgerichte und Jugendgerichtshilfen e. V. (DVJJ) (Hg.): Neue Wege zur Bekämpfung der Jugendkriminalität. Beiträge zur Durchführung des Jugendgerichtsgesetzes der Deutschen Bundesrepublik vom 4. August 1953 (S. 99–118). Köln/Berlin.

Ostendorf, H. (2019): Jugendstrafrecht – Ultima Ratio der Sozialkontrolle junger Menschen. Falsche Straferwartungen und »richtiges Strafen«. In: Herein-, Heraus-, Heran- – junge Menschen wachsen lassen. Dokumentation des 30. Deutschen Jugendgerichtstages vom 14. bis 17. September 2017 in Berlin (S. 657–681). Mönchengladbach.

Panka, H. (1955): Zusammenfassender Bericht über die Verhandlungen des 8. Deutschen Jugendgerichtstages vom 20. bis 22. April 150 in Bad Godesberg. In: Deutsche Vereinigung für Jugendgerichte und Jugendgerichtshilfen e. V. (DVJJ) (Hg.): Neue Wege zur Bekämpfung der Jugendkriminalität. Beiträge zur Durchführung des Jugendgerichtsgesetzes der Deutschen Bundesrepublik vom 4. August 1953 (S. 247–257). Köln/Berlin.

Pfeiffer, C. (1996): Wieviel Strafe braucht die Jugend? Ergebnisse der Unterkommission IV: Rechtsfolgensystem [Berichterstattung zum Forum V]. In: Deutsche Vereinigung für Jugendgerichte und Jugendgerichtshilfen e. V. (DVJJ) (Hg.): Jugend im sozialen Rechtsstaat – Für ein neues Jugendgerichtsgesetz. Dokumentation des 22. Deutschen Jugendgerichtstages vom 26. bis 30. September 1992 in Regensburg (S. 513–542). Bonn.

Pfeiffer, H. (1997): Vorwort des Herausgebers. In: Deutsche Vereinigung für Jugendgerichte und Jugendgerichtshilfen e. V. (DVJJ) (Hg.): Sozialer Wandel und Jugendkriminalität. Neue Herausforderungen für Jugendkriminalrechtspflege, Politik und Gesellschaft. Dokumentation des 23. Deutschen Jugendgerichtstages vom 23. bis 27. September 1995 in Potsdam (S. 5–6). Bonn.

Pieplow, L. (1989): Erziehung als Chiffre. In: M. Walter (Hg.): Beiträge zur Erziehung im Jugendkriminalrecht (S. 5–57). Köln.

Pieplow, L. (1999): Nach 75 Jahren JGG – Was bleibt vom Erziehungsgedanken? In: Deutsche Vereinigung für Jugendgerichte und Jugendgerichtshilfen e. V. (DVJJ) (Hg.): Kinder und Jugendliche als Opfer und Täter. Prävention und Reaktion. Dokumentation des 24. Deutschen Jugendgerichtstages vom 18. bis 22. September 1998 in Hamburg (S. 524–532). Mönchengladbach.

Pieplow, L. (2022a): Clara Friedheim (1892–1966): Der Erziehungsgedanke im Jugendstrafrecht (1923). Zeitschrift für Jugendkriminalrecht und Jugendhilfe, 33 (1), 16–20.

Pieplow, L. (2022b): Anmerkung zum Wiederabdruck: 75 Jahre JGG – 100 Jahre JGG – ein zweiter Blick. Zeitschrift für Jugendkriminalrecht und Jugendhilfe, 33 (2), 149–152.

Pruin, I. (2019): Die Diskussion um die Heranwachsenden im Jugendstrafrecht: (k)eine neverending story. In: Deutsche Vereinigung für Jugendgerichte und Jugendgerichtshilfen e. V. (DVJJ) (Hg.): Herein-, Heraus-, Heran- – junge Menschen wachsen lassen. Dokumentation des 30. Deutschen Jugendgerichtstages vom 14. bis 17. September 2017 in Berlin (S. 467–495). Mönchengladbach.

Robra, R. (1996): Jugend im sozialen Rechtsstaat – Für ein neues Jugendgerichtsgesetz. In: Deutsche Vereinigung für Jugendgerichte und Jugendgerichtshilfen e.V. (DVJJ) (Hg.): Jugend im sozialen Rechtsstaat – Für ein neues Jugendgerichtsgesetz. Dokumentation des 22. Deutschen Jugendgerichtstages vom 26. bis 30. September 1992 in Regensburg (S. 56–65). Bonn.

Schöch, H. (2003): Ist das deutsche Jugendstrafrecht noch zeitgemäß? Bericht über die Strafrechtliche Abteilung des 64. Deutschen Juristentages am 18./19. September 2002 in Berlin. Recht der Jugend und des Bildungswesens, 51 (3), 299–308.

Schüler-Springorum, H. (1969): Die Jugendkriminalrechtspflege im Lichte der kriminologischen Forschung. In: Deutsche Vereinigung für Jugendgerichte und Jugendgerichtshilfen e.V. (DVJJ) (Hg.): Die Jugendkriminalrechtspflege im Lichte der kriminologischen Forschung – Erfahrungen, Erkenntnisse, Konsequenzen. Bericht über die Verhandlungen des 14. Deutschen Jugendgerichtstages in Braunschweig vom 3. bis 5. Oktober 1968 (S. 21–38). Hamburg.

Schüler-Springorum, H. (1992): Einleitung. Sonderdruck aus DVJJ-Journal 1–2/1992. Mitgliederrundbrief der DVJJ Nr. 138, März/Juni 1992. Für ein neues Jugendgerichtsgesetz. Die Vorschläge der DVJJ-Kommission zur Reform des Jugendkriminalrechts, 4–8.

Schüler-Springorum, H. (1996): Einführung in die Vorschläge der Reformkommission. In: Deutsche Vereinigung für Jugendgerichte und Jugendgerichtshilfen e.V. (DVJJ) (Hg.): Jugend im sozialen Rechtsstaat – Für ein neues Jugendgerichtsgesetz. Dokumentation des 22. Deutschen Jugendgerichtstages vom 26. bis 30. September 1992 in Regensburg (S. 47–55). Bonn.

Schumann, E. (2019): Die DVJJ und die NS-Zeit. In: Deutsche Vereinigung für Jugendgerichte und Jugendgerichtshilfen e.V. (DVJJ) (Hg.): Herein-, Heraus-, Heran- – junge Menschen wachsen lassen. Dokumentation des 30. Deutschen Jugendgerichtstages vom 14. bis 17. September 2017 in Berlin (S. 39–90). Mönchengladbach.

Schumann, K. F. (1997): Visionen im Umgang mit Jugendkriminalität. In: Deutsche Vereinigung für Jugendgerichte und Jugendgerichtshilfen e.V. (DVJJ) (Hg.): Sozialer Wandel und Jugendkriminalität. Neue Herausforderungen für Jugendkriminalrechtspflege, Politik und Gesellschaft. Dokumentation des 23. Deutschen Jugendgerichtstages vom 23. bis 27. September 1995 in Potsdam (S. 657–670). Bonn.

Sieverts, R. (1955): Das Jugendgerichtsgesetz von 1953 und die deutsche Jugendgerichtsbewegung (Einleitungsreferat). In: Deutsche Vereinigung für Jugendgerichte und Jugendgerichtshilfen e.V. (DVJJ) (Hg.): Neue Wege zur Bekämpfung der Jugendkriminalität. Beiträge zur Durchführung des Jugendgerichtsgesetzes der Deutschen Bundesrepublik vom 4. August 1953 (S. 15–31). Köln/Berlin.

Sieverts, R. (1969a): Einführende Worte von Prof. Sieverts zum Generalreferat von Professor Schüler-Springorum In: Deutsche Vereinigung für Jugendgerichte und Jugendgerichtshilfen e.V. (DVJJ) (Hg.): Die Jugendkriminalrechtspflege im Lichte der kriminologischen Forschung – Erfahrungen, Erkenntnisse, Konsequenzen. Bericht über die Verhandlungen des 14. Deutschen Jugendgerichtstages in Braunschweig vom 3. bis 5. Oktober 1968 (S. 20). Hamburg.

Sieverts, R. (1969b): Zusammenfassung der Arbeitsergebnisse des 14. Deutschen Jugendgerichtstages. In: Deutsche Vereinigung für Jugendgerichte und Jugendgerichtshilfen e.V. (DVJJ) (Hg.): Die Jugendkriminalrechtspflege im Lichte der kriminologischen Forschung – Erfahrungen, Erkenntnisse, Konsequenzen. Bericht über die Verhandlungen des 14. Deutschen Jugendgerichtstages in Braunschweig vom 3. bis 5. Oktober 1968 (S. 169–181). Hamburg.

Simonsohn, B. (1969): Die Grundgedanken der »Denkschrift der Arbeiterwohlfahrt zur Reform des Jugendwohlfahrtsrechtes, des Jugendgerichtsgesetzes und der Vormundschaftsgerichte«. In: Deutsche Vereinigung für Jugendgerichte und Jugendgerichtshilfen e.V. (DVJJ) (Hg.): Die Jugendkriminalrechtspflege im Lichte der kriminologischen Forschung – Erfahrungen,

Erkenntnisse, Konsequenzen. Bericht über die Verhandlungen des 14. Deutschen Jugendgerichtstages in Braunschweig vom 3. bis 5. Oktober 1968 (S. 138–144). Hamburg.

Sonnen, B.-R. (2006): Perspektiven nach dem Leipziger Jugendgerichtstag. In: Deutsche Vereinigung für Jugendgerichte und Jugendgerichtshilfen e. V. (DVJJ) (Hg.): Verantwortung für Jugend. Dokumentation des 26. Deutschen Jugendgerichtstages vom 25.–28. September 2004 in Leipzig (S. 545–549). Hannover.

Sonnen, B.-R. (2019): Schwerpunktthemen vergangener Jugendgerichtstage, ihre aktuelle praktische Bedeutung und künftige kriminalpolitische Weiterentwicklung durch die DVJJ. In: Deutsche Vereinigung für Jugendgerichte und Jugendgerichtshilfen e. V. (DVJJ) (Hg.): Herein-, Heraus-, Heran- – Junge Menschen wachsen lassen. Dokumentation des 30. Deutschen Jugendgerichtstages vom 14. bis 17. September 2017 in Berlin (S. 629–642). Mönchengladbach.

Ständige Deputation des Deutschen Juristentages (Hg.) (2003): Verhandlungen des 64. Deutschen Juristentages Berlin 2002 Band II/2: Sitzungsberichte: Diskussion und Beschlussfassung. München.

Stolp, I. (2015): Die geschichtliche Entwicklung des Jugendstrafrechts von 1923 bis heute. Eine systematische Analyse der Geschichte des Jugendstrafrechts unter besonderer Berücksichtigung des Erziehungsgedankens. Baden-Baden.

Streng, F. (2022): Noch ein Jubiläum: 70 Jahre JGG 1953 – nicht nur ein Rückblick. Zeitschrift für Jugendkriminalrecht und Jugendhilfe, 33 (4), S. 266–275.

Trenczek, T. (1997): Handlungsfelder und Verantwortlichkeiten im Spannungsfeld von KJHG und JGG. In: Deutsche Vereinigung für Jugendgerichte und Jugendgerichtshilfen e. V. (DVJJ) (Hg.): Sozialer Wandel und Jugendkriminalität. Neue Herausforderungen für Jugendkriminalrechtspflege, Politik und Gesellschaft. Dokumentation des 23. Deutschen Jugendgerichtstages vom 23. bis 27. September 1995 in Potsdam (S. 340–382). Bonn.

Viehmann, H. (2012): Die Große Illusion. Abschlussvortrag auf dem 28. Deutschen Jugendgerichtstag. In: Deutsche Vereinigung für Jugendgerichte und Jugendgerichtshilfen e. V. (DVJJ) (Hg.): Achtung (für) Jugend! Praxis und Perspektiven des Jugendkriminalrechts. Dokumentation des 28. Deutschen Jugendgerichtstages vom 11–14. September 2010 in Münster (S. 613–625). Mönchengladbach.

Walter, M. (1997): Jugendkriminalität und soziale Kontrolle – Wandel der Arbeitswelten. Neue Herausforderungen für die Jugendkriminalrechtspflege. In: Deutsche Vereinigung für Jugendgerichte und Jugendgerichtshilfen e. V. (DVJJ) (Hg.): Sozialer Wandel und Jugendkriminalität. Neue Herausforderungen für Jugendkriminalrechtspflege, Politik und Gesellschaft. Dokumentation des 23. Deutschen Jugendgerichtstages vom 23. bis 27. September 1995 in Potsdam (S. 281–299). Bonn.

Weyel, F. H. (1999): ... mit uns zieht die neue Zeit ... Was bleibt vom Erziehungsgedanken? In: Deutsche Vereinigung für Jugendgerichte und Jugendgerichtshilfen e. V. (DVJJ) (Hg.): Kinder und Jugendliche als Opfer und Täter. Prävention und Reaktion. Dokumentation des 24. Deutschen Jugendgerichtstages vom 18. bis 22. September 1998 in Hamburg (S. 533–543). Mönchengladbach.

Wiesner, R. (2019): (Jugend-)Hilfe zwischen Fürsorge und Strafe. Ein kurzer Streifzug durch die letzten 100 Jahre. In: Deutsche Vereinigung für Jugendgerichte und Jugendgerichtshilfen e. V. (DVJJ) (Hg.): Herein-, Heraus-, Heran- – Junge Menschen wachsen lassen. Dokumentation des 30. Deutschen Jugendgerichtstages vom 14. bis 17. September 2017 in Berlin (S. 613–626). Mönchengladbach.

Die Autor*innen

Stephanie Ernst, Dr., Geschäftsführerin und wissenschaftliche Leiterin der Deutschen Vereinigung für Jugendgerichte und Jugendgerichtshilfen e. V. (DVJJ), Hannover.

Theresia Höynck, Dr., Professorin für Kinder- und Jugendrecht, Universität Kassel.

Hilmar Hoffmann, Dr., Professor für Frühkindliche Bildung und Erziehung, Universität Osnabrück.

Leon Knaack, Studentischer Mitarbeiter, Deutsche Vereinigung für Jugendgerichte und Jugendgerichtshilfen e. V., Hannover.

Carola Kuhlmann, Dr., Professorin für Erziehungswissenschaft an der Evangelischen Hochschule RWL, Bochum.

Jörg Maywald, Prof. Dr., Honorarprofessor für Kinderschutz und Kinderrechte an der Fachhochschule Potsdam.

Johanna Mierendorff, Dr., Professorin für Sozialpädagogik mit dem Schwerpunkt Pädagogik der frühen Kindheit an der Martin-Luther-Universität Halle-Wittenberg.

Lukas Pieplow, Fachanwalt für Strafrecht, Köln, Mitglied des Bundesvorstands der Deutschen Vereinigung für Jugendgerichte und Jugendgerichtshilfen e. V. 2017–2020.

Julian Sehmer, Verwaltungsprofessur Soziale Arbeit an der HAWK Holzminden.

Uwe Uhlendorff, Dr., Professor für Sozialpädagogik, Schwerpunkt Didaktik der Sozialpädagogik an der TU Dortmund.

Reinhard Wiesner, Prof. Dr. Dr. h. c., Rechtswissenschaftler und »Vater« des SGB VIII (Kinder- und Jugendhilfe), Berlin.

Michael Winkler, Dr., Professor i. R. für Allgemeine Pädagogik und Theorie der Sozialpädagogik an der Universität Jena.